多层次资本市场研究

2020 年第 1 辑　总第 3 辑

谢　庚　徐　明　主编

中国金融出版社

责任编辑：石　坚
责任校对：孙　蕊
责任印制：丁淮宾

图书在版编目（CIP）数据

多层次资本市场研究.2020年.第1辑：总第3辑／谢庚，徐明主编.—北京：中国金融出版社，2020.4
ISBN 978－7－5220－0551－5

Ⅰ.①多…　Ⅱ.①谢…②徐…　Ⅲ.①资本市场—研究—中国　Ⅳ.①F832.51

中国版本图书馆CIP数据核字（2020）第041030号

多层次资本市场研究.2020年.第1辑
Duocengci Ziben Shichang Yanjiu. 2020 Nian. Di-yi Ji

出版 发行	中国金融出版社
社址	北京市丰台区益泽路2号
市场开发部	（010）66024766，63805472，63439533（传真）
网 上 书 店	http：//www.chinafph.com
	（010）66024766，63372837（传真）
读者服务部	（010）66070833，62568380
邮编	100071
经销	新华书店
印刷	保利达印务有限公司
尺寸	185毫米×260毫米
印张	16.25
字数	265千
版次	2020年4月第1版
印次	2020年4月第1次印刷
定价	48.00元
ISBN 978－7－5220－0551－5	

如出现印装错误本社负责调换　联系电话（010）63263947

学术指导委员会（按拼音排序）

联席主任：李剑阁　李　扬

委　　员：顾功耘　郭　锋　廖　理　马　骏　王国刚　王利明
　　　　　　　王　娴　翟立新

编辑委员会

主　　任：谢　庚　徐　明

副 主 任：隋　强

编　　委：（按拼音排序）
　　　　　　　陈　洁　范保群　付　彦　高善文　郭　雳　贾广岩
　　　　　　　李迅雷　刘　忠　卢文道　罗培新　吕红兵　彭　冰
　　　　　　　汤　欣　姚余栋　叶　林　袁　季　张跃文　张子学
　　　　　　　郑建明　诸海滨

主　　编：谢　庚　徐　明

副 主 编：隋　强

法律顾问：牛文婕

执行主编：李　萌

编　　辑：田李蓓　时　晋　李　征　李志华　佟　萌　杨微波
　　　　　　　陈建波　周青颖　张付标　崔晓杨　谢幽篁

目　　录

编者按　　　　　　　　　　　　　　　　　　　　　　　　　　　　001

【改革创新】

◇ 中小企业资本市场服务的组织交易内涵与科技探索　　　　谢　庚　007
◇ ESG投资理念推动资本市场高质量发展的若干思考　　李一梅　张弘弢　015

【制度探索】

◇ 中小企业的公司治理和监管安排　　　　　　　　　　　　　王　娴　033
◇ 新三板挂牌公司终止挂牌中投资者保护机制研究　　　　　　伍　坚　058
◇ 股票公开发行法定财务条件的制度演变研究　　　　　　时　晋　吴建伟　069

【市场实践】

◇ 中小市值股票差异化分析与价格有效性研究
　　——基于新三板市场的实证分析　　　　　许　恒　侯智杰　蒋宇翔　087
◇ 新三板挂牌公司权益变动违规情况调研报告　　　　　　周　勋　王　颖　105
◇ 股票定向增发收益补偿协议中的操纵问题　　　　　　　　　缪因知　110

【金融科技】

◇ 科技监管创新在新三板的应用
　　——基于国内外案例比较分析　　　　　　　　　　　李　勇　诸海滨　121
◇ 知识提取技术在监管科技中的应用　　　　　　　　　　　　鲍　捷　147
◇ 监管科技在公司监管中的应用现状及思考
　　——以全国股转公司"利器系统"为例　　　　曹文锐　张铭媛　兰　集　157
◇ 金融科技解读：资本市场基础设施建设机遇　　　　　　WFE　麦肯锡　167

【域外经验】
◇ 德国上市公司收购市场监管研究　　　　　　王通平　185
◇ 公司创新策略与信息披露政策　　　　　　　贾　宁　204
◇ 金融科技在交易所基础设施领域的应用
　　——以德交所为例　　　　　　　　　　　李　萌　231

◇ 稿　约　　　　　　　　　　　　　　　　　　　　　248
◇ 编辑体例　　　　　　　　　　　　　　　　　　　　249

编者按

近年来，以云计算、大数据、人工智能、区块链为代表的现代信息技术快速发展，并广泛渗透至各个领域，正在逐步改变各行业发展格局。金融业高度依赖于数据和信息，现代信息技术的快速发展推动了全球金融市场的整合，金融科技改变了金融服务模式，重塑了金融竞争格局，促进了金融监管理念和监管方式的变革，正深刻改变着金融市场的生态环境。本辑《多层次资本市场研究》以金融产品创新、技术创新为主题，探讨信息技术在金融行业的发展。

资本市场以服务实体经济为根本方向，资本市场的核心是一个投融资的专业市场，为实体经济发展提供更高效率、更有质量的服务是资本市场落实金融供给侧结构性改革的重要目标。本辑"改革创新"栏目特约两篇文章：开篇，全国股转公司董事长谢庚聚焦打造一个规范、透明、开放、有活力、有韧性的资本市场总要求，从资本市场组织交易本质出发，撰写了《中小企业资本市场服务的组织交易内涵与科技探索》，论述了资本市场组织交易功能发挥的核心是流动性，并从参与主体（投资者）、主体行为依据（信息）、主体行为的匹配（组织交易模式）等方面，提出了中小企业融资难问题的解决思路与科技探索方向。第二篇，华夏基金总经理李一梅领衔就环境、社会和治理（Environment, Society, Governance）投资理念撰写了《ESG投资理念推动资本市场高质量发展的若干思考》，提出ESG是贯彻"创新、协调、绿色、开放、共享"五大新发展理念的载体，但目前在我国属于起步阶段，资本市场建立ESG评价体系需要提升市场的认知、在基金公司和上市公司推行ESG体系试点、完善配套设施建设等。

提升有效监管和科学监管水平，做好资本市场监管工作，坚持底线思维是防范化解重大金融风险的重要手段。同时，资本市场监管的核心目标之一是保护中小投资者合法权益。本辑"制度探索"栏目刊发了清华大学五道口金融学院、华东政法大学专家分别撰写的《中小企业的公司治理和监管安排》《新三板挂牌公司终止挂牌中投资者保护机制研究》，从制度层面探讨了完善挂牌公司治理和差异化监管机制,同时,研究提出通过完善挂牌公司摘牌决议机制、增强摘牌回购价格的公允性、保障回购承诺履行、多元化救济机制等方式,保护摘牌公司的投资者合法权益。公开发行是《证券法》的核心制度,对公开发行的监管是证券监管的逻辑起点。2019年12月修订通过的《证券法》,明确了证券公开发行实行注册制,这是我国公开发行制度的一次根本性变革。在这一背景下,《股票公开发行法定财务条件的制度演变研究》以我国股票公开发行法定财务条件与公开发行监管体制的互动关系为切入点,对这一制度演变做了翔实的整理和分析。

本辑"市场实践"栏目重点关注市场热点问题。《中小市值股票差异化分析与价格有效性研究——基于新三板市场的实证分析》以新三板市场为样本,通过对 2016~2018 三年新三板交易数据进行实证分析,验证新三板市场股票流动性与价格有效性的关系,并建议丰富市场投资者结构,增加新三板市场价格有效性的形成。《新三板挂牌公司权益变动违规情况调研报告》探讨了挂牌公司股东权益变动信息披露相关的法律法规、监管现状及问题,并提出降低股东权益变动信息披露违规的建议。《股票定向增发收益补偿协议中的操纵问题》通过具体案件,对上市公司定向增发时与认购者签订的收益补偿协议是否有效,进行了法理评析和实践分析。

本辑"金融科技"专题栏目重点探讨了金融科技在监管中的具体应用。《科技监管创新在新三板的应用——基于国内外案例比较分析》梳理了美国资本市场科技监管的具体应用,并介绍了国内"企业画像""风洞平台""鹰眼"三个典型的科技监管系统。《知识提取技术在监管科技中的应用》针对监管知识提取面临的格式复杂、冷启动等系列挑战,设计了一套基于"柳叶刀方法"的知识提取流水线。《监管科技在公司监管中的应用现状及思考——以全国股转公司"利器系统"为例》以全国股转系统开发的利器系统为案例,分析了监管科技在公司监管中的应用场景,并从监管环境、规则设计、技术要素三个方面对监管科技如何更好地与业务融合提出了思路。《金融科技解读:资本市场基础设施建设机遇》分析了金融科技近年来的发展情况,总结了在国内外资本市场价值链中的具体应用。

本辑"域外经验"栏目梳理了德国证券市场收购制度、金融科技应用,以及美国上市公司创新与信息披露透明度关系的实证研究。《德国上市公司收购市场监管研究》整理了德国上市公司收购监管制度和实践,并提出了完善我国上市公司收购制度和监管的建议。《公司创新策略与信息披露政策》采用1992~2012年创新密集型的美国公司为样本,研究了企业的创新策略选择会如何影响其信息披露行为。《金融科技在交易所基础设施领域的应用——以德交所为例》,按照前台业务、中台监管、后台服务的场景划分,梳理了金融科技的具体应用,并分析总结了德交所集团发展金融科技的路径与驱动因素。

改革创新

中小企业资本市场服务的组织交易内涵与科技探索

谢 庚*

摘 要：中小企业是我国创新发展的生力军，资本市场服务不可或缺。组织交易作为资本市场的本质，核心是流动性。充足的流动性，不但是资本市场一二级市场功能充分发挥的基础，也是促进中小企业资本形成、激励其创新发展的重要手段。为此，本文从投资者行为的视角，分析了影响中小企业流动性的三个方面，包括参与主体（投资者）、主体行为依据（信息）、主体行为的匹配（组织交易模式）。最后，结合新三板发展实践，本文提出改善市场流动性，促进打造一个规范、透明、开放、有活力、有韧性的资本市场，提升服务中小企业组织交易功能的相关建议。一是聚焦市场韧性，不断丰富投资者结构，为中小企业引入更为多元的长期资金，并匹配相应的双边风险管理工具。二是聚焦市场规范与透明，持续提升中小企业公司治理与信披质量，降低投融资双方信息不对称，使投资者愿意投资、敢于投资。三是聚焦市场活力，改变传统组织交易模式理念，加大信息资源的利用与整合，强化分类检索，利用现代化科技手段，转被动为主动，大力推动中小企业投融资对接。

关键词：中小企业　组织交易　流动性　科技探索

一、前言

中小企业是国民经济和社会发展的生力军，是扩大就业、改善民生、促进

---

* 谢庚，全国中小企业股份转让系统有限责任公司党委书记、董事长。

创业创新的重要力量，在稳增长、促改革、调结构、惠民生、防风险中发挥着重要作用①。根据世界银行分析②，预计到2030年全球需要有6亿个就业岗位，其中50%以上由中小企业贡献，新兴市场国家的占比更高，达到70%。因此，解决中小企业在发展过程中普遍面临的融资问题，已成为各国、特别是新兴市场国家为促进经济和社会稳定发展所需考虑的重要议题。虽然从全球经验来看，中小企业主要的外源融资来源是银行信贷，股票融资难以覆盖至所有的中小企业，但资本市场仍是解决中小企业融资问题的重要渠道③。一方面，中小企业通过股权融资，可以增加长期资本，促进研发创新，也可以有效降低杠杆率，减少运营风险；另一方面，中小企业在进入资本市场后，通过信息披露和公司治理规范，还可以明显提升获取银行信贷的能力④。

我国作为全球重要的发展中国家，截至2018年末，中小企业法人单位有1807万家，占全部规模企业法人单位的99.8%⑤。为了改善中小企业融资环境，2013年国务院设立新三板，开启了我国资本市场服务中小企业的探索。经过7年实践，新三板服务了13000多家挂牌公司，累计实现股票融资10733次，合计4991.47亿元⑥。当前，新三板正处在全面深化改革的关键时期，如何围绕"规范、透明、开放、有活力、有韧性"的总要求，从资本市场组织交易（存量股份交易与增量股份发行）的本质出发，思考影响中小企业融资交易的关键性因素——流动性至关重要。本文主要分为四部分：第一部分是前言；第二部分回顾了市场的交易本质，论述了资本市场组织交易功能发挥的关键是流动性；第三部分围绕中小企业的特点，从投资者行为的视角，分析了影响流动性的主要因素；第四部分结合新三板的发展实践，提出改善市场流动性，提升资本市场服务中小企业组织交易功能发挥的相关建议。

---

① 中共中央办公厅，国务院办公厅. 关于促进中小企业健康发展的指导意见 [Z]. 2019.
② https://www.worldbank.org/en/topic/smefinance.
③ World Bank, Global Financial Development Report 2014: Financial Inclusion, 2014.
④ Pagano, Panetta, Zingales. Why Do Companies Go Public? An Empirical Analysis [J]. Journal of Finance, 1998, 53, 27–64.
Nassr I K, Wehinger G. Unlocking SME finance through market–based debt, 2015.
⑤ 数据来源：第四次经济普查。
⑥ 数据统计区间为2013年1月1日至2020年2月29日。

二、市场、组织交易与流动性

(一) 资本市场的本质是交易

广义上看,资本市场为中小企业提供的组织交易服务分为两类[①]:一是存量交易,指的是已有股份在不同投资者之间的所有权转移,即市场所熟知的二级市场交易;二是增量交易,指的是通过公开或定向等方式向投资者发行新股的行为,即一级市场的融资。在我国,《证券法》已将组织交易作为交易场所的核心职责进行了明确,即证券交易所、国务院批准的其他全国性证券交易场所为证券集中交易提供场所和设施,组织和监督证券交易。新三板作为国务院批准的其他全国性证券交易场所,在服务中小企业的实践过程中,既承担组织存量股份交易的职责,还要审核与监督增量股份的形成。一方面,新三板在设立之初开创性地实行股份存量挂牌并公开交易的准入机制,建立了市场化按需持续的定向发行融资机制;另一方面,2019年10月全面深化改革启动后,新三板共有连续竞价、做市、集合竞价在内的多种交易方式,并允许符合条件的挂牌公司面向合格投资者公开发行股票融资。

(二) 组织交易的核心是流动性

从学术定义看,资本市场的流动性是指投资者根据市场的基本供给和需求状况,以合理的价格迅速交易一定数量资产的能力,或者说是迅速执行一定数量资产的成本[②]。对于中小企业的组织交易服务来说,流动性既是二级市场存量股份交易的基础,也是一级市场增量股份发行的关键。首先,高流动性意味着低交易成本、低价格波动以及更好的价格发现功能,不但能综合提升市场的交易质量,还能减少资产由于流动性不足造成的价值低估,增加投资者经风险调整后的投资回报率,进而吸引投资者参与中小企业的股票交易。其次,高流动性能降低中小企业发行融资定价难度,减少发行融资成本[③],增加发行融资募集资金。最后,投资者"愿意投—能退出",中小企业能以合理成本进行融

[①] 并购重组作为资本市场组织交易的重要形式,在收购中会涉及存量股份二级市场交易和增量股份发行,在重大资产重组中会涉及发行股份购买资产等行为,为简化处理,本文不对并购重组作单独分析。

[②] 刘逖. 市场微观结构与交易机制设计:高级指南 [M]. 上海:上海人民出版社,2012.

[③] Amihud, Yakov, Mendelson, Haim. Volatility, Efficiency, and Trading: Evidence from the Japanese Stock Market [J]. Journal of Finance, 1991, 46 (5): 1765–1789.

资，将能促进更多的生产或风险项目投资，推动中小企业创新发展。

（三）境内外交易场所普遍高度关注流动性

从市场实践看，流动性普遍用宽度（价差/交易成本）、深度（订单数量）、弹性（受冲击后恢复均衡价格的能力）和即时性（交易速度）①度量，即流动性强的市场能为投资者提供可忽略的价差、丰富的订单、可调节的价格以及即时的交易。可以说，充足的流动性，既反映了市场的活力与韧性，也必须以规范、透明为前提。目前，美国证监会根据 Rule605 要求各主要交易场所每月向市场公布价差等指标②，以满足美国在市场分割的环境下，评估不同交易场所流动性的需求；纽交所和纳斯达克同时主动对外公布了以流动性为主的市场质量报告，以向市场争取更多的投资者与上市公司；我国资本市场也按年向市场公布相关数据，包括《上海证券交易所市场质量报告》《深圳证券交易所股票市场绩效报告》。与发达市场相比，新兴市场交易场所的流动性普遍偏低，因此，世界交易所联合会（WFE）近年来一直在探索研究如何提升新兴市场交易场所的流动性③，以促进资本市场组织交易功能的发挥。

三、投资者、信息与组织交易模式

中小企业在资本市场的流动性问题，一直受到市场关注，然而"功夫在诗外"，解决影响流动性的因素是关键。对于不同规模企业来说，影响流动性因素是一致的，但中小企业由于内生发展特点，流动性受相关因素影响的负面程度更大。为此，本文从投资者行为的视角，分析了影响中小企业流动性的三个方面，包括参与主体（投资者）、主体行为依据（信息）、主体行为的匹配（组织交易模式）。

（一）投资者数量与结构

投资者作为交易主体，数量与结构是流动性基础，决定了市场组织交易功

---

① Kyle AS, Continuous Auctions and Insider Trading [J]. Econometrica, 1985. 53 (6): 1315-1335.
Harris L E. Liquidity, trading rules, and electronic trading systems [M] // Monograph Series in Finance and Economics, New York: Stern School of Business, 1990.

② 需对外披露的机构包括：BATS 交易所，芝加哥证券交易所，FINRA（部分交易场所选择通过 FINRA 公开 Rule605 数据），ISE 证券交易所，纳斯达克，纳斯达克 OMX BX（前身为波士顿证券交易所），国家证券交易所（前身为辛辛那提证券交易所），纽交所，纽交所 MKT LLC（前身为美国证券交易所），纽交所 Arca（前身为太平洋交易所）。https://www.sec.gov/reportspubs/investor-publications/investorpubsexqualityhtm.html.

③ W. F. E. Enhancing Liquidity in Emerging Market Exchanges. OMFIF, Barclays, 2017.

能发挥。一方面，投资者数量决定了每一时点市场上可能的交易对手方。若投资者数量过少，会直接影响市场的深度，导致市场对交易需求的冲击敏感度过高，价格受冲击后难以回归合理状态。另一方面，投资者结构决定了市场的异质化程度。交易来自预期差，同质化的投资者倾向于同时进入或退出市场，导致交易成本过高、引发市场波动；而丰富的投资者结构，往往由于各类投资者在资金来源、交易策略、风险偏好等方面存在差别，能大幅提升交易达成的可能性，改善市场流动性[1]。从新三板服务中小企业的发展实践来看，为了防风险、稳起步，市场早期设置了较高的投资者资金门槛，但随着挂牌公司数量的增长、企业的发展壮大，投资者数量不足、结构单一的问题极大制约了新三板组织交易功能发挥，既未能满足投资者的交易需求，也抑制了中小企业的融资需求。

（二）信息可得性与质量

投资者交易决策的基础是信息。理论研究表明，公开、透明、高质量的信息披露可以有效降低投资者的信息获取成本，夯实投资决策的信息基础，改进市场组织交易效率，提高市场流动性。中小企业进入资本市场后，通过公开信息披露、规范公司治理，使市场能观察企业连续财务数据，知晓涉及企业经营发展的重大事项。但由于大企业市场经营范围更大，信息更具有宏观特性、关注度更高，分析师等中介机构也会偏好研究大企业的信息[2]，因此市场流动性会出现明显分化。从成交量看，全球各市场大部分成交都由大市值股票贡献，"二八分化"现象明显；从交易成本看，全球各市场股票的交易成本随着市值增大而下降。同时，新三板在服务中小企业的过程中发现，部分中小企业的信息质量在挂牌前后出现了非对称的倒 U 形：挂牌时信息质量最高，挂牌后有所下降，但高于挂牌前。即中小企业在挂牌时通过主办券商的辅导，各类财务和公司治理规范，信息质量得到大幅提高，但挂牌后部分中小企业体量较小，难以承受相关信披成本，大股东或实际控制人的"一言堂"现象短期也难以改变，导致信息质量下降，这也是资本市场服务中小企业所需正视的问题。

---

[1] O'' Hara, Easley Maureen. Time and the Process of Security Price Adjustment [J]. The Journal of Finance, 1992, 47 (2): 577 – 605.

[2] 杨之曙. 中国股票市场流动性理论与实证研究——市场微观结构分析 [D]. 北京：清华大学，2000.

（三）组织交易的具体模式

投资者基于信息作出投资决策后，要通过具体的组织交易模式才能完成交易。从历史演变进程看，资本市场组织交易有四种模式，即搜寻市场—经纪人市场—做市商市场—竞价市场。其中，搜寻市场是买卖双方一对一寻找谈判的个性化市场；经纪人市场是由经纪人承担中介义务、收取佣金的撮合市场；做市商市场是经纪人以自有资金持有部分证券做市，买卖双方与其进行交易的市场；竞价市场是为有大量买卖需求证券建立的投资者之间直接竞价交易的市场。上述四种模式组织交易的功能发挥，既依赖于投资者数量与结构的丰富程度，也依赖于信息的可得性与质量。随着参与交易投资者的增多，公开信息质量越高，价格信号所能发挥的作用将更大，组织交易模式的去中介化程度就会更深，越趋向于集中连续竞价。然而在我国，20世纪90年代沪深市场的设立，标志着资本市场组织交易模式直接迈入场内集中竞价，新三板也在我国已有的制度和市场实际基础上，开启了交易场所通过场内、公开、集中方式服务中小企业的组织交易模式。但对于内部股权分散度、投资者基础、信息质量差异巨大的海量中小企业，从境外经验看，搜寻、经纪、做市、竞价等多元化组织交易的并存与协同，才能有效提升资本市场服务能力。如何基于我国的实际，在新三板形成适合我国中小企业流动性基础的组织交易模式，仍需长期思考与实践。

四、解决思路与科技探索方向

进一步总结新三板发展实践可知，中小企业由于股权集中、公司治理相对不规范，使信息可得性与质量较低，在投资者数量与结构不够丰富的情况下，流动性不足成为资本市场组织交易功能发挥的症结，既直接影响了二级市场功能发挥，也加剧了中小企业的融资难问题。因此，解决中小企业融资难问题，资本市场要回归市场本质，聚焦"规范、透明、开放、有活力、有韧性"的总要求，提升市场流动性，改善相关影响因素。更重要的是，我国资本市场组织交易的理念需由"坐商"向"行商"转变，交易场所不能局限于提供基础交易平台、信息披露服务及监管等，除了被动接收二级市场订单外，要更加重视对信息的利用与整合，利用现代化科技手段，主动推动中小企业的投融资对接。

（一）不断丰富投资者结构与风险管理工具

在有效开展投资者教育和适当性管理等相关工作下，扩大投资者基础，是提升市场流动性的重要前提。目前，新三板合格投资者的资金门槛已实现了分层次的降低，可参与市场的投资者基数明显提升，但除私募基金和公募基金两大类专业投资者外，新三板市场的投资者结构仍较为单一。要尽快推动QFII和RQFII投资挂牌公司股票规则的落地实施，加大力度打通保险资金、社保资金和企业年金投资新三板的通道，为中小企业引入更为丰富的长期资金。考虑到中小企业成长过程中的风险相对更大，因此在引入多元化的机构投资者时，要同步考虑研究融资融券等信用交易制度，探索推出ETF及期权期货等衍生品的可行路径，不断丰富投资者的双边风险管理工具。

（二）持续提升中小企业公司治理与信息披露质量

建立有效制衡、协调运作的公司治理结构，真实、准确、完整地公开披露信息，既是中小企业进入资本市场的义务，也是外部投资者愿意通过一二级市场交易成为企业股东，保护投资权益的基础。在全面深化新三板改革后，虽然"精选层—创新层—基础层"的公司治理要求和信息披露强度、频次依次降低，但这是与投资者适当性管理、不同层次企业监管承受能力相匹配的差异化安排，不意味着在不同公司治理和信息披露要求下的监管放松。同时，由于中小企业的股权结构不会在短期内分散，大股东或实际控制人等"关键内部人"仍会是影响企业公司治理水平和信息披露质量的主体。因此，要持续加强对"关键内部人"的合规培训，强化其公司治理与信息披露意识；督促公司完善公司章程、"三会一层"等相关制度，引导"关键内部人"带头遵守相关规则，推动公司治理与信息披露从"形似到神似"；以"关键内部人"为重点，对资金占用、违规担保、内幕交易、财务造假等典型违法违规行为及时发现、制止与查处，用好公开问询、现场检查等信息披露监管机制，促进形成公司"讲真话、做真账"的市场环境；鼓励公司结合自身特点，以简明清晰，通俗易懂的方式披露对决策有用的信息。

（三）探索基于现代科技的组织交易模式

组织交易的基础是信息，在大数据时代，全球主要交易场所都在开发多样化的数据挖掘产品，以提升市场组织交易能力。新三板作为我国资本市场服务中小企业的重要平台，在探索现代化组织交易模式的过程中，需做好以下工作。首先，要丰富组织交易的信息。既要将组织交易的基础信息类型从交易信息扩展至非交易信息，使信息从单纯的数字扩展至文本、图像；也要不断丰富信息源，将信息来源从交易结算系统扩展至信息披露及 BPM 系统，再扩展至交易场所之外的关联数据系统。其次，要做好信息整合过程中的数据治理。各交易场所常规处理、整合与关联的信息主要集中在传统的委托、交易和结算等标准化数据。在组织交易的信息类型不断丰富、来源不断扩展时，要加大力度做好各类数据的采集、清洗、加工和标准化工作，持续提升数据质量，做到数据可关联、可使用、可挖掘，让不同类型、不同来源的信息进入交易场所后，能够高效存储、便捷使用。最后，要开发多维度的信息产品。交易场所要把握全球金融科技的新趋势，利用人工智能、大数据等手段，开发能多维度展示中小企业特征的信息产品，强化分类检索，让合适的投资者能低成本地发掘和投资相应的中小企业。在这一过程中，交易场所不再被动接收投资者交易委托，而是主动承担起现代科技经纪人的职责，不但为市场提供二级市场委托订单的撮合服务，还要为市场提供零边际成本的信息产品，引导投融资对接。

ESG 投资理念推动资本市场高质量发展的若干思考

李一梅*　张弘弢**

摘　要：2019 年中央经济工作会议指明了资本市场下一阶段的改革重点。从历史的角度看，我国正处在转变发展方式、优化经济结构、转换增长动力的阶段，是转向高质量发展的关键时期；从全局的角度看，资本市场的改革要切实提升服务实体经济的广度、深度和能力，要坚决贯彻"创新、协调、绿色、开放、共享"五大新发展理念。理念是行动的先导。新发展理念要在资本市场落地，必须借助科学的工具和方法。ESG 价值投资体系正是合适的载体。ESG 是关于如何发展的一种价值投资观。它将公司置于相互依赖的社会网络中，将公司行为映射到整个网络，在公司价值体系中引入公众利益，注重公司成长过程中的行为及其价值观，协同提升公司价值与社会价值。在国际资产管理行业，ESG 已成为一种主流的投资理念和策略。随着我国 A 股逐渐纳入 MSCI、富时罗素等全球指数，ESG 投资理念将实质影响我国资本市场的资源配置活动。ESG 投资观的研究与推广可以提升上市公司的质量，进一步完善信息披露制度、发行及退出机制、投资者适当性管理制度等资本市场基础制度体系，不断提高资本市场的治理能力。ESG 评价体系的构建可以深化资本市场的信义义务，改善投资业务中的道德水准，提升投资者的长期回报，促进实体经济与资本市场协调健康发展。ESG 理念可以更充分地展现机构投资者的专业能力，促

---

*　李一梅，华夏基金管理有限公司总经理。
**　张弘弢，华夏基金数量投资部行政负责人。

进被投企业与机构投资者之间的良性互动，在宏观层面改善资本市场服务实体经济的效率，助力供给侧改革，激发经济增长新动能。

关键词： 高质量发展　ESG

2020年是全面建成小康社会和"十三五"规划的收官之年，我们要从历史的、全局的眼光看待资本市场改革，借力ESG价值投资观，坚定不移贯彻新发展理念，通过全面深化改革，提升资本市场对实体经济，特别是新经济、新技术、新产业的支持和服务能力，全面落实中央经济工作会议和四中全会精神，为中国经济高质量发展培育澎湃的新动能。

一、ESG理念的定义与研究ESG的必要性

（一）ESG投资理念的定义及演变过程

ESG是Environment（环境）、Society（社会）和Governance（治理）的缩写，是重点关注公司在环境责任、社会责任、公司治理评价方面——而不仅仅是财务绩效——的一套投资理念和企业评价标准。在环境责任方面，企业应当在日常生产经营中提高环境绩效，降低单位产出的环境成本；在社会责任方面，企业应仿效符合更高商业伦理、社会伦理以及法律法规的最佳实践，强调企业与外部社会网络之间的内生关联，如相关方利益、人的权利以及行业生态效能的改进；在公司治理方面，企业应当围绕受托责任制，进一步完善现代公司制度，在股东、董事会和管理层之间合理分配权力，形成一套覆盖从公司发展战略制定到具体行动实施的科学治理体系。投资者可以通过观测企业ESG评价，考察被投企业与投资行为在防范业绩暴雷风险、履行社会责任、促进经济可持续发展等方面的贡献。

在ESG理念流行之前，责任投资的概念更为人所知。在社会经济高速增长的同时，全球面临越发严峻的环境、气候与资源挑战。1992年，联合国举办环境与发展会议，首发倡导在促进经济发展的同时注意保护环境，在世界范围开经济可持续发展理念之先河。在日常生活中，消费者也越发注重环保因素，通过选择更为绿色的产品与服务，将绿色发展的理念传导至生产企业。在市场经济体制的作用下，为获取收入、增加利润，企业更注重生产过程中的环境保护因素。投资者也逐渐意识到，企业的环境责任治理水平可能影响企业的财务绩效。于是，责任投资、绿色金融和ESG等概念逐渐进入投资者、理论研究者和

政策制定者的视野。

ESG 与责任投资、绿色金融的概念密切相关，但关注的视角略有差异。绿色金融更多的是从投融资角度强调绿色发展的理念，责任投资是将投资责任扩展至社会层面；ESG 价值体系则提供了一个更为全面的实务操作框架，重点评价企业在环境责任、社会责任和公司治理方面的成效，明确企业在经营和投融资活动中应关注的具体事项和方向。总之，ESG 理念综合考量了投资利润最大化这一传统投资理念之外的环境、社会和公司治理等非财务因素；其蕴含的相关信息具有全面性、系统性和定量可比的特征，可以为践行 ESG 理念的投资者提供高质量的投资指引。因此，国际上将 ESG 理念贯彻于投资实践的资产规模正逐步扩大。

（二）研究 ESG 理念的必要性

ESG 理念的研究与推广，对于贯彻新发展理念、深入推进供给侧结构性改革、切实提高金融服务实体经济效率和支持经济转型能力具有重要意义。

1. 有助于更好地处理经济、社会与自然环境之间的关系，贯彻落实新发展理念

2019 年中央经济工作会议明确提出，坚定不移贯彻新发展理念。理念是行动的先导。新时代抓发展，必须更加突出发展理念，坚定不移贯彻创新、协调、绿色、开放、共享的新发展理念，推动高质量发展。ESG 关注企业的环境治理、社会责任和公司治理绩效。ESG 的研究推广正是贯彻新发展理念的切入点。

第一，ESG 对企业环境责任的评估有利于引导企业贯彻绿色发展和创新发展理念，激励企业研发、采用节能环保技术，参与建设资源节约型、环境友好型社会，从而更好地处理企业发展、经济增长和环境可持续发展之间的关系。

第二，ESG 对社会责任的评估强调了股东、员工、客户、所在社区、债权人等利益相关主体之间的利益平衡，有利于企业贯彻共享发展和协调发展理念，更好地处理经济发展与社会和谐之间的关系。

第三，ESG 对公司治理的评估有助于帮助企业完善现代公司治理，优化公司内部股东、董事、监事及经理层之间的关系，科学制定和实施战略，降低企业业绩暴雷风险，促进企业的可持续发展。

2. 有助于深入推进改革，推动高质量发展

按照党的十九大要求，要重点抓好决胜全面建成小康社会的防范化解重大

风险、精准脱贫、污染防治三大攻坚战。习近平总书记强调,国内转变经济发展方式、优化经济结构、推动高质量发展已经进入攻坚克难的关键阶段,打好三大攻坚战尤需付出艰巨努力。ESG 理念的研究和推广正是中国经济高质量发展的推动力,更是完成三大攻坚任务的重要工具。

第一,打好防范化解重大风险攻坚战,重点是防控金融风险。金融机构及投资者的行为短期化、过度追逐短期利润是造成金融风险的重要原因。ESG 评价体系强调兼顾社会责任,其推广有利于向金融机构和金融投资者施加社会责任约束,引导其更加注重短期盈利和社会责任之间的平衡,抑制过度逐利倾向,从而有助于从源头治理金融风险。

第二,打好精准脱贫攻坚战,需要企业(包括金融机构)在获取商业利益的同时,持有强烈的社会责任感,主动关心贫困人群,发挥自己的特长帮助其脱困。ESG 评价可以促进企业实质性提升社会责任,从而有助于为扶贫攻坚增加有生力量。

第三,ESG 评价首要关注的是企业经营活动对环境的影响,其出发点就是保护环境。通过 ESG 具体评价指标,可以引导企业进入绿色发展模式,提升治理污染和保护环境的效率。

此外,企业部门的高杠杆率与公司治理不佳、财务杠杆自我软约束密切相关。ESG 强调平衡股东与债权人的利益,完善公司治理机制,有助于引导企业硬化财务约束,进而抑制杠杆率的上升。ESG 理念有助于推动企业部门的去杠杆过程。

总之,ESG 投资理念天然契合了全面建成小康社会的三大攻坚战和高质量发展,ESG 理念的研究与推广将有力支持经济转型升级,落实五大发展理念,实现可持续发展。

3. 有助于推动资本市场健康发展,提高金融服务实体经济效率和支持经济转型能力

2019 年中央经济工作会议强调,要加快金融体制改革,完善资本市场基础制度,提高上市公司质量,健全退出机制,稳步推进创业板和新三板改革。要实现多层次资本市场的健康发展,机构投资者和上市公司这两大市场参与主体是问题的关键。上市公司是资本市场发展的基石。上市公司的发展质量好坏和行为导向,在很大程度上影响了整个产业经济的未来发展方向。机构投资者的行为,则对上市公司行为和治理水平产生直接影响。推广 ESG 理念,构建 ESG

评价体系,可以更有效地发挥市场运营机制,规范上市公司行为,引导上市公司学习借鉴在环境、社会和公司治理方面的最佳行业实践,推动上市公司贯彻并践行创新、绿色、协调、开放、共享的发展理念,从而推动多层次资本市场健康的发展,为推进新三板市场改革注入活力,进而更好地发挥资本市场服务实体经济和支持经济转型的功能。

二、国内外 ESG 评价体系的文献综述

国外 ESG 领域的理论文献较为完备。学者们普遍认为,ESG 评价良好的企业可以在市场上享受更低的资本成本,进而推升企业的整体价值。但是在 ESG 评价能否影响未来的股价收益、能否影响企业财务业绩这两个问题上,学术界未能给出一致意见。与国外相比,目前国内的 ESG 研究还处于起步阶段,研究重点主要集中于上市公司的公司治理评价;对上市公司履行社会责任、绿色发展情况进行单独评价的研究还存在一定局限性,同时也缺乏对上市公司 ESG 指标进行评价的研究。

(一) ESG 评价与资本成本

早期文献主要关注公司治理 (G) 对债务融资成本的影响。Bhojraj 和 Sengupta (2003) 发现,机构投资者、独立董事占比越高,公司债券的评级就越高,其债券利率也越低。Cremers 等 (2007) 认为,机构投资者的持股可以降低公司债券利率。基于 MSCI 公司的 ESG 数据库 (MSCI - KLD 数据库),Bauer 和 Hann (2011) 研究了 2200 余只上市公司债券,发现 ESG 评价越高的公司,其信用利差越低。Chava (2011) 研究了 1341 家公司发行的 5879 只公司债,发现 ESG 评分较差的公司支付的利率越高。

在权益融资成本方面,Skaife 等 (2004) 发现,在其他条件不变的情况下,公司治理较好的公司的融资成本会降低 136 个基点。Ghoul 等 (2011) 考察了 ESG 细分项评价数据,发现在雇员关系、环境治理与产品质量方面表现良好的公司,其权益资本成本更低。Dhaliwal 等 (2011) 发现,首次公布企业社会责任报告 (Corporate Social Responsibility,CSR) 且 CSR 评价良好的公司,其权益资本成本将下降 1.8 个百分点。Albuquerque 等 (2013) 认为,CSR 评价与公司的 Beta 负相关;CSR 良好的公司 Beta 较低,即意味着更低的权益资本成本。

综上所述,ESG 评分良好的公司可以在市场上享受更低的债务资本成本和

权益资本成本。上市公司可以通过提高 ESG 评价的方式降低资本成本。

(二) ESG 评价与企业价值

学术界普遍采用 Tobin – Q 值衡量企业价值。Konar 和 Cohen (2001) 发现，涉嫌有毒物质排放、遭受环境诉讼的公司的 Tobin – Q 值显著更低。Jiao (2010) 认为，公司 Tobin – Q 值与公司对相关利益者的福利，如雇员福利、顾客福利、社区福利水平呈正相关性。Derwall 等 (2011) 在控制公司特征变量后，发现公司的 Tobin – Q 值与公司的经济环保效率呈显著正相关性。Baron 等 (2011) 使用 MSCI – KLD 数据库发现，社会责任表现较差的公司的 Tobin – Q 值也较低。Deng 等 (2013) 研究了 1992～2007 年共 1556 宗企业并购案例，发现 ESG 治理水平可以为并购双方提供正面价值。综上所述，文献普遍记录了 ESG 评价与企业价值之间的正相关性。

(三) ESG 评价与股价表现

能否通过投资 ESG 评价较好的公司实现更高的超额收益呢？由于学者们在 ESG 评价标准、投资组合构建方法等方面都存在不同程度的差异，学术界并未给出一致观点。

早期文献重点对比了遵守社会责任投资标准的基金和常规基金的业绩表现。Derwall 等 (2005) 发现，遵守社会责任标准的基金虽然具有明显不同的投资风格，但是创造的超额收益与常规基金相比并无明显差异。Barnett 和 Salomon (2006) 发现，遵守社会责任标准的基金不能多样化投资分散风险，其业绩跑输了常规基金；但可以通过更严格的选股流程提升业绩表现。Utz 和 Wimmer (2014) 发现，遵守社会责任标准的基金所配置的社会责任公司的数量与权重，平均而言并不比常规基金配置的多，进而认为遵守社会责任标准的基金并不能反映 ESG 评价与投资收益之间的关系。除了基金业绩方面的对比研究，Belghitar 等 (2014) 发现，社会责任指数与常规指数的期望回报、波动率之间没有明显差异。

一些学者考察了多个第三方 ESG 数据库，认为无论采用何种 ESG 评价方法，ESG 治理水平对上市公司的股价收益没有显著影响 (Gerhard 等，2015)。

部分学者认为，如果人们都倾向投资 ESG 良好的公司，将会推升这些股票的估值水平，进而降低未来的投资收益。因此，很多文献都观察到 ESG 良好的公司的未来投资收益反而更低。基于英国市场的数据，Brammer 等 (2006) 发现，CSR 评价高的公司的未来收益低于 CSR 评价低的公司。基于欧洲市场

1975~2006年的数据，Salaber（2007）发现由罪恶公司（涉及烟草、赌博等业务）构成的投资组合可以跑赢无罪投资组合年化4个百分点。Fabozzi等（2008）也发现罪恶行业在世界各国都拥有较高的超额收益。基于世界范围1985~2006年的数据，Hong和Kacperczyk（2009）发现，罪恶投资组合可以跑赢相应市场基准2.5个百分点。

其他一些文献则认为，ESG评价良好的公司可以实现更高的投资收益。基于美国市场1995~2003年的数据，Derwall等（2005）使用经济环保指标评估投资组合的ESG治理水平。他们发现，由全美ESG治理水平排名前30%的股票构成的投资组合，相比同行业可比公司，每年可以产生4.15%的Carhart（1997）四因子模型超额收益；而ESG治理水平较低的投资组合的四因子超额收益为不显著的-1.8%。Kempf和Osthoff（2007）发现，基于ESG评价的因子多空组合可以实现年化8.7%的Carhart（1997）四因子模型超额收益。Statman和Glushkov（2009）和Lee等（2013）也都发现了ESG因子组合具有类似的超额收益。Eccles等（2014）使用了包括多个第三方ESG数据库和个人手工编制的ESG数据库，对180只美股进行了ESG评价，发现ESG评价较高的投资组合可以实现年化4.8%的超额收益。与单纯在全市场范围内直接构建ESG因子组合不同，Khan等（2016）和Henriksson等（2019）认为，不同行业的ESG评分应有不同的侧重项目。他们都参考了美国可持续发展会计协会（SASB）制定的各行业ESG评分标准，在多个第三方ESG数据库中将ESG细分项数据与行业ESG评分标准进行一一对应，进而形成有行业重点的ESG评分体系。基于这一评分体系，Henriksson等（2019）构建的行业重点ESG因子多空组合可以实现年化1%~3%的超额收益。

综上所述，国外市场并没有充分证据表明ESG评价可以给投资组合带来显著的超额回报。但是，国内市场具有明显不同的市场特性。在本文后续提出的ESG评价体系下，国内ESG评价较高的公司具有估值水平显著较低、股价收益率较高且波动率较低的高收益特征。

（四）ESG评价与财务状况

改善ESG治理水平通常会增加公司的经营活动成本。ESG带来的财务收益能否填补ESG相关的成本，一直是学术界热议的课题。Russo和Fouts（1997）发现，环境治理评价（E）与公司资产回报率ROA之间存在正相关性。Orlitzky等（2003）发现，社会责任评价（S）和环境治理评价（E）都可以给公司带来额外的财务回报,但不影响公司股价表现。De 等(2010)在控制了行业效应之后发现,公司 ESG 评价与公司未来股价、净资产回报率 ROE 之间都存在正相关性,这一相关性在中小盘股票尤为明显。Kim 等(2012)发现,ESG 评价高的公司的财务报告质量更高、进行盈余管理的可能性更低。Dimson 等(2013)发现,当公司宣布参与 ESG 相关的项目后,平均可以实现 1.8% 的年化资本回报率;如果项目成功,平均可以实现 4.4% 的年化资本回报率。

综上所述,学术界普遍认为,ESG 治理评价可以改善公司的财务状况。但是,ESG 相关信息披露并非是强制的,通常只有盈利水平良好的企业才会积极披露公司的 ESG 治理信息。因此,是 ESG 治理水平提升了公司的盈利能力,还是公司的盈利能力改善了 ESG 评价,其中的因果关系仍有待进一步研究。

三、中国资本市场 ESG 评价体系的构建与应用

中国证券投资基金业协会、国务院发展研究中心金融研究所联合出版的《中国上市公司 ESG 评价体系研究报告(2018)》(以下简称《报告》)在环境因素(E)和社会因素(S)方面构建了较为完备的评价体系。本文将对其环境和社会因素评价的基本思路做简要介绍。同时,以防范业绩暴雷风险为切入点,本文单独构建了公司治理因素(G)方面的评价体系。通过实证回测,本文构建的评价体系可以有效指导上市公司的投资实践。

(一)环境因素(E)

在 ESG 评价中,针对环境因素(E)的评价在我国早有实践。2013 年 12 月,环保部、国家发展和改革委、中国人民银行、中国银监会联合颁布《企业环境信用评价办法(试行)》,对企业环境信用评级的指标、方法、程序和披露进行了规定。

1. 基本思路

首先,考察拟评价企业本身所面临的环境风险的严重程度。如果企业本身属于环境友好的行业,自身又无环保劣迹和违规行为,则自然给予高评级;反之,如果企业本身处于蕴含重大环境风险的行业,自身又出现过重大环境违规甚至违法事故,则自然给予低评级。

其次,考察拟评价企业的环境信息披露质量和水平。目前,环保部、上海证券交易所、深圳证券交易所等对上市公司环境信息披露都有一定的要求,尽管多数披露要求都不是强制性的,对披露的内容和格式也无定规,但在绿色发

展已上升为国家战略并日益成为社会共识的背景下，如果企业能够按照现有指引要求主动进行高水平、高质量的环境信息披露，则能够一定程度反映企业对大趋势的准确把握和向绿色转型的积极行动，符合监管的发展方向，应予以高评级；反之，如果企业根本不重视环境信息披露，认为该事项与己无关、敷衍了事，环境披露中根本不包括关键信息，则应给予低评级。

最后，考察拟评价企业的环境风险管理绩效。有效的环境风险管理意味着要关注两方面内容：最小化环境因素造成的负面效应；最大化环境因素的正面效应。相应地，环境绩效分为正面和负面两个方面。正面绩效评价企业在绿色发展转型方面所取得的成果，只有企业本身的发展与绿色发展的大趋势相吻合，企业才能建立在可持续发展的基础上；负面绩效反映企业自身的运营活动对环境造成的负面外部效应。企业正面绩效越大、负面绩效越小，则应予以高评级；反之，企业正面绩效越小、负面评级越大，则应予以低评级。

2. 模型基本指标

模型基本指标包括四大类一级指标：整体环境风险暴露，评价上市公司所处行业以及企业自身所面临的环境风险严重程度；环境信息披露的水平和质量，评价上市公司是否进行了相关的环境信息披露，包括是否仅仅进行了定性描述而缺乏定量描述、是否披露了关键信息等；环境风险管理绩效——负面指标，评价上市公司经营行为对环境造成的负面外部效应，选取能耗、污染物排放、碳排放作为环境负外部性的三个关键指标；环境风险管理绩效——正面指标，评价上市公司绿色业务的发展情况以及绿色转型情况。

对上述指标行业标准化后，赋权并加总，得到上市公司环境责任的初步评价结果，按一定比例进行排序分档，如 A 优秀、B 良好、C 合格、D 关注。最后，将获得环境违法违规处罚、发生重大环境风险事件列为调整降档指标；将企业环境信息披露内容获得有资质的独立第三方机构专门验证作为调整提档指标。

（二）社会因素（S）

企业社会责任通常是指企业在创造利润、对股东和员工承担法律责任的同时，承担对消费者、社区和环境的责任。企业的社会责任超越视利润为企业唯一目标的传统理念，强调企业在生产过程中对人的价值的关注，以及对环境、对消费者和对社会的贡献。企业社会责任的内涵根据社会和经济发展而不断变化、更新，但仍不脱离股东、员工、客户和消费者、供应商、行业和市场、社区乃至社会整体的各个方面。

1. 指标体系

社会责任评价指标体系的构建，主要根据上市公司的不同利益相关者，分为股东、员工、客户和消费者、上下游关系和债权人、同业、社会、安全、企业信用共八项一级指标。一级指标下设若干二级指标。

2. 评价方法

依据数据可得性和重要性的不同，将所有指标分为关键指标、调整指标和负面指标，以体现重点、避免重复、更好地利用不同覆盖面的数据、增强可比性。

关键指标为数据完整且代表性高的核心指标，包括人均税收、就业、ROE、员工人均收入、研发强度等，主要来自上市公司财务报告。对关键指标分别赋权加总得到社会责任指数。对指标数据进行标准化处理，避免不同指标的量纲差异。

调整指标为重要性稍低、直接可比性较弱或只有部分上市公司有披露的指标，包括公益支出、员工培训、员工申诉、劳动合同签订率、五险一金覆盖率、客户满意度、投资率、隐私保护、雇佣关系等，其中少数为定量指标，多数为定性指标，来自上市公司社会责任报告及其他来源。对调整指标进行统一的赋值量化，设定较关键指标为低的权重后进行加总，作为加减分项，进一步调整社会责任指数。

根据关键指标和调整指标计算得到上市公司社会责任的初步评价结果，按一定比例进行排序分档，如A优秀、B良好、C合格、D关注。

负面指标包括安全和企业信用指标等，来自政府等多个渠道。运用负面指标对前两类指标结算得到的评价结果进行不同程度的降档处理，确定最终的评价结果。

（三）公司治理因素（G）

当前，国内外关于上市公司治理情况评价的研究不胜枚举，不同评价系统各有独特的分类方式和侧重点，或看重外部力量（如机构投资者）的影响，或以股东主权为核心，或以董事会治理为重点等。评价指标体系多从信息披露、中小股东利益保护、上市公司独立性、董事会独立性、监事会参与治理、高管薪酬等维度展开，指标数量众多。事实上，公司治理及其评价体系日趋复杂，大量指标的采用导致评价结果的差异性大、任意性强，并不能真实全面反映上市公司治理状况。因此，本文在选取公司治理相关评价指标时，跳出了传统公司治理指标体系的束缚，以业绩暴雷的视角为切入点，尽量选取最有代表性和最能反映现实问题的指标，以提高评价的有效性。

本文从表格 1 的五大类一级指标中衍生出 30 余种较为有效的评价指标，对各项指标数据行业标准化处理后，再予以加权汇总，得到了该上市公司的公司治理因素（G）评分；依据评分的高低，将所有非金融 A 股上市公司划分为若干评级；与指数调仓期一致，每半年进行一次评级。在此基础上，参考 Beneish（1999）的 M-score 模型和 Dechow 等（2011）的 F-score 模型的 Logit 回归分析框架，设计出适合中国市场的财务造假预测模型；对当期造假概率高的上市公司，进行降级警示处理。

表 1　　　　　　　　　公司治理因素（G）评价指标体系

一级指标	指标说明
监管数据	证监会、交易所出具的问询函信息或处罚公告
中介机构	上市公司年报审计意见与审计师特征的相关数据
公司治理	公司治理体系的评价指标
财务异常	存在造假可能性的异常财务指标
外部市场	上市公司的交易数据体现了市场对相关信息的反应

在三大宽基指数中，本文通过实证研究发现，高评级组合的净值收益明显高于其所在指数的净值收益；这种超额收益在以中小市值股票为主的指数中更为明显。在某个指数的成分股中，本文对一个评级组合的超额净值收益做如下定义：属于该评级的成分股按流通市值加权形成的投资组合的单位净值，减去作为基准的该指数同期单位净值，这一净值差即为该评级组合的超额净值收益。以中证 500 指数为例，该指数的高评级组合超额净值收益如图 1 虚线所示，说明从 2017 年 1 月初至 2019 年 6 月末，中证 500 高评级组合相对基准实现了 38.49% 的超额净值收益；在中证 1000 指数中，中证 1000 高评级组合（图 1 点状线）相对基准实现了 13.92% 的超额净值收益；而在市值水平较高的沪深 300 指数中，沪深 300 高评级组合（图 1 实线）仅实现了 6.83% 的相对基准超额净值收益。实证结果进一步说明，本文构建的公司治理因素（G）评价体系，在中小市值股票组合中更具投资指导意义。

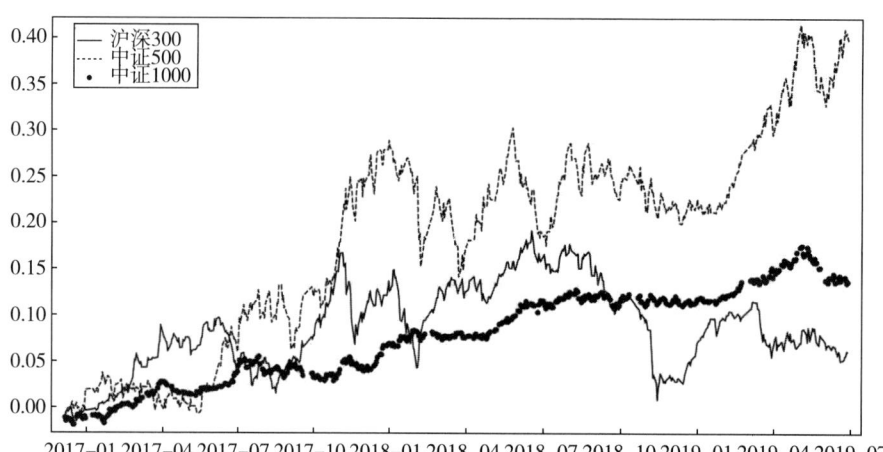

图1 高评级组合的超额净值收益

四、ESG评价体系建设相关政策建议

现阶段的主要工作应着眼于提升全市场对ESG评价工作的重要性认识。本文建议,可以考虑在多层次资本市场的上市公司和投资基金中,率先推行ESG评估体系的试点工作;在此基础上,深入完善相关激励与约束机制等配套措施,提高ESG评价体系的实效性和指导意义。

(一) 提升ESG评价体系建设的重要性认识

近年来,随着ESG投资理念在国际市场得到广泛认同,一些行业自律组织、交易所、市场机构纷纷对企业乃至行业进行ESG评估,力图引导上市公司和投资者行为,促使上市公司的经营与投融资决策充分考虑环境、社会和公司治理方面的因素,实现全社会层面的可持续发展。

但是,国内ESG评价体系的建设工作刚刚起步,社会各界对其认识还不够充分,对企业行为的评价仍停留在财务分析阶段。此外,ESG相关信息披露的频次、披露质量的规范性均有不足,进一步限制了ESG体系评价作用的发挥。

ESG高度契合了创新、协调、绿色、开放、共享的新发展理念,可以作为优秀企业家和社会投资者的最佳行为准则,在提升企业产品与服务质量和效率、促进经济转型升级、提高利益相关者的满意度、有效控制环境与社会业绩风险、防范业绩暴雷风险、实现高质量发展等方面具有积极作用。政府有关部门和市场监管层应提高对ESG工作重要性的认识,着力在多层次资本市场开展《ESG评价指引》的试点工作。此外,要对交易所和行业自律协会构建完整的

ESG 信息披露、评估体系工作予以支持；鼓励评估、咨询等市场机构积极开展 ESG 评价评估工作，进一步推动企业树立 ESG 理念，并将该理念融入企业的经营方针和经营战略。

（二）在多层次市场中，投资基金和上市公司率先推行 ESG 体系试点工作

上市公司率先推行 ESG 评估评价体系的试点工作，有助于深化信息披露体系建设，为行业内其他企业起示范作用。经过多年发展，投资基金已经成为中国资本市场的重要力量。2018 年公募基金规模已达 13 万亿元，头部基金在很大程度上影响着市场风险和投资偏好的动态变化。同时，随着社保、年金、基金公司、保险公司等重要机构投资者的持股比例不断提升，贯彻 ESG 的投资理念和价值观将有助于更好地建立长期投资价值体系，给中国经济带来真正有价值的长期资本，推动经济新发展。

目前，我国已初步建立了自愿的社会责任信息披露体系，但信息披露缺乏可比性、披露质量不稳定，且内涵覆盖范围小于 ESG 体系。有关监管部门应当支持行业自律组织、市场参与机构在 ESG 评价原则基础上推出行业细化评价指标。本文建议，应逐步完善上市公司强制 ESG 信息披露制度；选择部分 ESG 重点指标纳入市场风险监管体系。在试点工作的初期，可借鉴境外市场的经验，采用不遵守就解释的半强制性 ESG 信息披露制度，即上市公司可以自主选择 ESG 信息的披露范围，但对不披露的问题需要解释原因；也可以选择排位靠前的大型上市公司、污染行业的上市公司，以及大型公募基金先行试点。

（三）进一步完善配套设施

ESG 评价体系的构建完善工作，不仅需要市场机构的配合，也需要外部环境，尤其是市场监管层和相关政府机构的支持。推行 ESG 理念是相关政府部门的职责所在。一方面，ESG 评价需要自然环境监测数据、环境行为评价等外部信息以补充 ESG 数据披露的不足；另一方面，推行 ESG 体系需要配套的激励约束机制。例如，政府部门对 ESG 评分高的公司在招标、采购、税收减免等方面可以给予一定的激励措施，交易所和监管方在 IPO、再融资、绿色信贷等方面提供相应的便利条件；对于不按照要求披露或者披露信息严重虚假，以及 ESG 评分低的上市公司，监管部门应给予相应的制裁。市场管理机构需要加强与政府相关部门的合作，建立及时有效的信息沟通机制。

参考文献

[1] 中国证券投资基金业协会,国务院发展研究中心金融研究所. 中国上市公司 ESG 评价体系研究报告 [R]. 2018.

[2] Albuquerque, R., Durnev, A. and Koskinen, Y.. Corporate Social Responsibility and Firm Risk: Theory and Empirical Evidence [D]. University of Iowa and Boston University, 2013.

[3] Barnett, Michael L. and Salomon, Robert M.. Beyond Dichotomy: The Curvilinear Relationship between Social Responsibility and Financial Performance [J]. Strategic Management Journal, 2006, 27 (11), 1101 – 1122.

[4] Bauer, R., Hann, D.. Corporate Environmental Management and Credit Risk [D]. University Maastricht, The European Centre for Corporate Engagement, 2010.

[5] Baron, D. P., Harjoto, M. A., Jo, H.. The Economics and Politics of Corporate Social Performance [J]. Business and Politics, 2011, 13 (2), 1 – 46.

[6] Belghitar Y., Clark E., Deshmukh N.. Does it pay to be ethical? Evidence from the FTSE4 Good [J]. Journal of Banking and Finance, 2014, 47, 54 – 62.

[7] Beneish, M. D.. The detection of earnings manipulation [J]. Financial Analysts Journal, 1999, 55 (5), 24 – 36.

[8] Bhojraj, S., Sengupta, P.. Effect of Corporate Governance on Bond Ratings and Yields: The Role of Institutional Investors and Outside Directors [J]. Journal of Business, 2003, 76 (3), 455 – 475.

[9] Brammer, S., Brooks, C. and Pavelin, S.. Corporate Social Performance and Stock Returns: UK Evidence from Disaggregate Measures [J]. Financial Management, 2006, 35, 97 – 116.

[10] Chava, S.. Environmental Externalities and Cost of Capital [J]. Management Science, 2011.

[11] Cremers, K. J. M., Nair, V. B. and Wei, C.. Governance Mechanisms and Bond Prices [J]. Review of Financial Studies, 2007, 20 (5), 1359 – 1388.

[12] Dechow, P. M., Ge W., Larson C. R. and Sloan R. G. Predicting material accounting misstatements, 2011, 28 (1), 17 – 82.

[13] Deng, X., Kang, J. K., Low, B. S.. Corporate Social Responsibility and Stakeholder Value Maximization: Evidence from Mergers [J]. Journal of Financial Economics, 2013, 110, 87 – 109.

[14] Derwall, J., Guenster, N., Bauer, R., Koedijk, K.. The Eco – Efficiency Premium Puzzle [J]. Financial Analysts Journal, 2005, 61 (2), 51 – 63.

[15] Dhaliwal, D. S., Li, O. Z., Tsang, A. and Yang, Y. G.. Voluntary Disclosure and the Cost of Equity Capital: The Initiation of Corporate Social Responsibility Reporting [J]. The Accounting Review, 2011, 86 (1), 59 – 100.

[16] Dimson, Elroy, Karakaş, Oǧuzhan., Li, Xi.. Active Ownership [J]. The Review of Financial Studies, 2015, 28 (12), 3225 – 3268.

[17] Eccles, R. G., Ioannou, I., Serafeim, G.. The Impact of Corporate Sustainability on Organizational Processes and Performance [J]. Management Science, 2014, 60 (11), 2835 – 2857.

[18] Fabozzi, F. J., Ma, K. C., Oliphant, B. J.. Sin Stock Returns [J]. Journal of Portfolio Management, 2008, 82 – 94.

[19] Gerhard Halbritter, Gregor Dorfleitner. The Wages of Social Responsibility—Where Are They? A Critical Review of ESG Investing [J]. Review of Financial Economics, 2015, 26, 25 – 35.

[20] El Ghoul, Sadok and Guedhami, Omrane and Kwok, Chuck C. Y. and Mishra, Dev R.. Does Corporate Social Responsibility Affect the Cost of Capital? [J]. Journal of Banking and Finance, 2010, 35 (9), 2388 – 2406.

[21] Henriksson, R., Livnat, J., Pfeifer, P., & Stumpp, M.. Integrating ESG in Portfolio Construction [J]. The Journal of Portfolio Management, 2019, 45 (4), 67 – 81.

[22] Hong, H., Kacperczyk, M.. The price of sin: the effects of social norms on markets [J]. Journal of Financial Economics, 2009, 93, 5 – 36.

[23] Jiao, Y.. Stakeholder Welfare and Firm Value [J]. Journal of Banking and Finance, 2010, 34, 2549 – 2561.

[24] Kempf, A. and Osthoff, P.. The Effect of Socially Responsible Investing on Financial Performance [J]. European Financial Management, 2007, 13, 908 – 922.

[25] Khan, Mozaffar and Serafeim, George and Yoon, Aaron. Corporate Sustainability: First Evidence on Materiality [J]. The Accounting Review, 2016, 91 (6), 1697-1724.

[26] Kim, Yongtae and Park, Myung Seok and Wier, Benson. Is Earnings Quality Associated with Corporate Social Responsibility? [J] The Accounting Review, 2011.

[27] Konar, S and Cohen, M. A.. Does the Market Value Environmental Performance? [J] Review of Economics and Statistics, 2001, 83 (2), 281-289.

[28] Lee, D. D., Faff, R. W., Rekker, S. A.. Do high and low-ranked sustainability stocks perform differently? [J] International Journal of Accounting and Information Management, 2013, 21 (2), 116-132.

[29] Orlitzky, Marc, Schmidt, Frank L., Rynes, Sara L.. Corporate Social and Financial Performance: A Meta-Analysis [J]. Organization Studies, 2003, 24 (3), 403-441.

[30] Russo, M. V. and Fouts, P. A.. A Resource-Based Perspective on Corporate Environmental Performance and Profitability [J]. Academy of Management Journal, 1997, 40 (3), 534-559.

[31] Salaber, J. . The Determinants of Sin Stock Returns. Evidence on the European Market [D]. University of Paris Daufine, 2007.

[32] Skaife, Hollis Ashbaugh and Collins, Daniel W. and LaFond, Ryan.. The Effects of Corporate Governance on Firms' Credit Ratings, 2004.

[33] Statman, M., Glushkov, D.. The wages of social responsibility [J]. Financial Analysts Journal, 2009, 65, 33-46.

[34] Utz, Sebastian and Wimmer, Maximilian.. Are They Any Good at All? A Financial and Ethical Analysis of Socially Responsible Mutual Funds [J]. Journal of Asset Management, 2014, 15 (1), 72-82.

制度探索

中小企业的公司治理和监管安排[①]

王 娴[*]

摘 要：本文以新三板挂牌公司为研究对象，对其在 2013～2018 年的公司治理及流动性进行了统计分析并检验了影响其违规行为的主要因素。研究发现，第二类代理人问题是新三板挂牌公司的首要公司治理问题。相比创新层挂牌公司，基础层挂牌公司可能面临更加严重的第二类代理人问题。进一步分析影响违规的因素，发现股权集中度与违规行为之间的关系呈 U 形，表明由于利益协同效应，股权相对集中会提高控股股东的监管积极性和能力，进而降低发生违规的可能性；流动性与违规行为之间存在 U 形关系，表明流动性的提高会降低发生违规行为的可能性，但过高的流动性会产生消极影响，增加发生违规的可能性。最后，基于境内外市场公司治理经验，对新三板提高公司治理质量提出政策建议。

关键词：新三板 公司治理 股权集中度 违规行为 流动性

一、引言

全国中小企业股份转让系统（以下简称股转系统）作为我国多层次资本市场的重要组成部分，自 2006 年 1 月 16 日试点[②]启动到 2013 年 1 月正式运行以

---

[*] 王娴，课题组负责人，清华大学国家金融研究院上市公司研究中心主任。课题组成员包括闫琰、张思雨、叶宇辰、刘亚萍。
[①] 本文为全国股转公司 2019 年对外委托课题研究成果。
[②] 股转系统建立的基础是 2006 年 1 月启动的中关村科技园区非上市公司进入证券公司代办股份转让系统进行股份报价转让试点（以下简称中关村试点）。

来，对促进中小微企业发展、完善直接融资体系发挥了积极作用。截至2019年11月28日，股转系统挂牌公司总数已达9111家，总股本达到5708.17亿股。[1]随着市场环境的变化和深化新三板改革的启动，对提高挂牌公司质量提出了新要求，[2]而信息披露质量、公司治理水准及流动性水平是影响挂牌公司质量的重要因素。挂牌公司未经公开发行直接在股转系统挂牌并向不特定投资者转让股份，成为非上市公众公司[3]（Unlisted Public Company），其在信息披露、公司治理及流动性等方面具有特殊性。

第一是信息披露的义务。从国际证券市场监管的实践看，当公司的运行涉及公众的利益时，就要履行信息披露制度义务。随着股转系统做市商制度和集合竞价制度的实施，投资者发出的转让股票的订单成为具有约束力的要约[4]。在此情况下，信息披露对于保证公开交易市场的秩序和交易双方的权利至关重要。国发〔2013〕49号提出了挂牌公司须履行信息披露义务，所披露的信息应当真实、准确、完整[5]的要求。完善的公司治理是保证信息披露质量的基础，而真实、准确、及时的信息披露也是保证公司治理原则有效实施的必要前提。

第二是股权高度集中而引发的第二类代理人问题。公司治理的核心是缓解代理人问题[6]，主要分为两种类型：一是所有权与控制权分离（Berle和Means，1932[7]）所导致的所有者（委托人）与经营者（代理人）之间的利益冲突（第

---

[1] 股转系统，见http://www.neeq.com.cn/static/statisticdata.html.

[2] 全国中小企业股份转让系统（2019），全国股转公司研究启动提高挂牌公司质量工作，见http://www.neeq.com.cn/important_news/200006909.html.

[3] 股转系统挂牌公司属于非上市公众公司。根据中国证券监督管理委员会（以下简称中国证监会）发布的《非上市公众公司监督管理办法》（第85号令），非上市公众公司是指有下列情形之一且其股票未在证券交易所上市交易的股份有限公司：（一）股票向特定对象发行或者转让导致股东累计超过200人；（二）股票公开转让。中国证监会于2013年1月31日颁布的《全国中小企业股份转让系统有限责任公司管理暂行办法》（第89号令）明确表示，股票在全国股份转让系统挂牌的公司为非上市公众公司。

[4] 根据《合同法》第14条规定，要约是希望和他人订立合同的意思表示，要约中必须表明要约经受要约人承诺，要约人即受该意思表示约束。

[5] 《国务院关于全国中小企业股份转让系统有关问题的决定》，见http://www.neeq.com.cn/law_list/20000445.html.

[6] Shleifer, A., Vishny, R. W.. A Survey of Corporate Governance [J]. Journal of Finance, 1997, 52 (2), 737-783; Goergen, M.. International corporate governance [M]. England: Pearson Education Limited, 2012.

[7] Berle, A. A., Means, G. C.. The Modern Corporation and Private Property [M]. New York: Macmillan, 1932.

一类代理人问题，Type I Agency Problem①）；二是控股股东与非控股股东之间的利益冲突（第二类代理人问题，Type II Agency Problem②）。对于具有典型的古典公司特点（所有权与经营权合一）的股转系统挂牌公司来说，高度集中的股权结构以及控股股东的内部人身份使第二类代理人问题成为其公司治理的核心问题。

第三是流动性不足与市场约束的缺乏。股权高度集中导致新三板挂牌公司的控股股东相比外部投资者在获取信息的时间和信息成本方面具有明显优势，从而影响外部投资者参与交易的意愿，引发流动性不足。流动性不足、价格不能反映基本面，还会影响市场对完善公司治理和保护全体股东利益的外在约束。尽管新三板引入了集合竞价制度，但是在股权高度集中、投资者数量结构和交易需求单一、市场约束不足的现实情况下，集合竞价并没有改善成交和流动性。

信息披露、公司治理及流动性之间相辅相成、相互促进，三者的协同改善是提高市场效率的必要前提。一方面，只有完善了公司治理，才能增强信息披露的真实、完整与及时，进而增强各类投资者参与交易的积极性，使交易的多元化需求与交易制度的完善相互作用，最终改善市场流动性和效率。另一方面，流动性的改善和市场效率的提高，又可以进一步促进公司治理的完善。

在此背景下，本文对新三板挂牌公司的股权集中度，独立董事的设立，实际控制人、董事长和总经理三者的重合度，以及流动性等进行了统计分析，并从以上几方面分别对基础层与创新层挂牌公司、新三板挂牌公司与上市公司进行了差异显著性检验。在此基础上，本文对影响挂牌公司违规行为的影响因素进行了理论和实证分析，并将新三板与主板、台湾证券柜台买卖中心兴柜OTC市场、美国纳斯达克市场等境内外市场的信息披露要求和公司治理规则进行了对比。最后，结合最新发布的《全国中小企业股份转让系统分层管理办法》（以下简称《分层管理办法》）、《全国中小企业股份转让系统挂牌公司治理规则》（以下简称《挂牌公司治理规则》）等业务规则和研究结论，就股权分散、流动性、独立董事制度、国有挂牌公司治理的特殊性、激励与评价机制、加强

---

① Jensen, M. C., Meckling, W. H.. Theory of the firm: Managerial behavior, agency costs and ownership structure [J]. Journal of Financial Economics, 1976, 3 (4), 305 – 360.
② Shleifer, A., Vishny, R. W.. Large Shareholders and Corporate Control [J]. Journal of Political Economy, 1986, 94 (3), 461 – 488.

自律监管和行政监管、推动机构投资者参与公司治理等方面提出了政策建议。

二、对股转系统挂牌公司治理的统计分析

（一）2013～2018年新三板挂牌公司的公司治理概况

通过对2013～2018年历年新三板挂牌公司的股东户数、大股东持股比例和股权集中度进行统计分析发现，挂牌公司历年的平均股东户数维持在20～82户，股东数量有限，而投资者数量不足导致新三板挂牌公司的股权集中度高；从大股东持股比例来看，历年第一大股东持股比例均维持在50%以上，历年前十大股东持股比例均维持在88%以上。虽然大股东持股比例在2013～2018年呈下降趋势，但下降幅度有限，股权依旧高度集中。

表1　2013～2018年历年股转系统挂牌公司股东户数、大股东持股比例和股权分散度

年份	股东户数（户）	第一大股东持股比例（%）	前十大股东持股比例（%）
2013	20	52.05	95.34
2014	33	53.41	95.45
2015	82	50.94	93.72
2016	53	51.47	94.80
2017	51	51.12	89.49
2018	42	50.96	88.82
年份	HHI前十大股东	HHI前五大股东	HHI前两大股东
2013	0.35	0.35	0.33
2014	0.34	0.34	0.32
2015	0.33	0.33	0.31
2016	0.36	0.36	0.34
2017	0.36	0.36	0.34
2018	0.36	0.36	0.34

数据来源：清华大学国家金融研究院上市公司研究中心课题组根据Wind数据计算、制表。

赫芬达尔—赫希曼指数（Herfindahl－Hirschman Index，HHI）[①] 是在公司治理研究中被广泛应用的衡量股权集中度的重要指标，等于单个挂牌公司在单个会计年度内各个大股东持股比例的平方和，如式（1）所示。

---

① HHI最初被用于衡量产业集中度，通过计量市场份额的变化来反映市场中厂商规模的集中度，其等于一个行业中各市场竞争主体所占行业总收入或总资产百分比的平方和。

$$HHI = \sum_{i=1}^{N}(X_i/X)^2 = \sum_{i=1}^{N}S_i^2 \qquad (1)$$

其中，S_i 表示第 i 大股东的持股比例，其等于第 i 大股东的持股数量除以该挂牌公司的总股本，N 表示该挂牌公司的股东数，①HHI 值越大表示股权越集中。如表1所示，样本周期内挂牌公司前十大股东的 HHI 始终维持在 0.30 以上，表明挂牌公司的股权集中。另外，前十、前五及前二大股东的 HHI 差别不大，说明第三到第十大股东持股比例较小，进一步表明挂牌公司大股东控制的现象严重。因此，第二类代理人问题是挂牌公司潜在的首要公司治理问题。另外，有限的股东数量使绝大多数挂牌公司依照国发〔2013〕49 号获得证监会豁免核准②。所以，在信息披露要求较低和监管相对宽松的前提下，完善的公司治理是保证这些挂牌公司信息披露质量的基础。

从董事会规模和结构来看（见表2），历年挂牌公司董事会人数维持在 5 人，但是独立董事平均不足 1 人；历年没有设立独立董事的挂牌公司的比例均达 87% 以上，并呈增长趋势。在董事会中，独立董事占比均值维持在 4.5% 以下。2018 年，独立董事占比均值仅为 1.93%。

从实际控制人、董事长和总经理的重合度来看（见表3），半数以上挂牌公司中的董事长和总经理职位由同一自然人担任，86% 以上的挂牌公司的实际控制人担任董事长一职，64% 以上的挂牌公司的实际控制人担任总经理一职。另外，在 52% 以上的挂牌公司中，实际控制人、董事长与总经理三者为同一自然人。值得注意的是，有些挂牌公司有多名共同实际控制人，这些挂牌公司中的董事长与总经理虽不是同一自然人，却都是共同实际控制人中的一员，如考虑此种情况，存在董事长与总经理二者均为实际控制人的挂牌公司比例达 62% 以上。

挂牌公司独立董事的缺失、执行董事和独立董事占比的严重失衡以及实际控制人与董事长和总经理的重合会导致严重的信息不对称和对内部人监督制衡

---

① 当计算前十大股东的 HHI 时，如果单个挂牌公司在单个会计年度内股东数量 n 不足 10，N 等于 n，即 HHI 等于挂牌公司在单个会计年度内 n 个大股东持股比例的平方和；当计算前五大股东的 HHI 时，如果单个挂牌公司在单个会计年度内大股东数量 n 不足 5，N 等于 n，HHI 等于挂牌公司在单个会计年度内 n 个大股东持股比例的平方和。

② 挂牌公司依法纳入非上市公众公司监管，股东人数可以超过 200 人。股东人数未超过 200 人的股份公司申请在全国股份转让系统挂牌，证监会豁免核准。挂牌公司向特定对象发行证券，且发行后证券持有人累计不超过 200 人的，证监会豁免核准。《国务院关于全国中小企业股份转让系统有关问题的决定》，http://www.neeq.com.cn/law_list/20000445.html。

【制度探索】

的匮乏，从而加剧控股股东的道德风险，使第二类代理人问题更加严重。

表2　　　2013~2018年历年新三板挂牌公司董事会规模和结构

年份	董事会人数（人）（平均值）	独立董事占比（%）	执行董事占比（%）
2013	5	3.70	96.30
2014	5	4.21	95.79
2015	5	3.16	96.84
2016	5	2.25	97.75
2017	5	2.25	97.75
2018	5	1.93	98.07

年份	独立董事人数（人）					
	平均值	最小值	25%	中位数	75%	最大值
2013	不足1人	0	0	0	0	4
2014	不足1人	0	0	0	0	5
2015	不足1人	0	0	0	0	7
2016	不足1人	0	0	0	0	7
2017	不足1人	0	0	0	0	7
2018	不足1人	0	0	0	0	6

年份	公司是否设立独立董事				公司董事长与总经理是否为同一人			
	是		否		是		否	
	公司家数（家）	占比（%）	公司家数（家）	占比（%）	公司家数（家）	占比（%）	公司家数（家）	占比（%）
2013	43	12.08	313	87.92	222	64.16	124	35.84
2014	191	12.17	1.378	87.83	861	56.50	663	43.50
2015	480	9.38	4637	90.62	2795	55.47	2244	44.53
2016	698	6.87	9461	93.13	5632	55.82	4458	4418
2017	795	6.84	10833	93.16	6523	56.32	5060	43.68
2018	633	5.92	10055	94.08	5985	56.36	4635	43.64

数据来源：清华大学国家金融研究院上市公司研究中心课题组根据Wind数据计算、制表。

表3　2013~2018年历年新三板挂牌公司实际控制人、董事长和总经理的重合度

年份	实际控制人与董事长是否为同一人				实际控制人与总经理是否为同一人			
	是		否		是		否	
	公司家数（家）	占比（%）	公司家数（家）	占比（%）	公司家数（家）	占比（%）	公司家数（家）	占比（%）
2013	297	87.10	44	12.90	245	72.49	93	27.51
2014	1333	90.07	147	9.93	1005	67.81	477	32.19
2015	4375	89.82	496	10.18	3188	65.39	1687	34.61
2016	8789	89.64	1016	10.36	6431	65.66	3364	34.34
2017	9958	88.38	1309	11.62	7337	65.17	3921	34.83
2018	8945	86.48	1399	13.52	6609	64.08	3704	35.92

年份	实际控制人、董事长与总经理三者是否为同一人[b]			
	是		否	
	公司家数（家）	占比（%）	公司家数（家）	占比（%）
2013	208	61.72	129	38.28
2014	816	55.43	656	44.57
2015	2614	53.82	2243	46.18
2016	5272	53.87	4514	46.13
2017	6040	53.70	5207	46.30
2018	5457	52.97	4845	47.03

年份	董事长与总经理二者是否均为实际控制人[c]			
	是		否	
	公司家数（家）	占比（%）	公司家数（家）	占比（%）
2013	236	70.03	101	29.97
2014	979	66.51	493	33.49
2015	3120	64.24	1737	35.76
2016	6303	64.41	3483	35.59
2017	7208	64.09	4039	35.91
2018	6468	62.78	3834	37.22

数据来源：清华大学国家金融研究院上市公司研究中心课题组根据Wind数据计算、制表。

（二）公司治理的统计比较：基础层VS创新层挂牌公司

为了检验基础层挂牌公司和创新层挂牌公司在股权集中度，独立董事的设立，实际控制人、董事长和总经理三者的重合度以及流动性等方面的差异是否

显著，本文针对以上各方面涉及的非虚拟变量对基础层挂牌公司和创新层挂牌公司两组数据进行双总体 T 检验。另外，针对"是否设立独立董事""公司董事长与总经理是否为同一人""实际控制人与董事长是否为同一人""实际控制人与总经理是否为同一人""实际控制人、董事长与总经理三者是否为同一人"以及"董事长与总经理二者是否均为实际控制人"这些虚拟变量，采用 PR 检验（PR-test）检验两组数据的差异性。

T 检验和 PR 检验结果如表 4 所示，基础层挂牌公司的股东户数、董事会规模、独立董事的人数和比例、设立独立董事的公司比例以及年度股东大会召开次数均显著低于创新层挂牌公司，而股权集中度显著高于创新层挂牌公司。这表明信息不对称和对内部人缺乏监督制衡的问题在基础层挂牌公司中可能更为严重，基础层较创新层挂牌公司可能面临更加严重的第二类代理人问题。

表 4　差异化检验：基础层 VS 创新层双总体 T 检验/PR 检验结果

		基础层	创新层	T 检验/PR 检验	
股东户数和股权集中度		平均值	平均值	差值	P 值
股东户数（T 检验）		29.00	163.00	-134.00***	0.000
第一大股东持股比例（%）（T 检验）		51.89	42.13	9.76***	0.000
前十大股东持股比例（%）（T 检验）		91.59	84.99	6.60***	0.000
HHI：前十大股东（T 检验）		0.37	0.26	0.11***	0.000
HHI：前五大股东（T 检验）		0.37	0.25	0.12***	0.000
HHI：前两大股东（T 检验）		0.35	0.24	0.11***	0.000
董事会独立性		平均值	平均值	差值	P 值
董事会人数（T 检验）		5.44	6.01	-0.57***	0.000
独立董事人数（T 检验）		0.13	0.51	0.05***	0.000
独立董事占比（%）（T 检验）		1.73	6.52	0.05***	0.000
虚拟变量（是，值为 0；否，值为 1）（PR 检验）	是否设立独立董事	0.05	0.19	-0.14***	0.000
	公司董事长与总经理是否同一人	0.56	0.56	-0.00	0.558
	实际控制人与董事长是否为同一人	0.88	0.88	0.003	0.613
	实际控制人与总经理是否为同一人	0.65	0.64	0.00	0.580
	实际控制人、董事长与总经理三者是否为同一人[a]	0.53	0.53	0.00	0.823
	董事长与总经理二者是否均为实际控制人[b]	0.64	0.63	0.01	0.368
股东大会召开情况		平均值	平均值	差值	P 值
股东大会召开次数（T 检验）		0.92	0.99	-0.07***	0.000

续表

流动性	基础层平均值	创新层平均值	T检验/PR检验 差值	P值
年平均换手率（%）（T检验）	2.96	0.63	2.33***	0.000

注：① *p<0.1，**p<0.05，***p<0.01。

②a. 是，即实际控制人、董事长与总经理三者是否为同一自然人；b. 是，即董事长与总经理是同一自然人实际控制人或当实际控制人为多名自然人时，董事长与总经理虽不是同一自然人，却都是多名自然人实际控制人中的一员。

数据来源：清华大学国家金融研究院上市公司研究中心课题组根据Wind数据计算、制表。

另外，与基础层相比，创新层挂牌公司的流动性不足问题更严重。表5显示，与2017年相比，2018年基础层和创新层挂牌公司的年平均换手率①均显著降低，表明在股权高度集中、信息不对称、投资者结构和交易需求单一、市场约束不足的现实情况下，单纯依靠改革交易制度、引入订单驱动的集合竞价机制或者连续竞价交易制度不仅不能改善流动性，反而可能带来流动性的降低。

表5　2016~2018年历年新三板挂牌公司年平均换手率

年份	年平均换手率（%）	
	基础层	创新层
2016	4.44	1.12
2017	3.71	0.83
2018	0.76	0.11

数据来源：清华大学国家金融研究院上市公司研究中心课题组根据Wind数据计算、制表。

（三）公司治理的统计比较：新三板挂牌公司 VS A股上市公司

本文对新三板挂牌公司和A股上市公司在股权集中度，独立董事的设立，实际控制人、董事长和总经理三者的重合度以及流动性等方面的差异进行了检验。

检验结果显示（见表6），新三板挂牌公司的股东户数、董事会规模、独立董事的人数和比例、设立独立董事的公司比例、年度股东大会召开次数以及流动性均显著低于A股上市公司，而股权集中度显著高于A股上市公司。这表

---

① 年平均换手率 = $\dfrac{\sum\left(\dfrac{单个交易日成交量}{当日股票流通股总股数}\right)}{区间交易日数}$。

明相比 A 股上市公司，股权高度集中、信息不对称和对内部人缺乏监督制衡的问题在新三板挂牌公司中可能更为严重，第二类代理人问题是新三板挂牌公司的首要公司治理问题。因此，针对以股权分散为特征的上市公司的《OECD 公司治理准则》以及中国证监会发布的《上市公司治理准则》并不完全适用于股转系统挂牌公司，需要以股权结构为出发点，形成有针对性、差异性、能够切实有效引导新三板挂牌公司完成阶段过渡的公司治理制度安排和实施机制。

表6　　　　差异性检验：新三板挂牌公司 VS A 股上市公司

		NEEQ	A 股	T 检验/PR 检验	
股东集中度		平均值	平均值	差值	P 值
	股东户数（T 检验）	52.26	52458.27	-52406.01***	0.000
	第一大股东持股比例（%）（T 检验）	51.23	34.22	17.01***	0.000
	前十大股东持股比例（%）（T 检验）	91.56	58.70	32.86***	0.000
	HHI：前十大股东（T 检验）	0.36	0.16	0.20***	0.000
	HHI：前五大股东（T 检验）	0.35	0.16	0.19***	0.000
	HHI：前两大股东（T 检验）	0.34	0.15	0.19***	0.000
董事会独立性		平均值	平均值	差值	P 值
	董事会人数（T 检验）	5.50	8.62	-3.12***	0.000
	独立董事人数（T 检验）	0.18	3.18	-3.00***	0.000
	独立董事占比（%）（T 检验）	2.37	37.44	-35.1***	0.000
虚拟变量（是，值为0；否，值为1）（PR 检验）	是否设立独立董事	0.07	1.00	-0.93***	0.000
	董事长与总经理是否为同一人	0.57	0.29	0.28***	0.000
	实际控制人与董事长是否为同一人	0.88	0.48	0.40***	0.000
	实际控制人与总经理是否为同一人	0.65	0.26	0.39***	0.000
	实际控制人、董事长与总经理三者是否为同一人[a]	0.54	0.20	0.34***	0.000
	董事长与总经理二者是否均为实际控制人[b]	0.64	0.25	0.39***	0.000
股东大会召开情况		平均值	平均值	差值	P 值
	股东大会召开次数（T 检验）	0.90	0.97	-0.07***	0.000
流动性		平均值	平均值	差值	P 值
	年平均换手率（%）（T 检验）	2.87	3.31	-0.44***	0.000

注：① $*p<0.1$，$**p<0.05$，$***p<0.01$。

② a. 是，即实际控制人、董事长与总经理三者是否为同一自然人；b. 是，即董事长与总经理是同一自然人实际控制人或当实际控制人为多名自然人时，董事长与总经理虽不是同一自然人，却都是多名自然人实际控制人中的一员。

数据来源：清华大学国家金融研究院上市公司研究中心课题组根据 Wind 数据计算、制表。

三、新三板挂牌公司违规行为的影响因素

(一) 挂牌公司违规情况统计

挂牌公司的违规不仅会损害投资者的利益，而且会扰乱市场秩序，降低投资者的投资热情，阻碍资本市场的健康发展。公司的违规行为不仅是衡量公司治理质量的重要指标，也反映了实际控制人和大股东在公司治理中的作用和角色。根据股转系统提供的 2017~2019 年 8 月挂牌公司违规处理登记，本文将挂牌公司的违规行为分为信息披露违规、资金占用、股票发行违规、违规担保、关联交易、重大资产重组违规、违规交易、主办券商违规、公司治理、募集资金违规以及其他违规十一类。如表 7 所示，信息披露违规发生次数最多，共计 1517 次。其次是涉及控股股东、实际控制人占用挂牌公司资金的资金占用违规，共计 111 次。

表7　新三板挂牌公司违规分类汇总（2017 年至 2019 年 8 月）

违规类别	违规的挂牌公司	
	频数[a]（次）	占比[b]（%）
信息披露违规	1517	75.70
资金占用	111	5.54
其他违规	102	5.09
股票发行违规	77	3.84
违规担保	65	3.24
违规交易	53	2.64
关联交易	45	2.25
重大资产重组违规	23	1.15
主办券商违规	7	0.35
公司治理	3	0.15
募集资金违规	1	0.05
总计	2004	100

注：a. 样本期内，存在单家挂牌公司在多个会计年度重复发生某一类违规或在单个会计年度内同时发生多类违规的情况，因此有重复计算；b. 占违规总频数（2004 次）的比重。

数据来源：股转系统；清华大学国家金融研究院上市公司研究中心课题组计算、制表。

表 8 显示，2017 年至 2019 年 8 月，累计有 1770 家挂牌公司发生违规行为。剔除由于部分挂牌公司在多个会计年度内发生违规而引起的重复计算，在样本周期内发生过违规的挂牌公司共计 1488 家，违规挂牌公司的数量和占比

【制度探索】

呈增长趋势。另外,1770家违规挂牌公司中,违规主体涉及控股股东、实际控制人或/和董监高的挂牌公司达1465家,占比82.77%。

表8 2017~2019年历年新三板挂牌公司违规概况

年份	违规的挂牌公司	
	家数[a](家)	占比[b](%)
2017年	271	2.33
2018年	756	7.07
2019年8月	743	7.99
总计[c]	1770(剔除重复)	1448
涉及的违规类型数[d]	违规的挂牌公司	
	家数[e](家)	占比[f](%)
涉及1类违规	1590	89.83
涉及2类违规	137	7.74
涉及3类违规	33	1.86
涉及4类违规	8	0.45
涉及5类违规	2	0.11
总计	1770	100
违规主体涉及控股股东、实际控制人或/和董监高的挂牌公司	家数(家)	占比(%)
	1465(有重复)[g]	82.77[h]
	1273(剔除重复)	85.55[i]

注:a. 一个会计年度内被股转系统认定违规的挂牌公司家数;每个会计年度内无重复计算,即若单家挂牌公司在一个会计年度内发生多次违规,计为一家。

b. 占当年挂牌公司总数比重。

c. 样本期内,存在单家挂牌公司在多个会计年度内均有违规的情况,因此有重复计算;在多个会计年度内均发生违规的挂牌公司共有261家,其中在两个会计年度内均发生违规的挂牌公司有240家,在三个会计年度内均发生违规的挂牌公司有20家,有1家挂牌公司连续在四个会计年度内均发生违规;剔除重复计算后共有1488家挂牌公司。

d. 一个会计年度内涉及的违规类别数;样本期内,存在单家挂牌公司在多个会计年度内均有一项或多项违规的情况,因此有重复计算;剔除重复计算后共有1488家挂牌公司。

e. 单家挂牌公司在一个会计年度内涉及违规种类的项数。

f. 占违规总样本1770家挂牌公司比重。

g. 样本期内,存在单家挂牌公司在多个会计年度内违规主体均涉及控股股东、实际控制人或/和董监高的情况,因此有重复计算。

h. 占违规总样本1770家挂牌公司比重。

i. 占剔除重复计算后全部1488家违规挂牌公司比重。

数据来源:股转系统;清华大学国家金融研究院上市公司研究中心课题组计算、制表。

(二) 理论基础和研究假设

英国经济学家亚当·斯密（Adam Smith）在其著作《国民财富的性质和原因的研究》（简称《国富论》）中提出了经济人假设。经济人假设指出，人的本性是利己的，在经济活动中，利己本性的人们以追求个人利益最大化为唯一目的，而不会顾及他人的利益。[①] 在利己本性的驱动下，控股股东和实际控制人对公司的控制权激发了其以非控股股东为代价来寻求私人利益的机会主义动机和能力，[②] 导致控股股东与非控股股东之间的利益冲突，即第二类代理人问题。[③] 他们可能会为了自身利益利用各种合法或非法手段直接或间接将资产和利润转移出公司，这种利益输送行为被称为隧道掏空效应（tunneling）。[④] 当股权集中度较高[⑤]、控股股东通过拥有具有优越投票权的股权、金字塔结构或者交叉持股使他们的控制权明显超过现金流权[⑥]、控股股东或实际控制人直接担任或委派公司的高级管理人员或是法律保护较薄弱时[⑦]，他们为谋取私利而侵害公司和中小股东的行为更加严重。[⑧] 实际控制人或控股股东为了掩盖其利益侵占行为，必然会隐瞒或者虚假披露相关信息，降低信息披露的透明度和质量。[⑨] La Porta、Lopez-De-Silanes、Shleifer 和 Vishny（1998）指出，股权集中度越高，公司的信息透明度越低。[⑩] 以东亚地区上市公司为样本，Fan 和 Wong

---

[①] 亚当·斯密. 国民财富的性质和原因的研究 [M]. 北京：商务印书馆，1974.

[②] Bebchuk, L. A., Weisbach, M. S. The State of Corporate Governance Research [J]. The Review of Financial Studies, 2010, 23 (3), 939 – 961.

[③] Shleifer, A., Vishny, R. W. Large Shareholders and Corporate Control [J]. Journal of Political Economy, 1986, 94 (3), 461 – 488.

[④] Johnson, S., La Porta, R., Florencio, L. – d. – S., & Shleifer, A. Tunneling. The American Economic Review, 2000, 90 (2), 22 – 27.

[⑤] 白重恩，刘俏，陆洲，宋敏，张俊喜. 中国上市公司治理结构的实证研究 [J]. 经济研究, 2005 (2), 81 – 91.

[⑥] Bebchuk, L. A., Kraakman, R., Triantis, G. G. Stock Pyramids, Cross – Ownership, and the Dual Class Equity: the Creation and Agency Costs of Seperating Control from Cash Flow Rights [R]. Nber Working Papers, 2000, 295 – 318; Claessens, S., Djankov, S., Lang, L. H. P. The Separation of Ownership and Control in East Asian Corporations [J]. Journal of Financial Economics, 2000, 58 (12), 81 – 112.

[⑦] Friedman, E., Johnson, S., Mitton, T. Propping and tunneling. Journal of Comparative Economics, 2003, 31 (4), 732 – 750.

[⑧] La Porta, R., Lopez-De-Silanes, F., Shleifer, A. Corporate Ownership Around the World [J]. Journal of Finance, 1999, 54 (2), 471 – 517.

[⑨] 徐向艺，宋理升. 上市公司实际控制人与信息披露透明度研究 [J]. 经济管理, 2009 (11).

[⑩] La Porta, R., Lopez – De – Silanes, F., Shleifer, A., Vishny, R. W. Law and Finance [D]. Harvard Institute of Economic Research Working Papers, 1998, 106 (6), 1113 – 1155.

（2002）发现，随着实际控制人控制权的增加，上市公司所披露的信息的可靠性下降。① 马忠和吴翔宇（2007）发现，实际控制人的控制权比例越高、控制权与现金流权分离程度越大，公司自愿性信息披露的程度越低。② 基于以上分析，本文提出如下假设。

假设1：股权集中度越高，挂牌公司发生违规行为的可能性越高。

当实际控制人或控股股东既掌握着公司的重大决策权又作为经营者负责公司的日常运营时，其对公司内部经营和风险等方面相比外部投资者享有极大的信息优势。严重的信息不对称会导致控股股东的道德风险加剧，进一步增加控股股东为谋取私人利益而损害其他非控股股东利益的可能性。另外，以往研究发现，总经理兼任董事长会降低董事会监督职能的有效性，增加公司违规的可能性。③ 因此，本文提出如下假设：

假设2：董事长和总经理为同一人的挂牌公司发生违规行为的可能性更大。

假设3：实际控制人、董事长和总经理为同一人的挂牌公司发生违规行为的可能性更大。

公司内部治理机制在缓解代理人问题、保护全体股东的利益方面发挥着重要的作用，④ 而独立董事在改善公司内部治理机制方面扮演着重要角色。独立董事的存在能够增强董事会的监督职能，降低违规行为发生的可能性。Beasley（1996）发现，独立董事比例越高，公司发生财务舞弊的可能性越小。叶康涛等（2007）发现，独立董事比例和大股东占款之间显著负相关。⑤ 因此，本文提出如下假设。

假设4：相比没有设立独立董事的挂牌公司，设立独立董事的挂牌公司发生违规的可能性更小。

---

① Fan, J. P. H., Wong, T. J. Corporate ownership structure and the information of accounting earnings in east Asia [J]. Journal of Accounting & Economics, 2002, 33 (3), 401 – 425.

② 马忠, 吴翔宇. 金字塔结构对自愿性信息披露程度的影响：来自家族控股上市公司的经验验证 [J]. 会计研究, 2007 (1), 44 – 50.

③ Jensen, M. C. The Modern Industrial Revolution, Exit, and the Failure of Internal Control Systems [J]. The Journal of Finance, 1993, 48 (3), 831 – 880; Dechow, P. M., Sloan, R. G., Sweeney, A. P. Causes and Consequences of Earnings Manipulation: An Analysis of Firms Subject to Enforcement Actions by the SEC [J]. Contemporary Accounting Research, 1996, 13.

④ Hölmstrom, B.. Moral Hazard and Observability [J]. The Bell Journal of Economics, 1979, 10 (1), 74 – 91.

⑤ 叶康涛, 陆正飞, 张志华. 独立董事能否抑制大股东的"掏空"？[J] 经济研究, 2007 (4): 101 – 111.

股票的流动性能够影响公司治理，进而影响公司的违规行为。学界认为流动性对公司治理有正、负双向影响。首先，流动性的提高可以降低股票的交易成本，使外部投资者更容易持有额外的股份。① 其次，流动性可以提高股价中所包含的信息含量及其有效性，降低信息不对称。② 交易成本的降低和股价信息含量及有效性的提升会进一步增强外部投资者参与公司治理、监督、约束公司的能力和积极性，减少小股东的搭便车问题（Free-riding Problem），从而提高公司治理的有效性。③ 但是，另一种观点认为，流动性所导致的交易成本的降低会使大股东卖出股票更容易，从而减少大股东监管的激励，削弱公司的内部监管。④ 另外，交易成本的降低会导致投资者的短期主义投机行为，这些外部投资者不关心公司治理，不会用手投票，从而降低公司治理的有效性。基于以上观点，本文提出如下假设。

假设5：挂牌公司违规行为与流动性之间呈U形关系。

（三）研究方法及样本

本文通过整理股转系统提供的2017~2019年挂牌公司违规处理汇总表整理得到违规样本1770个。然后将1770个样本与Wind收录的2016~2018年的新三板挂牌公司数据整合，将整合后的样本分为违规组和非违规组。违规数据与Wind数据整合后，得到初始总样本32487个观测值（Observations）。在回归分析中，由于部分变量的数据缺失样本总数减少到27167个观测值；在回归分析中加入换手率变量后，由于数据缺失，样本总数减少到12692个观测值。值得注意的是，选取Wind数据时，若某一挂牌公司在某一会计年度摘牌，则剔除该公司在当年的数据。另外，为了避免自变量与因变量的内生性对检验结果造成误差，针对2017~2019年的违规数据（因变量数据），本文选取滞后1年的自变量数据，因此Wind数据的样本周期为2016~2018年。本文采用以下回归方程来检验以上研究假设：

---

① Bhide, A. The hidden costs of stock market liquidity [J]. Journal of Financial Economics, 1993, 34 (1), 31-51.
② 孔东民，孔高文，刘莎莎. 机构投资者、流动性与信息效率 [J]. 管理科学学报，2015 (3), 1-15.
③ Norli, O., Ostergaard, C., Schindele, I. Liquidity and Shareholder Activism [J]. Review of Financial Studies, 2015, 28 (2), 486-520.
④ Maug, E. Large Shareholders as Monitors: Is There a Trade-Off Between Liquidity and Control [J]. Journal of Finance, 1998, 53 (1), 65-98.

【制度探索】

$$Violation_{i,t} = \alpha + \beta_1 Top1_{i,t-1} + \beta_2 HHI10_{i,t-1} + \beta_3 HHI10^2_{i,t-1} + \beta_4 Indep_{i,t-1} +$$
$$\beta_5 Chair\_CEO_{i,t-1} + \beta_6 Ultimat\_Chair\_CEO_{i,t-1} + \beta_7 Turnover_{i,t-1} + \beta_8 Turnover^2_{i,t-1} +$$
$$\beta_9 Private_{i,t-1} + \beta_{10} Innovation_{i,t-1} + \beta_{11} Size_{i,t-1} + \beta_{12} Liability_{i,t-1} + \beta_{13} ROE_{i,t-1} +$$
$$Industry + Year + \varepsilon \tag{2}$$

（四）实证分析结果

实证分析结果如表9所示。模型1的回归结果显示，第一大股东持股比例与违规显著正相关，表明股权越集中，挂牌公司发生违规的可能性越大，同假设1一致。董事长和总经理为同一人与违规显著正相关，表明董事长和总经理为同一人的挂牌公司发生违规的可能性更大，与假设2一致。实际控制人、董事长和总经理为同一人与违规显著负相关，表明董事长和总经理为同一人的挂牌公司发生违规的可能性更小，与假设3相反。究其原因，根据利益协同效应理论，当实际控制人持股比例较高时，其利益与公司整体的利益高度相关，其对公司的监管积极性更强。实际控制人较高的控制权赋予了其对公司监管的能力，特别是当实际控制人兼任董事长和总经理时，信息优势使其对公司的监管能力增强，进而降低了发生违规的可能性。但是，根据模型1的结果，是否设立独立董事对违规行为无显著影响，假设4不成立。独立董事在挂牌公司治理中未发挥有效职能。

模型1的结果还显示，创新层挂牌公司或是盈利能力好的挂牌公司发生违规的可能性更小，而资产负债率高的挂牌公司发生违规的可能性更大。作为补充检验，只保留所有变量均无缺失值的样本进行回归（如模型2所示，样本数减至24939），回归结果与模型1结果无明显差异。

为检验流动性与违规行为之间是否存在U形关系，在回归模型中引入变量年平均换手率和年平均换手率的平方（如模型3所示），由于变量存在缺失值，样本数量减至12692。结果显示，平均换手率的平方与违规行为显著正相关，而平均换手率与违规行为显著负相关，表明流动性与违规行为之间存在U形关系，与假设5一致。流动性的提高会降低发生违规行为的可能性，但过高的流动性会产生消极影响，增加违规行为的可能性。作为补充检验，只保留所有变量均无缺失值的样本进行回归（如模型4所示，样本数减至10689），回归结果与模型3结果无明显差异。为了进一步验证股权集中度与违规的关系，用前十大股东HHI替代第一大股东持股比例，并加入前十大股东HHI的平方（如模型5所示）。结果显示，前十大股东HHI的平方与违规行为显著正相关，而前十大股东 HHI 与违规行为显著负相关，股权集中度与违规行为之间的关系呈 U 形。由于利益协同效应，股权相对集中会提高控股股东的监管积极性和能力，进而降低发生违规行为的可能性。但是，当股权过于集中时，由于控股股东的隧道掏空效应，发生违规行为的可能性增加。只选择民营企业为样本时（如模型 6 所示），股权集中度与违规行为之间的 U 形关系仍然成立。

四、公司治理的制度对比：新三板 VS 境内外其他市场

将新三板与台湾兴柜市场及其他市场、主板、创业板、美国、中国香港、英国主要股票市场的信息披露、董事会制度、股权分散程度等监管标准的进行对比，再结合股转系统新发布的《分层管理办法》《挂牌公司治理规则》，差异主要体现在以下几个方面。

（1）股权分散要求

股权分散程度对提高外部股东的约束，改善公司治理有重要作用。股转系统对基础层和创新层的挂牌公司股权分散未有要求，而各国市场上市公司和 OTC 市场台湾证券柜台买卖中心上柜市场均对公众持股有一定要求。《分层管理办法》已将股权分散度引入精选层的进入条件，主要从股本规模、股东人数、公众股东持股比例等方面规定了企业通过公开发行应当达到的股权分散度[①]。

（2）信息披露要求

首先在定期报告披露频率方面，基础层挂牌公司对季报披露无强制要求，而新三板创新层、主板、创业板对季报有披露要求。重大事项披露方面，各市场一般无披露频率要求，而台湾证券柜台买卖中心兴柜市场要求主办辅导券商辅助相应公司进行每月财务业务重大事件检查表申报。按月披露和对主办辅导券商的要求保证了兴柜公司信息披露的持续性、规范性、及时性，高频率和流程规范化在一定程度上缓解了兴柜市场公司股权集中可能带来的信息公平性问题以及规模小带来的信息披露流程成本高的问题。

---

① 全国中小企业股份转让系统有限责任公司（2019）：《全国中小企业股份转让系统分层管理办法》第二章第十六条，6 页，http://www.neeq.com.cn/m/important_news/200007004.html.

表 9 实证分析结果

$$Violation_{i,t} = \alpha + \beta_1 Top1_{i,t-1} + \beta_2 HHI10_{i,t-1} + \beta_3 HHI10^2_{i,t-1} + \beta_4 Indep_{i,t-1} + \beta_5 Chair\_CEO_{i,t-1} + \beta_6 Ultimat\_Chair\_CEO_{i,t-1} + \beta_7 Turnover_{i,t-1} + \beta_8 Turnover^2_{i,t-1} + \beta_9 Private_{i,t-1} + \beta_{10} Innovation_{i,t-1} + \beta_{11} Size_{i,t-1} + \beta_{12} Liability_{i,t-1} + \beta_{13} ROE_{i,t-1} + Industry + Year + \varepsilon$$

变量	模型1 相关系数β	模型1 p值	模型2 相关系数β	模型2 p值	模型3 相关系数β	模型3 p值	模型4 相关系数β	模型4 p值	模型5 相关系数β	模型5 p值	模型6 相关系数β	模型6 p值
Top1	1.35***	0.000	1.35***	0.000	0.82**	-0.050	0.79*	-0.072	—	—	—	—
HHI10	-1.51***	0.000	-1.50***	0.000	-0.86**	-0.048	-0.81*	-0.075	-0.75***	0.007	-0.80***	0.006
HHI10²	—	—	—	—	—	—	—	—	0.49*	0.093	0.68***	0.049
Indep	0.09	-0.156	0.15**	-0.038	0.05	-0.539	0.104	-0.230	0.05	0.432	0.05	0.483
Chair_CEO	0.33***	0.000	0.32***	0.000	0.29***	-0.003	0.31***	-0.002	0.02	0.537	0.00	0.926
Ultimate_Chair_CEO	-0.36***	0.000	-0.35***	0.000	-0.32***	-0.001	-0.34***	-0.001	—	—	—	—
Private	0.42***	0.000	0.42***	0.000	0.54***	0.000	0.57***	0.000	0.25***	0.000	—	—
Turnover	—	—	—	—	-1.28***	-0.006	-1.64***	-0.001	—	—	—	—
Turnover²	—	—	—	—	1.61***	-0.001	1.95***	0.000	—	—	—	—
Innovation	-0.20***	-0.002	—	—	-0.32***	0.000	—	-0.556	-0.16**	0.011	-0.18***	0.004
Size	0.03	-0.391	0.03	-0.420	-0.02	-0.732	-0.03	0.000	0.00	0.978	0.03	0.464
Liability	0.81***	0.000	0.82***	0.000	0.92***	0.000	0.94***	-0.351	0.81***	0.000	0.78***	0.000
ROE	-0.01**	-0.016	-0.01**	-0.02	-0.01	-0.283	-0.01	0.000	-0.01**	0.000	-0.02**	0.000
Industry	已控制		已控制		已控制		已控制		已控制		已控制	
Year	已控制		已控制		已控制		已控制		已控制		已控制	
常数项	-2.72***	0.000	-2.68***	0.000	-2.32***	0.000	-2.22***	0.000	-1.94***	0.000	-1.84***	0.000
样本数	27.167		24.939		12.692		10.689		28.387		25.912	
Pseudo R^2	0.052		0.053		0.058		0.054		0.046		0.043	

注：*$p<0.1$，**$p<0.05$，***$p<0.01$。

在报告披露内容方面,股转系统在年度内部控制评价报告和社会责任报告方面未做要求。股东持股比例以已发行股份的 10% 为首次披露要求,并以 5% 的整数倍作为变动后比例要求,此披露要求较 A 股主板、创业板和其他市场的披露要求较宽松。需披露的重大事项项数较少,内容深度与标准均低于其他市场水平。

(3)董事会制度要求

在独立董事制度方面,股转系统基础层和创新层均未要求。其他市场均有独立董事制度并有一定席位数量或比例的独立董事要求。例如,台湾证券柜台买卖中心兴柜 OTC 市场的独立董事数量和比例要求为至少两人和占董事会比例至少五分之一,台湾证券交易所上市市场和台湾证券柜台买卖中心上柜 OTC 市场的独立董事数量和比例要求为至少三人和占董事会比例至少五分之一。股转系统最新发布的《挂牌公司治理规则》要求精选层设立两名以上独立董事,其中一名应当为会计专业人士[1]。鼓励创新层和基础层挂牌公司建立独立董事制度[2]。针对董事会专门委员会的设立,《挂牌公司治理规则》鼓励挂牌公司根据需要设立审计、战略、提名、薪酬与考核等相关专门委员会[3]。

总结来看,股转系统挂牌公司的信息披露和董事会制度等公司治理监管要求相比主板、台湾兴柜市场、美国纳斯达克等境内外市场较宽松。在公司治理层面的改革中,可借鉴美国对 OTC 场外市场监管发展变化和台湾兴柜市场的监管。美国对 OTC 场外市场的监管由较宽松到逐渐严格,或是监管部门对当时资本市场环境、发行人和投资者行为的反馈;由于兴柜市场同样采取做市商制度,其对主办辅导券商的要求相比台湾其他市场更高。主办辅导券商在信息披露上承担的监督责任和违规连带责任可以帮助发行公司完善公司治理,在一定程度上通过规范化、程序化降低信息披露成本,形成对市场规范的高效、正面引导。

---

[1] 全国中小企业股份转让系统有限责任公司(2020):《全国中小企业股份转让系统挂牌公司治理规则》第二章第二节第三十一条,9-10 页,http://www.neeq.com.cn/important_news/200007110.html.

[2] 全国中小企业股份转让系统有限责任公司(2020):《全国中小企业股份转让系统挂牌公司治理规则》第二章第二节第三十一条,9-10 页,http://www.neeq.com.cn/important_news/200007110.html.

[3] 全国中小企业股份转让系统有限责任公司(2020):《全国中小企业股份转让系统挂牌公司治理规则》第二章第二节第三十一条,9-10 页,http://www.neeq.com.cn/important_news/200007110.html.

五、研究结论和政策建议

第一,针对股权分散度,本文发现,与上市公司相比,新三板挂牌公司的股权集中度高,而股权集中度是影响挂牌公司违规行为的重要因素之一。与创新层相比,基础层挂牌公司的股权更集中,发生违规行为的可能性更高。尽管统计数据显示基础层和创新层挂牌公司的股权分散度有差异,但是这两个层次挂牌公司的股权结构在本质上没有显著差异。现有的创新层只是人为地将股权相对分散、规模相对较大和盈利记录相对好的挂牌公司集中到一起。在这种制度条件下形成的人为分层,导致基础层和创新层挂牌公司在股权分散度和股权结构方面没有本质上的差异。因此,对于新设立的精选层,通过试行信息披露为核心的小额公开发行制度,使其挂牌公司的投资者结构和股权分散度相比创新层和基础层从本质上发生改善,从而使精选层成为整个新三板市场改革的催化剂。在IPO的制度设计上,建议通过降低投资者适当性来丰富新三板的投资者群体,而交易者需求的多元化是改善流动性的重要基础。统计数据显示,2016~2018年历年创新层挂牌公司的平均股东户数均在150~200户,但是挂牌公司的流动性并未得到改善。因此,建议对精选层挂牌公司股东人数的要求由200人[①]上调至500人,以提高股权分散度和流动性。

本文还发现,股权集中度与违规行为之间呈U形关系,即由于利益协同效应,股权相对集中会提高控股股东的监管积极性和能力,进而降低发生违规行为的可能性。但是,当股权过于集中时,由于控股股东的隧道掏空效应,发生违规行为的可能性增加。基于现有样本,根据模型5可以计算出,当股权分散度HHI10值为0.77($=-\frac{\beta_2}{2\beta_3}=-\frac{-0.75}{2\times 0.49}$)时,发生违规的可能性最小。根据模型6可以计算出,对于民营企业而言,当股权分散度HHI10值达到0.59($=-\frac{\beta_2}{2\beta_3}=-\frac{-0.80}{2\times 0.68}$)时,发生违规的可能性最小。但是,影响违规行为

---

① 2019年12月27日发布的《分层管理办法》将股权分散度引入精选层的进入条件,主要从股本规模、股东人数、公众股东持股比例等方面规定了企业通过公开发行应当达到的股权分散度。《分层管理办法》第二章第十六条(四)规定,公开发行后,公司股东人数不少于200人,公众股东持股比例不低于公司股本总额的25%;公司股本总额超过4亿元的,公众股东持股比例不低于公司股本总额的10%。见全国中小企业股份转让系统有限责任公司(2019):《全国中小企业股份转让系统分层管理办法》第二章第十六条,6页,http://www.neeq.com.cn/m/important_news/200007004.html。

的因素有多种，股权分散度只是其中一个因素，单纯依靠以上计算出的临界值不可能有效抑制违规行为的发生。更重要的是，目前的股转系统挂牌公司属于股权高度集中、所有权与经营权合一的公司。可以看出，当违规行为发生的可能性最小时，股权分散度依旧很高。只有股权达到真正意义上的分散，才能真正对由于实际控制人/控股股东产生制衡，对挂牌公司的违规行为产生制约。因此，尽管此次研究从学术的角度发现了显著的U形关系并估算出违规发生概率最小时所对应的股权分散度，但是尚不足以成为新三板制定规则的数据基础。

第二，流动性。本文发现，新三板挂牌公司的流动性普遍较低。公司治理既是资本市场透明度的基础，也是流动性的基础。信息披露的质量影响投资者结构，进而影响市场流动性。只有完善了公司治理，才能增强信息披露的真实、完整与及时，进而增强各类投资者参与交易的积极性，使交易的多元化需求与交易制度的完善相互作用，最终改善市场流动性和效率。而流动性的改善和市场效率的提高，又可以进一步促进公司治理的完善。本文的实证分析结果显示，流动性与挂牌公司的违规行为之间存在U形关系，即流动性的提高会降低发生违规行为的可能性，但过高的流动性会产生消极影响，增加违规行为的可能性。因此，建议新三板通过优化、细化公司治理规则中的相关指标，提高信息披露要求（如针对定期报告的内容要求，可以引入披露公司治理相关信息的要求）以提高流动性。另外，在提高流动性、降低交易成本的同时，要警惕投资者的短期主义投机行为。

本文还发现，尽管统计数据显示创新层挂牌公司的股权相比基础层挂牌公司更分散，但是在交易制度改革后，基础层和创新层挂牌公司的流动性均未得到改善，表明在股权结构没有发生本质改变的情况下，单纯通过外力无法改变挂牌公司的流动性。

影响流动性的关键因素包括交易制度、股权分散度和信息的透明度。在股权高度集中、信息不对称、投资者结构和交易需求单一、市场约束不足的现实情况下，单纯依靠改革交易制度、引入订单驱动的集合竞价机制或者连续竞价交易制度不仅不能改善流动性，反而可能带来流动性的降低。在信息透明、执法严格、公平、公正、充分体现价格的发现机制的交易环境下，能有效改善投资者结构和短期投机主义行为。

第三，独立董事和董事会结构。统计数据显示，与上市公司相比，新三板挂牌公司中设立独立董事的公司比例低（只有7%的挂牌公司设立了独立董事），董事会中独立董事的人数和比例少，实际控制人、总经理和董事长三者的重合度高。这种执行董事占比和独立董事占比的严重失衡以及实际控制人与董事长和总经理的重合会导致严重的信息不对称和对内部人监督制衡的匮乏，从而加剧控股股东的道德风险，使第二类代理人问题更加严重。实证分析结果显示，独立董事未能对挂牌公司的违规行为起到有效的监督和约束，且董事长和总经理为同一人的挂牌公司发生违规行为的可能性更高。究其原因，与英、美等国股权相对分散的上市公司相比，股权高度集中的新三板挂牌公司为了契合监管指引而设立的独立董事并不能真正监督和约束由控股股东主导的董事会。另外，由于监管指引并没有明确独立董事的定义和职能，挂牌公司所设立的名义上的独立董事并不能真正独立于控股股东和实际控制人等公司的独裁者，从而不能真正发挥维护少数公众股东利益的职能。

《挂牌公司治理规则》要求精选层设立两名以上独立董事，其中一名应当为会计专业人士[①]，但是对独立董事没有明确定义。另外，鼓励创新层和基础层挂牌公司建立独立董事制度，而未强制要求。台湾证券柜台买卖中心兴柜OTC市场对独立董事有明确定义，且要求独立董事至少为两人，占董事会比例至少五分之一。

建议新三板从以下几方面对《挂牌公司治理规则》进一步完善，以提高独立董事的职能。首先，参考《关于在上市公司建立独立董事制度的指导意见》[②]明确精选层挂牌公司独立董事的比例要求和职能要求，并加入对独立董事独立性的要求。其次，提高独立董事的专业性。再次，规范独立董事的职业操守。最后，正确引导和进一步规范独立董事对全体股东的忠诚义务（Duty of Loyalty）和受信义务（A Fiduciary Responsibility）。根据《二十国集团/经合组织公司治理原则》，董事会成员要对公司和包括中小股东在内的所有股东负有忠诚义务和受信义务[③]。证监会《上市公司治理准则》（2018年修订）也明确

[①] 全国中小企业股份转让系统有限责任公司（2020），《全国中小企业股份转让系统挂牌公司治理规则》第二章第二节第三十一条，9—10页，http://www.neeq.com.cn/important_news/200007110.html.

[②] 中国证券监督管理委员会（2001），《关于在上市公司建立独立董事制度的指导意见》，http://www.csrc.gov.cn/pub/newsite/flb/flfg/bmgf/ssgs/gszl/201012/t20101231_189696.html.

[③] OECD（2016）《二十国集团/经合组织公司治理原则》，https://www.oecd-ilibrary.org/docserver/9789264250574-zh.pdf?expires=1580485428&id=id&accname=guest&checksum=44F47802AF1911B37AF35E3B714E0126.

规定,独立董事应当依法履行董事义务,充分了解公司经营运作情况和董事会议题内容,维护上市公司和全体股东的利益,尤其关注中小股东的合法权益保护[1]。最新发布的《挂牌公司治理规则》第五十五条也指出,董事、监事、高级管理人员应当遵守法律法规、业务规则和公司章程,对公司负有忠实义务和勤勉义务,严格履行其作出的公开承诺,不得损害公司利益[2]。但是,对于股权高度集中、所有权与经营权合一的新三板挂牌公司来说,其独立董事受实际控制人和控股股东的制约更大,很难为维护中小股东的利益而真正履行对实际控制人和控股股东的监督制衡。在此背景下,即使在一定程度上提高独立董事的比例,独立董事也难以发挥效率。

第四,国有控股企业、国有参股企业应有特殊的公司治理机制。与民营企业不同,国有企业主要面临的是内部人控制问题,建议参照《OECD国有企业公司治理指引》优化国有控股企业、国有参股企业的公司治理机制。

第五,《挂牌公司治理规则》中明确了监管措施与违规处分[3]。建议与激励机制相结合,如对于精选层挂牌公司,将公司治理的完善程度作为转板IPO的条件之一;针对基础层和创新层中公司治理较完善的挂牌公司,在申请进入更高层级时,给予适当的优惠豁免条件,或是将公司治理的完善程度作为进入更高层级的必要条件之一。

对于评价机制,建议参考南开大学公司治理研究中心课题组设立的中国上市公司治理评价系统,从股东权利与控股股东、董事与董事会、监事与监事会、经理层、信息披露以及利益相关者六个维度(含80多个评价指标)[4],由独立的中立机构对新三板挂牌公司治理的状况作出全面、系统的审核和评价。建议使评价指标定量化,以实现评价结果的定量表示以及对挂牌公司治理状况的定量评价[5]。

---

[1] 中国证券监督管理委员会(2018),《上市公司治理准则》第三章第五节第三十七条,9页,http://www.csrc.gov.cn/pub/zjhpublic/zjh/201809/t20180930_344906.htm.

[2] 全国中小企业股份转让系统有限责任公司(2019),《全国中小企业股份转让系统挂牌公司治理规则》第三章第二节第五十五条,17页,http://www.neeq.com.cn/important_news/200007110.html.

[3] 全国中小企业股份转让系统有限责任公司(2019),《全国中小企业股份转让系统挂牌公司治理规则》第十章,38–41页,http://www.neeq.com.cn/important_news/200007110.html.

[4] 南开大学公司治理研究中心课题组.中国上市公司治理评价系统研究[J].南开管理评论 2003,6(3),4–12.

[5] 南开大学公司治理研究中心课题组.中国上市公司治理评价系统研究[J].南开管理评论 2003,6(3),4–12.

第六，加强自律监管和行政监管。本文发现，大多数新三板挂牌公司是控股股东和实际控制人控制的公司，发生大股东侵占违规行为的可能性大。因此，要积极推动新修订的《证券法》的实施，股转系统是法律认定的证券交易场所（Trading Venue），在使其具备自律监管组织职责的同时，强化行政监管和刑事处罚。另外，建议精准层引入外部审计制度，保证挂牌公司信息披露的质量，以强化外部监督。

建议通过做加法的方式，建立具有弹性、差异性和引导性的制度安排及监管。核心原则是，在不打破现有基础层和创新层的前提下，以信息披露为最低标准，向上逐层做加法（逐层提高公司治理标准），同时允许挂牌公司在满足相应层级最低标准的情况下，自愿选择更高治理标准并披露其选择的原因。

如图1所示，对于挂牌公司的治理水平给予评级。治理标准大致分为A、B、C三个大的层级，将基础层纳入C层，创新层纳入B层，精选层纳入A层；每层再细分为3层，对挂牌公司治理水平的要求从低到高分别为C3、C2、C1、B3、B2、B1、A3、A2、A1（见图1）。基础层挂牌公司需达到最低公司治理标准C3，可自愿选择更高标准C2－A1。创新层挂牌公司在达到目前《全国中小企业股份转让系统挂牌公司分层管理办法（试行）》中规定的分层维持标准之外，需达到最低公司治理标准B3，可自愿选择更高标准B2－A1。

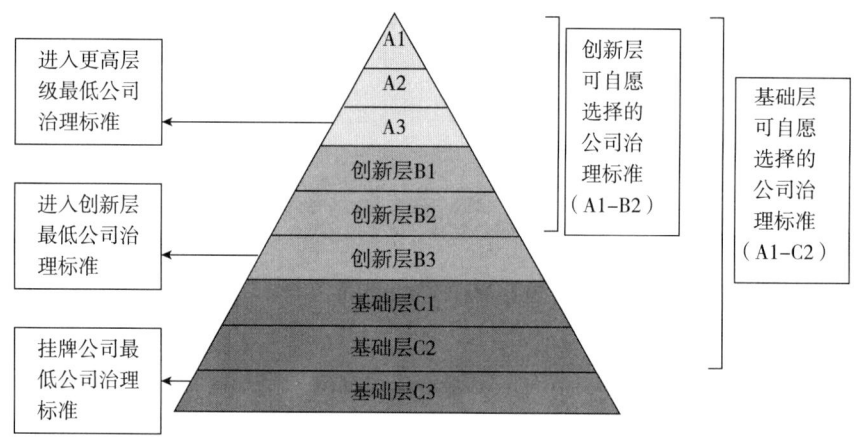

图1 分层差异化公司治理监管政策图解

第七，要积极地发挥机构投资者的作用，这也是《G20/OECD公司治理准则》所强调的①。机构投资者持有的股权投资份额大,有能力参与公司治理,是完善公司治理、监督和制衡实际控制人和内部人控制的重要力量。另外,机构投资者有参与公司治理的信义义务,监管层要推动机构投资者积极参与完善新三板投资制度,强化对机构投资者参与公司治理的引导,并为机构投资者参与公司治理以及制衡控股股东创造更好的外部环境。还要发挥市场的力量,在形成机构投资者参与公司治理的激励的同时,强化市场对机构投资者参与公司治理的监督和制衡。

第八,本文发现,Type II 代理人问题是新三板挂牌公司面临的主要问题,控股股东相对于小股东是代理人,所以应在公司治理中强化控股股东的信义义务。证监会发布的《上市公司治理准则》也强调控股股东、实际控制人对上市公司及其他股东负有诚信义务②。对没有履行信义义务,甚至是侵害两个权利,即事前权利(投票表决)和事后权利(对高管侵害的诉讼权)应予以惩戒。

---

① 《二十国集团/经合组织公司治理原则》第三章 机构投资者、证券交易所和其他中介机构. OECD (2016):《二十国集团/经合组织公司治理原则》, https://www.oecd-ilibrary.org/docserver/9789264250574-zh.pdf?expires=1580485428&id=id&accname=guest&checksum=44F47802AF1911B37AF35E3B714E0126.

② 中国证券监督管理委员会 (2018),《上市公司治理准则》第六章第一节第六十三条,http://www.csrc.gov.cn/pub/zjhpublic/zjh/201809/t20180930_344906.htm.

【制度探索】

新三板挂牌公司终止挂牌中投资者保护机制研究[①]

伍 坚[*]

摘　要：终止挂牌是新三板完善制度建设的重要环节，体现了监管部门主动管理的制度性创新。但在实践中，无论是主动申请摘牌，还是强制摘牌，新三板摘牌机制都存在被利用并损害投资者权益的现象。针对新三板市场终止挂牌制度存在的问题，构建一种有效的投资者保护机制不仅必要而且正当。在具体的保护原则上，新三板应遵循比例区分、权责均衡、充分救济以及保护措施多样性原则。应从完善挂牌公司主动摘牌决议机制、增强挂牌公司主动摘牌回购价格的公允性判断、保障挂牌公司对回购承诺的履行、为投资者提供多元化的损失救济机制等方面，构建新三板主动摘牌中的有效投资者保护机制。对于强制摘牌，完善信息披露、强化责任追究等途径，探索构建新三板强制摘牌中的有效投资者保护机制。

关键词：新三板　终止挂牌　投资者保护

一、新三板摘牌的常态化与投资者权益保护问题

（一）新三板摘牌的常态化

新三板市场是中国证监会集中统一监管下继沪深交易所之后的第三家全国性证券交易场所。自 2013 年全国股转公司正式揭牌运营以来，新三板已经发

---

[*] 伍坚，课题组负责人，华东政法大学教授。课题组成员包括胡改蓉、王东光、季奎明、窦鹏娟。
[①] 本文为全国股转公司 2019 年对外委托课题研究成果。

展成为我国多层次资本市场的重要组成部分，为众多中小企业直接融资提供了重要渠道。2013～2016年，在这一市场挂牌的公司数量实现了从零到一万的突破。有进有出是资本市场的正常机制，新三板市场也不例外。在不断有新公司加入新三板的同时，也有不少挂牌公司相继离开。2017年以来，新三板市场摘牌数量增长较快，引起各界人士的高度关注。

就新三板市场近万家挂牌公司的规模来说，尽管近年来摘牌公司的数量呈爆发式增长，但目前终止挂牌的比例仍然在合理范围内。摘牌本身并不是洪水猛兽，摘牌现象的常态化应该引起重视，但也不应过度紧张，真正应该引起重视的，是对于这一市场摘牌机制是否完善，以及摘牌中如何妥善保护投资者权益的考虑。

(二) 主动终止挂牌时投资者保护的争议问题

新三板市场有两种摘牌类型：一是因转板、注销登记或者申请摘牌等原因发生的主动摘牌，二是因挂牌公司触发了特定情形而被强制摘牌。在实践中，两种类型下的投资者保护均存在一些问题。

主动摘牌中的投资者保护问题集中在四个方面。其一，回购承诺的可操作性问题。尽管挂牌公司在申请终止挂牌时都会标配一份对于异议股东的保护措施，但一些公司作出的回购承诺形同虚设，对投资者缺乏实际意义。其二，回购价格频繁引发质疑。实践中的回购价格主要有投资者取得股票时的成本价、最近一次的定增价格、股票净资产价格等。投资者对成本价回购相对满意，但对其他价格常有异议。另外，还存在少数投资者在知晓挂牌公司有摘牌意向后突击购入股票，然后要求高价回购的现象。其三，回购期间设置问题。存在回购期间过短、回购履行期间漫长的现象。其四，回购承诺的履行问题。一些公司在完成摘牌、脱离全国股转公司的监管后不履行回购承诺，侵害投资者权益。

造成上述争议问题的原因：首先，新三板现有规则对关键问题没有规定。当然，作为交易组织者和自律监管者的全国股转公司在回购问题上应当介入到什么程度，是否需要对回购价格、回购期限等作出一体适用的规定，正是我们需要研究的地方。其次，对拟摘牌公司回购协议签订及履行难以全天候监管。相关规则未要求公司终止挂牌前必须与所有异议股东签订回购协议，更不用履行完毕。

（三）强制终止挂牌时的投资者保护主要问题

全国股转公司现行有效的业务规则没有对强制终止挂牌时的投资者保护问题作出明确规定。2016 年的《挂牌公司股票终止挂牌实施细则（征求意见稿）》第 22 条规定："股票被强制终止挂牌的挂牌公司及相关责任主体应当对股东的诉求作出安排并披露。挂牌公司或者挂牌公司的控股股东、实际控制人，以及挂牌公司的主办券商可以设立专门基金，对股东进行补偿。"第 24 条还对主办券商的督促义务进行了规定："主办券商应当督促挂牌公司及时披露终止挂牌相关公告，协助挂牌公司对主动终止挂牌时的异议股东，或者对强制终止挂牌时的股东作出妥善安排。"上述规定最大的问题在于其仅为征求意见稿，对挂牌公司以及主办券商等并无约束力。而且，即使该规则付诸实施，"可以"的表述也意味着相关主体可以选择不设立专门基金补偿股东。在实践中，绝大多数新三板挂牌公司在被强制摘牌后，要么已经丧失了设立专门基金补偿股东的能力，要么即使有能力也会因为这一规定的非强制性选择不予设立和作出补偿。

无论成熟资本市场还是新兴资本市场，投资者保护都不是简单的话题，尤其是摘牌时的投资者保护更需要面对各种利益的衡量和考验。完善新三板终止挂牌机制，使投资者的权益尽可能得到有效保护，将成为新三板制度建设中的一个重要任务。

二、新三板投资者保护的基本理论

投资者在终止挂牌时的诉求不等于其正当权益。哪些情况属于投资者权益受损，哪些情况属于不合理的诉求，还需要细致斟酌和恰当区分。需要先行明确新三板的投资者与挂牌公司以及其他市场参与主体之间的法律关系，并依托《公司法》《证券法》等法律法规，合理划定包括投资者在内的众多当事人的权利和利益边界。

（一）投资者与挂牌公司等市场参与主体之间的法律关系

首先，投资者与挂牌公司的关系。投资者加入挂牌公司的路径主要有认购股份、受让、继承、受赠等，无论是哪一种路径，投资者与挂牌公司之间形成的都是投融资关系。而且，这是不同于债权投融资关系的股权投融资关系。投资者就是挂牌公司的股东，受到《公司法》和《证券法》的直接保护。

《公司法》是团体法，主要采用组织法手段，衡平调整股东与公司、股东与股东、股东与董监高之间的相互关系。组织法保护机制是以公司整体利益为出发点而构建的保护机制，体现了衡平保护各方利益主体的理念，股东只是一个相对重要的利益主体。

《证券法》的理念明显有别于《公司法》。《证券法》在调整投资者与发行人关系时，主要采用交易法的保护机制，通过强制信息披露和反欺诈机制，防止投资者受到虚假陈述、内幕交易、操纵市场等不法行为的伤害。

其次，投资者与证券公司的关系。投资者与证券公司形成的是委托代理关系，证券公司作为专业从事证券业务的特许经营机构，必须承担高于民事交易中一般受托人的更高义务，并遵守《证券法》第88条的投资者适当性制度。

最后，投资者与证券服务机构的关系。在法律关系上，证券服务机构一般是接受发行人、证券公司的委托，为他们提供专业服务并收取费用，证券服务机构与投资者之间通常不存在合同关系。但是，证券服务机构具有法定的专业资质，其提供的成果受到投资者的信赖，并成为投资者作出投资决策的重要依据。因此，证券服务机构需要对投资者承担合理的保护义务。

（二）终止挂牌中投资者保护的理论基础

新三板对投资者的适当性有严格要求，相比于交易所市场，投资者有更强的理性与风险应对能力。尽管如此，与发行公司及其控股股东等相比，投资者的能力与地位仍处于劣势。新三板公司终止挂牌时的投资者保护，蕴含着深刻的法学和经济学理论基础。

在法学视角下，资本市场法侧重于投资者的整体性保护，以《公司法》为代表的社团法则注重协调性与组织性，强调控股股东对投资者的信义义务，仅赋予中小投资者相对的退出权利。在传统契约法中，基本原则对双方当事人是无差别适用的，导致双方的实际交易地位悬殊，主体之间利益失衡。在公司退出具有一定涉众性的融资市场时，上述缺陷或不足更被放大。因而，构建一种特殊的退市保护机制必要且正当。

经济学上的不完全契约理论进一步佐证了法学层面的研究结论。不完全契约是指缔约双方不能完全预见契约履行期内可能出现的各种情况，从而无法达成内容完备、设计周详的契约条款。在资本市场中，由不完全契约形成的大股东对中小股东的优势，也会带来经济效率提升的有益影响。然而，这种效率与公平的失衡状态，在立法上更多的是一种价值判断问题。尤其是在以自由交易为基础的市场经济中，如何界定中小股东的正当权益，如何判定正当权益是否受损,存在困难。

(三) 买者自负理念下的投资者保护

买者自负的基本含义是指买方应当负担买卖的风险,需要对商品和货物的品质、数量进行独立判断与识别,并承担相应的责任。现行《证券法》第二十五条在一定程度上体现了买者自负,一些效力层次更低的证券规范性文件有更明确的规定。在证券纠纷裁判实践中,我国法院普遍认可买者自负。强调买者自负的理念,不是要绝对排斥对投资者的保护,而是希望厘清权利和责任边界,给予投资者适度而非过度保护。

买者自负是近代《民法》意思自治原则的产物。在民事责任领域,意思自治表现为自己责任,即每个人都应当承担由自己行为所产生的责任。这里可以演绎出两项法律规则:一是主体行为给自己造成不利后果,不能归咎于他人而应由自己承担;二是主体行为给他人带来不利后果,应就自己行为所造成损害向他人承担法律责任。

就来源于公司外部的政策风险、市场监管风险等而言,公司对风险的发生和走向通常无法控制,风险一旦发生,投资者应当自负其责。但是,如果风险和损失来源于第三人的恶意不法行为,按照侵权责任法的基本逻辑,投资者应当有权向加害者要求赔偿。

风险也可能来自公司的自身行为。公司是法人团体,团体的意思形成遵循决议这一正当程序。就股东大会决议而言,在资本多数决原则下,对决议投赞成票的股东应当承受决议通过且付诸实施以后的所有结果;对反对股东来说,如果其无法阻止决议的通过,即使决议最终确实造成公司损失,其通常也无法获得法律保护。当然,如果控股股东、实际控制人违反了对中小股东的诚信义务,强行通过损害公司或者中小股东利益的决议,中小股东仍然有权获得救济。这里存在一项例外,即异议股东股份回购请求权。该项权利很好地平衡了控股股东和中小股东的利益诉求,控股股东可以顺利实现对公司的重大调整,中小股东则有权获得补偿以重新调整其投资,不得以买者自负为由,将持有异议的中小股东强行留在他不希望继续待下去的公司团体中。

至于董事会决议,除了决议规则从资本多数决变为人数多数决以外,法理上与股东大会决议并无太多不同。董事受到商业判断原则的保护,除存在明显瑕疵并因此具有可追责性的董事会决议外,一般的董事会决议即便造成公司或者股东利益的损失,股东最多也只能寻求罢免董事或者在董事会改选时改投他人，而无法就损失部分向投赞成票的董事追责。

因此，投资者是否应当自负其责的关键，是施加风险的主体的行为是否具有合法性和正当性。如果行为正当、没有瑕疵，投资者一般只能承受其影响；反之，投资者可以寻求损害赔偿。唯一的例外是异议股东的股份回购请求权，少数异议股东有权不接受公司发生重大结构性变化的风险。

（四）新三板投资者保护的总体机制

在证券市场中，投资者保护的主要机制有三种：第一种是权利机制，即通过赋予投资者一系列的权利，实现保护投资者利益的目的。第二种是监督机制，即通过证券监管机构的监督，防止投资者利益受到侵害。第三种是投资者保护组织机制，即通过设立专门的投资者保护组织来保护投资者。

关于权利机制。新三板投资者享有《公司法》《证券法》规定的诸多投资者权利。主动摘牌和强制摘牌涉及的投资者权利既有共性也有差异，前者涉及股东表决权的行使问题，后者很可能涉及虚假陈述的民事赔偿责任。两者都可能出现股份回购，因此需要关注回购承诺的履行问题。

关于监管机制。针对终止挂牌中的主要争议问题，中国证监会可以考虑在承诺履行和虚假陈述的行政处罚方面采取更有力的举措，全国股转公司也可以加强自律监管。

相较于投资者权利机制和监管机构保护，投资者保护组织具有独特优势。我国的投保基金公司本质上还是一种证券公司的风险处置机制，中证投服中心可以在维护投资者利益方面承担更为重要的任务。新《证券法》赋予投资者保护机构的主要职责有纠纷调解、支持诉讼、代表诉讼和代表人诉讼，除提起代表诉讼需要持有公司股份外，其他三项职责均可直接在新三板市场履行。随着新三板投资者门槛的调低以及挂牌公司向不特定合格投资者公开发行的解禁，新三板投资者的数量将会显著增加，投融资功能将会明显提升，市场的流动性将会大幅改善，中证投服中心持股行权有必要扩展到新三板。

三、终止挂牌中投资者保护的具体原则

（一）比例区分原则

主动终止挂牌与强制终止挂牌虽共同适用一般的投资者保护规则，但基于二者的内在差异需要进行不同的制度安排，以对投资者进行区分保护。总体而言，强制摘牌对投资者的保护要高于主动终止挂牌。在最新的改革中，新三板

将形成基础层、创新层、精选层三个层次递进的内部分层市场结构，层级调整工作是全国股转公司按照自身设定的监管标准主动进行的。在某种程度上，向更低层级的调整类似于强制终止挂牌，但不同于因违法行为被强制终止挂牌，内部层级的流动总体上应当遵循买者自负的理念。

（二）权责均衡原则

在新三板公司摘牌过程中，挂牌企业、投资者、中介机构都会因该退市行为导致利益受损，这种不利责任的划分需要依据权责均衡原则进行，让市场的归市场，法律的归法律。投资者在获取信息方面处于天然弱势地位，因此相关主体须进行充分的信息披露和风险揭示，此外，买者自负原则的界定还要考虑投资者适当性，其适用须以市场监管的有效为前提。在公开市场上，为投资者提供金融服务的中介机构也需要为自己的推荐、保荐、审计等行为承担适度的责任。

（三）充分救济原则

在摘牌的过程中，应尽可能充分地实现对投资者权益损害的合理救济，包括求偿便利性、议价公允性和程序保障性。就求偿便利性而言，在公司摘牌时，提升投资者民事求偿的便利性，能真正便捷地实现投资者保护。就议价公允性而言，在公司摘牌过程中，中小投资者因其劣势地位以及交易结构本身的设计，其利益受损的可能性很大。议价公允性原则要求在退市的过程中充分保障中小投资者参与议价的权利，使中小投资者获得补偿或者赔付的价格公允、形成价格的机制公平。就程序保障性而言，它是救济充分的必要条件，对投资者最终是否能够获得补偿或赔付起关键性作用。

（四）保护措施多样性原则

投资者保护机制应从实体和程序两方面进行构建，并侧重通过程序的完备实现对实体正义的追求。在投资者权利保护中应以集体意思形成机制与纠纷解决程序的正当性、确定性，最大程度地弥补实体规则的不周延与滞后。在投资者保护是否公正的衡量中，实体仅针对个案，而程序则普遍适用。因此，不能过分追求所谓的实体公平。

四、主动终止挂牌中的投资者保护机制

新三板公司主动摘牌是公司基于经营战略、挂牌成本等原因而作出的决策，这种决策有助于资源的有效流通和配置，不应加以限制。但是，主动摘牌

将大大减弱公司股份的流通性，直接影响中小投资者利益。新三板主动摘牌制度的关注重点应是对摘牌公司及其控股股东与中小股东之间力量失衡的调整，强化对异议股东的保护措施。

（一）挂牌公司主动摘牌决议机制分析

在主动摘牌的决议机制上，我国目前的规定是须经出席会议的股东所持表决权的三分之二以上通过，导致公司的主动摘牌受控股股东主导，无法体现中小股东的意志。

从上市公司主动退市的经验来看，我国及国外主动退市决议机制都注重增强中小股东的话语权，主要途径是设置类别股东表决机制或者提高退市决议通过的表决权比例。新三板市场目前股权结构高度集中，公众投资者人数较少，现阶段不宜引入类别股东表决机制。

至于提高决议的通过比例。一般认为，公司当事人可以提高《公司法》设定的决议比例。挂牌公司选择在新三板上市，并与股转公司达成协议的时候，就意味着挂牌公司同意遵循股转公司的自律规则，这种自律规则可能会由于管理市场和保护投资者的需求，而对市场参与者设定出符合立法目的但更为严格的行为准则。因此，在主动摘牌的决议标准上，股转公司可以通过自律规则设定更高的表决通过比例。这种做法具有合理性，也与新《证券法》不再规定法定上市条件而完全授权证券交易所决定的立法演变趋势相契合。然而，基于对2017~2019年主动摘牌的2790家公司的决议通过比例的实证分析，即便将决议通过比例提高至75%，对提升中小投资者在公司摘牌决议表决中的话语权也无实质性帮助。

当然，未来随着新三板流动性的增加，更多的公众投资者可能进入新三板，可以再适时考虑引入类别股东表决机制。

（二）回购价格的公允性判断

交易定价作为回购协议中最影响中小股东利益的条款，其公平性成为决定公司摘牌是否产生危害的关键因素。

首先，回购价格应如何确定？基于新三板的改革现实，今后有必要针对新三板不同层次的挂牌公司采取不同的价值估算方法，精选层可以选择对市场流动性依赖较强的市场价值法为主要方式，而流动性较弱的基础层及创新层则偏向选择净资产价格法作为估值方法。但是，无论对评估方法如何取舍，在实践中，监管机构和司法机关都面临着实质性判断的困境，都还需要借助具备专业知识和能力的评估机构来定价。全国股转公司作为交易组织者和自律监管者，不应该介入回购价格的确定问题。

其次，价格评估程序如何启动？在各国《公司法》中，股份回购时的价格评估程序的启动模式有三种：公司请求模式；股东请求模式；公司和股东混合请求模式。在以上三种模式中，股东请求模式未能给持股数量极少的异议股东提供充分的保护，因为启动司法评估程序需要股东付出时间、精力、律师费用等成本，小股东即使对公司评估的价格不满，经过成本收益分析后也往往忍气吞声。这一弊端在混合请求模式中同样存在，在股东和公司不能就股份收买价格达成协议时，若异议股东不向法院提出评估请求，公司自然也不会这样做。相比之下，公司请求模式在一定程度上可以促使公司确定较为合理的收买价格，是一种更为可取的做法。上述结论同样适用于新三板。如果异议股东与挂牌公司之间不能就股份回购价格达成协议，则应由公司在规定期限内（如30日）主动聘请第三方机构对回购价格进行确定，聘请成本应由公司承担。

就主动摘牌时的回购而言，没有必要过多关注投资者购入股票的目的是善意还是恶意。如果其持股多到阻止摘牌决议通过的程度，自然不发生回购的问题；如果其持股数量不足或者不能否决回购决议，则应愿赌服输，通过上述评估程序解决价格争议问题。

在引入第三方价格评估机构进行公允价格估值的制度背景下，立法的重点应转移到确保第三方资产评估机构的独立性，这就需要强化第三方资产评估机构的披露义务，并完善其责任体系，促使中介机构形成自我约束机制。

目前证券市场效率较低，新三板公司摘牌内部决策机制难以有效保障中小投资者利益，证券法规和相应配套制度仍不完善，司法救济制度滞后且成本较高，全国股转公司的监管介入对促进市场效率和中小投资者的保护具有十分重要的意义。对此，可借鉴美国13e-3规则，通过强化摘牌过程中信息披露的内容，引导挂牌公司私有化交易的公平与效率。进一步细化全国股转公司对拟摘牌公司信息披露的要求，让其就非关联股东的同意、市场价格、账面价值、清算价值、无关联董事的审批、与非关联股东协商程度、第三方出价、目的、公司的预期利益、税收后果、对法律的遵守等情形进行答复和说明，并要求拟摘牌公司就对公平的合理信赖以及对公平性的判断过程进行说明和披露。

（三）回购承诺的履行

在承诺内容方面，《挂牌公司治理规则》已有较为详细的规定。应当进一步明确规定,不得利用承诺条件的设置变相侵害异议股东的退出权,应为回购申请期设定一个最短期限,同时为回购履行期设定一个最长期限。同时,还要关注承诺的履行情况。

(四)投资者权益受损时的救济机制

可将目前成熟的投资者维权机制和救济渠道运用到新三板市场中,加大以平等协商为基础、调解机构引导为辅的多元纠纷化解机制。此外,还应引入投服中心的证券支持诉讼,强化主办券商及律师的责任。

五、强制终止挂牌中的投资者保护机制

(一)强制摘牌的情形扩展

在全国股转公司《业务规则》规定的六种终止挂牌情形中,仅有两种情形属于强制终止挂牌,即未在规定期限内披露年度报告或者半年度报告,且自期满之日起两个月内仍未披露年度报告或半年度报告;主办券商与挂牌公司解除持续督导协议,挂牌公司未能在股票暂停转让之日起三个月内与其他主办券商签署持续督导协议。作为对比,《上海证券交易所股票上市规则》第14.3.1规定的强制终止上市情形多达21种。尽管新三板市场可能有其特殊性,但现行强制摘牌的情形还是过于狭窄。随着新三板市场改革的深化,未来应当增加强制摘牌的情形。在某种程度上,我国台湾地区柜台交易市场与大陆新三板市场较为接近,其强制终止有价证券柜台买卖的规则可以提供有益的借鉴。

新三板市场强制摘牌的情形至少可以包括:(1)在挂牌中存在严重欺诈;(2)主办券商与挂牌公司解除持续督导协议,挂牌公司未能在股票暂停转让之日起三个月内与其他主办券商签署持续督导协议的;(3)未在规定期限内披露年度报告或者半年度报告的,自期满之日起两个月内仍未披露年度报告或半年度报告;(4)最近两个年度的财务会计报告均被注册会计师出具否定或者无法表示意见的审计报告;(5)信息披露严重违规;(6)其他重大违法行为;(7)对所出具的重要承诺事项有违反者。

(二)强制摘牌中的信息披露义务

上市公司强制退市之后可以转到新三板市场继续交易,而新三板挂牌公司被强制摘牌后最多只能非公开转让,其投资者将彻底失去集中交易的平台和机会。从这个角度说,对于公司是否存在强制摘牌风险,新三板投资者基本的知情要求仍然需要得到保证,挂牌公司因此必须妥当履行其信息披露义务。

新三板挂牌公司强制摘牌时的信息披露要求，要比上市公司强制退市时的信息披露要求简化很多，这可能是因为后者多了退市风险警示期、暂停上市以及退市整理期这三个环节。新《证券法》出于简化退市环节、提升退市效率的考虑，已不再规定暂停上市，证券交易所《上市规则》中有关暂停上市的规定未来也可能相应调整。我们认为，新三板投资者的投资经验较为丰富、风险承受能力较高，实质上属于合格投资者。各国《证券法》对合格投资者的保护力度要明显弱于对公众投资者的保护力度。例如，证券私募中信息披露的监管就相对宽松。因此，新三板挂牌公司强制摘牌时的信息披露义务总体上也可以更为宽松。

（三）强制摘牌的程序设置

摘牌整理期可以为基于不同投资目的、具备不同风险偏好和风险承受能力的投资者提供交易机会。而且，交易所市场退市的公司还可以转到新三板挂牌交易，但新三板挂牌公司被摘牌后实际上已经完全失去了集中交易的平台和机会，因此设定摘牌整理期对于新三板投资者而言可能更具有实际意义。当然，设置摘牌整理期后，也应当对摘牌整理期的交易进行特别风险提示。

（四）强制摘牌的责任追究机制

挂牌公司在精选层、创新层和基础层之间的层级调整虽然有些类似于强制摘牌，但其原因并非重大违法行为，通常不直接产生法律责任的追究问题。反之，因不按期披露定期报告或者其他重大违法行为被强制摘牌的，需要追究相关当事人的责任。责任主体一般包括挂牌公司及其董监高、控股股东或者实际控制人，甚至还包括主办券商等证券服务机构。

理论上，真正应由违法当事人负责的损失，不应包括系统性风险和公司自身经营风险。然而，证券价格的形成机制具有复杂性和不确定性。根据最高法院2002年关于证券虚假陈述的司法解释，在多起民事赔偿案件中，国内法院一般只是扣除系统性风险，而不扣除本应由投资者承担的经营风险。这种做法在法理上可能会受到质疑，但对惩治证券违法行为、保护投资者利益有积极效果。因此，本文总体上持支持态度，对经营性风险可以考虑采取原则不认、例外扣除的做法。在一般情况下，仅以三板成指和所属行业的指数为基础，综合考量之后确定系统性风险的影响比重和系统性风险损失。如果责任人认为以三板成指和行业指数为基础生成的系统性风险无法反映公司的实际经营变化，即系统性风险损失与公司正常经营遭受的损失严重不符，那么应当举证证明该种情形的客观存在以及正常经营亏损的范围，法院根据举证情况作出裁决。

股票公开发行法定财务条件的制度演变研究[①]

时 晋[*] 吴建伟[**]

摘 要：公开发行是《证券法》的核心制度，对公开发行的监管是证券监管的逻辑起点；而公开发行的法定条件直接决定了企业公开募资的准入资格和公开发行审查的基本标准。2019年12月修订通过的《证券法》，明确了证券公开发行实行注册制，股票公开发行的主要财务条件为具有持续经营能力。这是我国公开发行制度的一次根本性变革。在这一背景下，本文以我国股票公开发行法定财务条件与公开发行监管体制的互动关系为切入点，研究了股票公开发行法定财务条件的演变过程。

关键词：公开发行 财务条件 注册制

一、理论基础与分析框架

证券发行融资本质上是发行人和投资者之间的民事法律关系，但并不完全遵循双方主体私法自治的合同范式，而是带有第三方以不同形式和深度参与的监管范式[②]，其中既包括政府权力以事前准入、事后执法等方式介入证券市场运行，也包括证券公司、会计师、律师等中介机构以专业判断和自身信誉为担

---

[*] 时晋，全国中小企业股份转让系统有限责任公司公司监管一部总监助理。
[**] 吴建伟，全国中小企业股份转让系统有限责任公司公司监管一部经理。
[①] 本文仅代表个人观点。全国中小企业股份转让系统有限责任公司公司监管一部王玖玮对本文数据统计也有贡献。
[②] Paul G. Mahoney. The Development of Securities Law in the United States [J]. Journal of Accounting Research, 2009, Vol. 47, No. 2, pp. 325 – 347.

保的看门人机制①。政府管控面向社会公众的融资行为，其理论基础在于发行人和投资者之间信息不对称，以及由此产生的欺诈发行等市场失灵，这为政府与市场的权力关系介入市场主体之间的权利关系提供了正当性。因此，研究证券市场与政府权力的关系，恰当的比较不是在政府监管与市场机制之间，而在于不同监管方式对市场运行的不同影响。

我国证券市场的产生并不是类似"梧桐树协议"的自生自发秩序，而是政府有意识的政策选择结果，自然也就不存在先有市场，后有监管的历史过程。政府的"有形之手"不仅监管市场，更塑造了市场。政府权力对我国证券市场的强介入，集中体现在股票发行体制，而其制度核心便是公开发行的法定条件，特别是法定财务条件。自20世纪90年代以来，我国股票发行监管体制经历了从审批制到核准制，再到注册制的演变。在不同的监管体制下，政府权力行使的目的和影响都有着显著差异，也因此推动了公开发行法定财务条件的演变。

二、审批制与已实现连续盈利条件

（一）审批制的权力配置及其制度化

在2000年以前，我国实行股票公开发行的审批制，中央政府层面设立国务院证券委员会，每年核定公开发行的募资总额或者公司数量，再将相应的额度在国务院各部委和省级地方政府之间分配，相关政府机关在配额内遴选并进行初审后，推荐公司发行上市②，证监会只进行复核。

1993年颁布的《股票发行与交易条例》（以下简称《股票条例》）是我国第一部全国性的证券市场基本法律规范。其中，对公开发行财务条件的规定为近三年连续盈利、净资产占总资产的比例大于30%和无形资产占净资产的比例大于20%。同时，在《股票条例》规定的股票上市条件中，财务要求同样是三年连续盈利。1994年，我国第一部《公司法》（以下简称94年《公司法》）颁布实施。94年《公司法》在《股票条例》的基础上，对公开发行财务条件做了进一步细化，除了保持最近三年连续盈利的规定外，还增加了可向股东支

---

① Ronald Gilson, Ranier Kraakman. The Mechanisms of Market Efficiency [J]. Virginia Law Review (50 Years of Federal Securities Regulation), 1984, Vol. 70, No. 4, pp. 549, 613-621.

② 尚福林. 我国的证券法律制度 [J]. 中国人大, 2005 (5): 49.

付股利、预期利润率可达同期银行存款利率等财务条件。

(二) 围绕三年连续盈利的权力博弈

我国证券市场设立之初，主要功能是为国有企业改革脱困输血[①]。在审批制下，中央部委或地方政府主导的发行准入是与这一目的相匹配的，而企业的财务状况并不是其能否公开发行的决定因素。这也就解释了从《股票条例》到94年《公司法》，对公开发行财务条件的规定都非常简单。与之相关的是，公开发行被视为对银行贷款的替代和补充（实际上，在当时混业经营的金融体制下，银行本身也经营证券业务），因此才会出现将净资产比率、付息能力等通常用于债务融资的风险控制指标作为股票发行条件，这也在一定程度上反映出当时法律对于权益融资与债务融资的规制逻辑并未严格区分。

但另一方面，证券市场的基本特征又对公开发行的审批权形成制约，使其不能仅考虑企业融资需求而不顾及财务资质。企业公开发行所得募集资金来自社会公众投资者，如果上市公司质量不佳，投资者将因此遭受损失，就会逐步"用脚投票"，离开市场。而证监会作为证券市场的主管部门，面对这一问题，比其他部委或地方政府将面临更多的压力和质疑。反映到制度层面，三年连续盈利的法定财务条件，便成为对其他部委或地方政府审批权的重要制衡。

作为对连续盈利条件的适应或者迎合，在这一时期逐步形成了所谓"靓女先嫁"的改制上市模式，即国有企业将业绩较好的资产分拆出来，改制为股份有限公司后，再公开发行股票并上市。在这一模式下，原来的国有企业转变为上市公司的控股股东，通常也承接了未上市的资产，因此必须依靠上市公司输血才能维持经营。随之而来的，便是控股股东通过占用上市公司资金、操纵上市公司违规担保、不公允关联交易等方式掏空上市公司。证监会则以多次开展清欠解保等大规模整治行动作为应对，并且在公开发行条件上逐渐形成对公司的独立性要求，即控股股东应当与上市公司实行人员、资产、财务分开，机构、业务独立，各自独立核算、独立承担责任和风险。事实上，大股东或管理层针对上市公司的利益转移（Tunneling）是世界各国，特别是经济转轨国家证券市场普遍存在的现象[②]，通过股票折价效应的市场约束和受信义务的法律约

---

① 沈朝晖. 证券法执法的政治分析——以上市融资的中国式监管为素材 [J]. 中国商法年刊, (2012).

② Simon Johnson, Rafael La Porta, Florencio Lopez – de – Silanes, Andrei Shleifer. Tunneling [J]. The American Economic Review, Vol. 90, No. 2, May, 2000, pp. 22 – 27.

束能够加以控制;在我国则是围绕发行条件的权力博弈所形成的制度现象,必须通过完善发行条件才能形成有效的制度约束。

三、核准制与具有持续盈利能力条件

(一)核准制的确立及其制度演进

2000年前后,随着我国经济体制从计划经济向市场经济的转轨完成,公开发行管理体制也由带有浓厚计划经济色彩的"审批制+配额管理"向核准制转变。证券市场建设发展的政策目标,也从服务国有企业改革转变为更宽泛意义上的鼓励符合国家产业政策的企业上市[①]。1999年的《证券法》(以下简称99年《证券法》)首次明确了公开发行股票应当经证监会核准。但在99年《证券法》中没有规定公开发行和上市的条件,而仅规定了相应的程序和申请文件。这主要是因为99年《证券法》颁布前后,我国证券监管权力逐步从早期以地方政府为主收归到中央政府的主导下[②],发行制度与上市制度的关系重塑也是其中重要的一环。随着法人股、内部职工股等改革试点的暂停,各地场外股票交易的禁止,公开发行与上市交易相互耦合,上市交易限于沪深交易所的制度模式最终形成。既然公开发行的股票必须在沪深交易所上市,而沪深交易所也只能承接已经公开发行的股票上市,这意味着公开发行条件与上市条件在实质上的完全重合,而公开发行条件已规定在1994年《公司法》中。公开发行和上市条件的缺位,曾被认为是99年《证券法》的不完善之处,却是对当时证券市场实际运行逻辑的准确临摹与制度表达。

2006年,《公司法》和《证券法》同步进行了大幅修订(以下简称06年《证券法》)。这次修订从根本上调整了证券发行上市的基本制度安排。公开发行和上市交易被明确为两类法律性质不同的行为:公开发行应当报经国务院证券监督管理机构核准;而上市交易由证券交易所依法审核同意,并由双方签订上市协议。在此基础上,《证券法》分别规定了股票公开发行和上市交易的条件。其中,公开发行财务条件从三年连续盈利调整为具有持续盈利能力,财务状况良好。

[①]《证券法》规定有国家鼓励符合产业政策同时又符合上市条件的公司股票上市交易,该条款在历次法律修订中均未变化。

[②] 陆一. 中国股市的基因图谱解析——中国证券市场早期发展历史钩沉[J]. 中国证券法期货, 2008(2): 22.

06年《证券法》确立的股票公开发行核准制，以证监会的审核权为中心展开，符合公开发行条件的企业可以向证监会申请发行，推荐企业申报的权力从审批制下的政府部门转移到保荐人，也就是证券公司。保荐人牵头组织会计师、律师等中介机构对企业符合公开发行条件进行尽职调查，并分别出具专业意见。证监会对申报文件进行审核，再由发审委作出是否同意发行的审核意见，证监会基于发审委的审核意见进行公开发行的核准。

（二）持续盈利能力条件的制度实践

1. 部门规章对持续盈利能力条件的细化与异化

06年《证券法》将公开发行的财务条件由三年连续盈利修改为具有持续盈利能力，就其文义而言，意味着从要求已实现盈利转变为实现盈利的可能性，从而为未盈利企业的公开发行打开了制度空间。依据06年《证券法》，证监会制定了《首次公开发行股票并上市管理办法》（以下简称《首发办法》）和《首次公开发行股票并在创业板上市管理办法》（以下简称《创业板首发办法》）。两个办法分别适用于公开发行股票并在主板/中小板、创业板上市，但有着共同的规则逻辑，即公开发行与上市交易实际强制挂钩，公开发行条件与上市条件统一规定。

基于上述规则逻辑，在财务条件的具体内容上，除了股本、亏损补足等一般要求外，《首发办法》规定的核心财务条件包括：最近3年净利润均为正且累计超过3000万元；最近3年经营活动产生的现金流量净额累计超5000万元，或者营业收入累计超过3亿元；无形资产占净资产的比例不高于20%。相较于此前的规则，《首发办法》对公开发行财务条件的规定更加细化、明确。

创业板的核心财务条件做了大幅简化，较主板/中小板明显降低。2014年之前规定：最近2年连续盈利，净利润累计不少于1000万元，且持续增长；或者最近1年盈利，且净利润不少于500万元，最近1年营业收入不少于500万元，最近两年营业收入增长率均不低于30%。2014年之后，证监会进一步降低了核心财务条件，同时取消了增长要求：最近2年连续盈利，净利润累计不少于1000万元；或者最近1年盈利，最近1年营业收入不少于5000万元。

除了定量的财务指标，这两个首发办法还围绕持续盈利能力的判断规定了一系列重大不利影响、重大变化、严重依赖等定性标准，覆盖领域不仅有发行人的经营模式、重要资产、关联交易、收入构成等经营问题，也包括诉讼、担保等法律事项，同时还涉及经营环境等外部因素。由于定性标准在审查中仍然存在不确定性，证监会曾长期以保荐代表人培训等形式，对审查中实际掌握的定量尺度进行窗口指导。2019年3月，证监会首次以《首发业务若干问题解答》的形式，对相关问题的审查口径做了解释说明。与持续盈利能力条件关系比较密切的几个问题分别是，公司出现业绩下滑超过50%，关联交易的收入、净利润或成本占比超过30%，单一大客户收入或毛利占比超过50%等情形，保荐人要就持续盈利能力是否存在重大不利影响进行专门核查，审慎发表意见。

总的来看，06年《证券法》在法律层面区分了发行条件和上市条件，也放开了盈利要求。但在证监会部门规章层面，延续了发行条件与上市条件一体规定，一并审查的模式，同时仍然将已实现盈利作为公开发行的财务条件，实质上是收紧了法律本已放松的盈利要求。

2. 持续盈利能力条件在发行审查中的适用

现有的研究发现，持续盈利能力是证监会历年否决IPO申请的最重要原因①。为进一步探究证监会在发行审查中如何适用持续盈利能力条件，本文梳理了2018年至2019年5月证监会对申报IPO企业的反馈问题，其中144个问题直接提及持续盈利能力。具体来看，可能导致证监会对企业持续盈利能力重点关注的情形，排名第一的是毛利率等财务指标异常，占比超过50%；随后分别是行业政策、产业链或市场环境的重大不利变化，以及收入结构和真实性相关的问题，如产品单一、销售真实性存疑或大客户依赖等；其余涉及了重大事件或协议、核心技术或重要资质等问题。

从反馈问题来看，证监会对持续盈利能力的审查，侧重对企业自身生产、销售等经营行为稳定性、真实性的判断，与之相关的反馈问题占比超过70%；同时，外部环境的不利影响，也是证监会审查中重点关注的问题。

在此基础上，本文对反馈问题最多的财务指标异常一项，做了进一步的文本分析。在审查中，可能被重点反馈的财务指标异常情形，前三位分别是毛利率或净利率波动或者与同行业差异较大，销售收入波动大、不可持续或获客能力存疑，利润下滑明显或波动大。这反映出证监会对企业质量进行了深入的实质审查，不仅关注财务数据本身，更介入到对财务数据形成逻辑、变动趋势的合理性判断。

---

① 汤欣，魏俊. 股票公开发行注册审核模式：比较与借鉴 [J]. 证券市场导报，2016（1）：8.

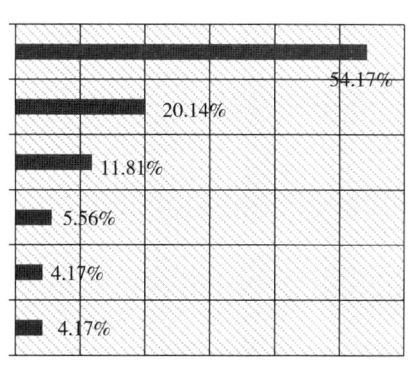

图 1　持续盈利能力审查涉及的问题类型

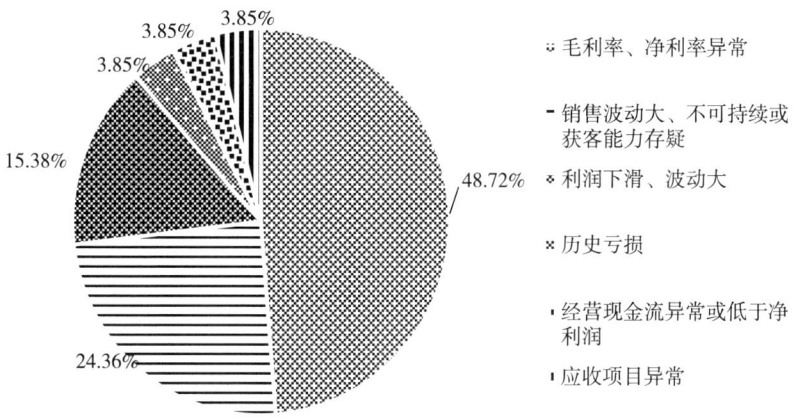

图 2　涉及财务指标的反馈情况

证监会对持续盈利能力的实质审查，意味着企业即使从财务报表上看，相关指标已经符合了法定的公开发行条件，也不一定能够通过核准。本文对2009~2019年创业板上市公司招股书中最近一年净利润的水平进行了分析，即便剔除个别净利润超高的异常值，其中位数和平均数仍远超过《创业板首发办法》规定的两年净利润累计不低于1000万元，近年来还有快速扩大的趋势。

这一现象反映出，从《证券法》到部门规章，再到证监会的审核实践，对持续盈利能力条件的要求在逐步趋严。这与核准制下证监会行使审核权的择优选拔目标是一致的，但也使证监会长期面临两方面的压力：其一是大量未盈利的企业，特别是一批互联网巨头，因为在国内上市无门而远走海外[①]；其二是

[①] 孙棋琳. 互联网企业海外上市的制度成因探析——以阿里巴巴美国上市为例 [J]. 天津法学，2015（3）：68.

部分上市公司存在上市后短期内即发生业绩变脸的情形①，使证监会在发行审查中对持续盈利能力的把关受到质疑。

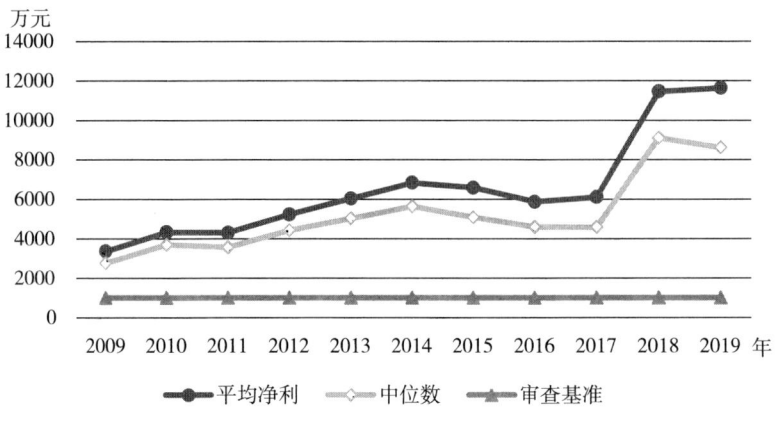

图 3　创业板 IPO 公司净利润指标

3. 司法视域中的公开发行法定财务条件

上文分析了在核准制下，企业能否通过审核，高度依赖证监会的实质审查和价值判断，企业达到净利润等财务指标要求，却未能通过审核的情况普遍存在。但是，除了 2001 年的海南凯立案之外，从未有公司因 IPO 被否而与证监会发生行政诉讼。这可能是由于证监会与企业之间，通过保荐人这一中间角色实现了矛盾转移和缓冲，相当一部分企业因为保荐人不同意申报或撤回申报而未能实现 IPO②。

在海南凯立案中，证监会不认可海南凯立对一笔收入确认的会计处理，而排除该笔收入后，公司不符合三年连续盈利的发行条件，公司因此向法院起诉。法院最终作出一个在当时颇具争议的判决。证监会在该案中败诉，但法院没有对海南凯立是否符合发行条件进行判断，而是认定证监会应当将会计制度的适用问题提交主管部门或专业机构进行审查③。

2018 年的欣泰电器诉证监会案，则以另一种形式将公司与证监会关于发行条件的争议呈现在司法机关面前。欣泰电气在上市后，被发现存在虚减应收账款等行为，导致招股说明书中财务报表存在虚假记载，证监会认定其不符合公

---

① 逯东，万丽梅，杨丹. 创业板公司上市后为何业绩变脸 [J]. 经济研究，2015（2）：142.
② 例如，2017 年和 2018 年撤回 IPO 申请的数量分别达到 146 家和 199 家。
③ 海南凯立案的裁判要点，参见彭冰. 重新审视海南凯立状告中国证监会 [N]. 法制日报，2001 - 07 - 25.

开发行条件,按欺诈发行给予行政处罚。而根据相关退市规则,欺诈发行将导致公司被强制退市。欣泰电气在随后的行政诉讼中提出,即使扣除存在虚假记载的财务数据,公司的净利润等财务指标仍然符合《创业板首发办法》的规定,从对《证券法》中公开发行条件整体解释和实质解释的角度①,不应认定公司不符合发行条件。法院判断明确否认了这一主张,认为欣泰电气应收账款等会计科目的虚假记载,已经违反06年《证券法》第13条第1款第(三)项规定的最近三年财务会计文件无虚假记载,构成对公开发行法定条件的违反。

从海南凯立案到欣泰电气案,构成一组有趣的镜像案例。在海南凯立案中,证监会虽然败诉,但法院回避了对企业是否符合发行条件进行审查②。而在欣泰电气案中,法院支持了证监会的主张,即企业是否符合公开发行条件应当综合判断,而非仅考虑其财务指标;但法院不仅审查了企业是否符合公开发行条件,更对《证券法》中公开发行各项条件之间的相互关系应如何理解提出了明确意见。司法审查的介入将从机制上对证监会审核权形成约束。

(三) 持续盈利能力条件的制度评价

证监会对公开发行的核准权从法律性质来看,属于行政许可的权力。只有符合法定条件的企业才能取得公开发行的行政许可,反之申请公开发行的企业只要符合法定条件也应当取得行政许可,这是行政法治的一般原理。但在公开发行核准制下,企业是否符合法定公开发行条件,经过了严格的实质审查和深入的价值判断;审查过程也不是单纯的合法性判断,而是包含大量的商业判断因素。在各项法定条件中,正是具有持续盈利能力,财务状况良好的条件充当了公司质量的筛选器,也是证监会介入公司质量判断的制度通道。

从证券监管的功能视角来看,我国证券市场投资者结构以散户为主,风险识别和承担能力有限;加之司法环境的制约,投资者集体诉讼等权益保护制度尚未建立的情况下,证监会通过对企业持续盈利能力的实质审查,对公开发行以择优选拔为导向进行质量把关,以事前准入部分替代了事后追责的制度

---

① 《丹东欣泰电气股份有限公司与中国证券监督管理委员会二审行政判决书(2017)京行终3243号》,2020年2月4日下载于中国裁判文书网。

② 证监会海南凯立案中的行政权力,性质上是对发行条件的审查权还是对会计问题的监管权,本身即是争议的重点之一。参见刘燕. 走下"自由裁量权"的神坛:重新解读凯立案即"自由裁量权"之争[J]. 中外法学, 2002 (5): 552.

功能①。

但是，对持续盈利能力的实质审查是以政府选择替代了市场对企业的投资价值评估②。而企业能否持续盈利，既有企业本身经营规模、产品性质、处于产业结构链状态的问题，还有国内产业结构调整引起的生产经营问题，也有国际市场外部冲击的不确定性与风险问题③。由于持续盈利能力本质上是一个价值判断而非事实判断，不仅保荐人和其他中介机构事实上很难作出保证，即使最优秀的投资机构也不能保证其每一单投资决策所选定的标的能够持续盈利。但在市场博弈的演化过程中，市场主体之间形成了通过对赌条款（估值调整机制）等一系列合同安排（term sheet），来应对投资中的风险与不确定性。与之相比，证监会对公司质量的审查，显然不可能具有比投资机构更强的知识和信息优势，也很难运用投资条款等市场机制来控制风险。

当然，证监会并非没有意识到这一问题的存在，发审委制度便是其中最重要的应对安排。发审委的成员既有证监会系统的工作人员，也来自证券公司、会计师、律师等市场机构，个别时期还引入过机构投资者、科研机构，甚至上市公司的代表。发审委通过公私合作的组织形式，试图尽可能提高其专业性和中立性④；但在运行逻辑上，仍有不可避免的困境。发审委以多数决的方式作出决定，对于持续盈利能力这样并无统一客观标准的商业判断，少数服从多数具有程序合理性，这也是投资机构通常设置投委会的原因。但证监会是行使行政许可权的政府机关，发审委不可能如真正的投委会一样运作，近年来发审委表决通过率由于证监会的监管政策宽严变化而时常忽高忽低⑤。此外，发审委委员与其决策之间没有直接的利益关联，因此必然面临公共机构常见的委托—代理问题，近年来，多名发审委委员因为收受贿赂而受到刑事处罚⑥。这都表

---

① 沈朝晖，[日] 饭田秀总. 中日公司新股发行制度的功能主义比较 [J]. 清华法学，2019（2）：91.
② 郭富青. 论我国股票发行注册制改革：理念、制度、环境 [M] //证券法苑，第十六卷. 北京：法律出版社，2015.
③ 席涛.《证券法》的市场与监管分析 [J]. 政法论坛，2019（11）：117.
④ 时晋，曾斌. 发审委制度的困境与反思 [J]. 证券市场导报，2012（6）：8.
⑤ 创业板 2010 年开板以来，IPO 通过率最高超过 90%，最低仅有 55%；既曾出现过连续 4 周 6 家企业全部被否，也有过连续 4 周零否决的情况。
⑥ 《IPO 发审委贪腐案：数十企业涉行贿发行，追责成难题》，新浪财经 2020 年 1 月 11 日转载《中国新闻周刊》，https://finance.sina.com.cn/stock/y/2020 - 01 - 11/doc - iihnzahk3423336.shtml，页面访问于 2020 年 2 月 4 日。

明了发审委制度从运行机制上并不能保证对企业持续盈利能力作出合理而稳定的判断。

四、注册制与具有持续经营能力条件

（一）注册制试点与证券法修改

由于核准制存在政府权力对市场运行干预过多、对创新企业制度包容性不足等问题，各方逐渐形成了以注册制为目标的改革思路。2013 年，党的十八届三中全会决定中正式提出推进股票发行注册制改革。在这一时期的研究中，对于注册制的具体内涵，特别是注册制下证监会是否仍有实质审查的权利存在观点争议[①]；世界各国也有不同的注册制实施模式。但基本的共识是：第一，证监会对公开发行的注册，应当以托底而非选优为目的；证券交易所承担主要的审查职能。第二，注册制下企业发行上市应当以信息披露为核心，盈利与否不应当成为企业发行上市的障碍。

2019 年 1 月，证监会发布《关于在上海证券交易所设立科创板并试点注册制的实施意见》（以下简称《科创板意见》），明确了注册制的各项基本制度安排。随后，证监会和上交所分别制定了《科创板首次公开发行股票注册管理办法（试行）》（以下简称《科创板首发办法》）和《科创板股票上市规则》（以下简称《科创板上市规则》）对注册制下的发行条件和上市条件等分别做了具体规定。2019 年 12 月，《证券法》修订通过（以下简称 19 年《证券法》），在法律层面明确了公开发行实行注册制。

按照《科创板意见》，科创板目前已实行证券交易所审查通过在先，证监会注册在后的模式；证券交易所的审查以公开问询—反馈回复为主要方式推进审查进程，设立上市委员会以合议方式对公开发行申请作出同意与否的决定。19 年《证券法》正式授权证券交易所审核公开发行申请。

（二）注册制下作为发行条件的持续经营能力

在注册制改革的同时，公开发行法定财务条件也相应调整。19 年《证券法》将具有持续盈利能力，财务状况良好修改为具有持续经营能力。在《科创板意见》中则规定为有完整的业务体系和直接面向市场独立经营的能力，不存在对持续经营能力有重大不利影响的情形。《科创板首发办法》将业务完整，

[①] 沈朝晖. 流行的误解："注册制"与"核准制"辨析 [J]. 证券市场导报，2011（9）：22.

具有直接面向市场独立持续经营的能力的条件细化为资产完整、业务及人员、财务、机构独立、主营业务、控制权、管理团队和核心技术人员稳定，不存在资产权属纠纷、偿债风险，以及同业竞争、关联交易等方面的重大不利影响等内容。总的来看，公开发行法定财务条件从持续盈利能力转向持续经营能力，反映了在注册制下，发行条件的制度功能从择优遴选转向底线要求。在《科创板股票发行上市问答（二）》中，进一步列举了影响持续经营能力的九类具体情形，涵盖了公司所处行业的政策环境、准入门槛、周期波动和上下游供求关系，公司的重要客户、财务指标、市场占有率和重要资产等方面。

值得关注的是，持续经营能力首先是一个会计概念，进而才作为法律概念被引入《证券法》。在会计领域，持续经营假设是通用目的财务报表编制的基础。为了规范注册会计师在审计过程中对持续经营判断的相关责任，财政部颁布了《中国注册会计师审计准则第1324号——持续经营》及其应用指南。在该指南中从财务、经营和其他三个方面，列举了对持续经营能力产生重大疑虑的示例，其中多数情形，如债务违约、关键人员流失、失去主要市场或关键客户等，与公开发行财务条件中对持续经营能力的细化要求是一致的；但存在一些明显的差异，如公开发行条件中关注较多的同业竞争、关联交易等事项，在该指南中并未提及，这也许是由于此类涉及控股股东与中小股东之间利益冲突的事项，是公众公司所特有的风险。更重要的是，正如《指南》中声明的，公司存在一个或多个列示情形，不意味着一定存在重大不确定性，而需要依赖注册会计师的职业判断。在此意义上，关于持续经营能力的审计准则，虽然列举了可能导致持续经营能力重大存疑的情形，却并不能对作为公开发行法定财务条件的持续经营能力审查构成直接的参照系。当然，注册会计师对发行人最近三年的财务报告出具标准无保留审计意见（这也是19年《证券法》新增的公开发行条件），意味着在底线意义上，中介机构确认了发行人的持续经营能力。

（三）持续经营能力在上市条件中的体现

《科创板上市规则》规定了五套市值—财务指标作为上市条件，其中除第一套标准要求2年净利润累计不低于5000万元或净利润为正且营业收入不低于1亿元外，其他标准均不要求公司已实现盈利；但第二套至第四套设有营业收入、现金流等财务指标，高于持续经营能力的发行条件要求。而第五套标准，仅有发行市值的要求，不设财务指标，但要求发行人限于主要业务或产品需经国家有关部门批准，市场空间大，目前已取得阶段性成果。从现有案例来看，适用该项标准申报的仅有医药研发企业,其中泽璟生物已在2020年2月完成发行上市。而对医药企业,该条标准同时要求至少有一项核心产品获准开展二期临床试验,即已通过临床一期的安全性检验,进入适应证和疗效试验阶段,这是在平衡新药研发的大量融资需求与研发失败风险对持续经营能力影响基础上的规定。

由此可见,《证券法》将公开发行的法定财务条件调整为具有持续经营能力,并不能简单地理解为发行条件的降低;而是在注册制下,发行条件与上市条件分别承担了托底与择优的不同制度功能。发行条件的底线要求,为证券交易所在发行条件之上设置多元包容的上市条件奠定了基础。

(四) 对持续经营能力的审查案例

在注册制下,证券交易所基于法律授权,审查企业是否符合公开发行条件和上市条件;证监会对符合公开发行条件的企业予以注册。在实际运行中,由于上市条件高于发行条件,证券交易所的审查内容必然覆盖了证监会注册审查;注册审查需要坚持底线标准,避免重复甚至超出证券交易所审查的内容,造成市场主体的预期不明。这一问题通常无法形成明确的成文规则,而只能在实践中逐步形成惯例机制。例如,美国证监会虽然会针对企业盈利情况等实质问题进行多轮次的详细问询,但只是促使企业充分披露投资价值或风险,并不进行价值判断①。香港在IPO双重存档制度下,申报文件同时接受证监会和联交所的审查,但证监会只通过联交所进行问题反馈;并且除个别极端案例外,证监会不直接行使否决权。目前,科创板注册制的运行时间不长,本文主要通过对两个因持续经营能力存疑而IPO失败的案例,来分析注册制下对持续经营能力的审查尺度。

1. 世纪空间审查案例

世纪空间是一家主营业务为卫星遥感数据产品和空间信息服务的企业,主要为自然资源、环境保护等政府部门提供卫星照片等数据产品和信息处理服务。公司在申报科创板IPO期间,经历了5轮问询,公司持续经营能力集中在两个问题上:一是卫星使用年限到期或技术迭代后,公司能否持续发射卫星以保持持续经营能力;二是公司主营收入的40%以上来自两个政府付款的重大项目,该项目的实施情况及项目到期后公司获取其他订单的能力是否影响公司持

---

① 徐洋. 美国"注册制"管窥 [R]. 上海证券交易所研究报告.

续经营能力。针对第一个问题，公司在第一轮回复中说明已同国内外相关机构开展合作，筹建下一代卫星系统后，上交所未再进一步问询。对于第二个问题，上交所则在第 2~4 轮问询中，反复要求公司解释两个重大项目的运作模式、政府付款的资金来源、项目期内逐年确认收入的会计处理，以及公司获得其他项目的途径、方式、合同效力、收入占比等问题。世纪空间最终通过了上交所的审核，但在证监会注册阶段撤回申请。

2. 国科环宇审查案例

国科环宇主营业务为航天飞行器电子系统的研发制造。公司在申报 IPO 期间，上交所进行了 3 轮反馈，围绕持续经营能力的问题，主要是公司的前五大客户收入占比超过 75%，最高曾超过 90%，存在客户集中度高的风险；公司主要通过承担国家重大项目的方式开展业务，相关项目不采用签订合同的方式管理，收入取得源于政府经费拨付；公司与第一大客户持续产生关联交易，占比超过 25%，最高达 66%。公司在反馈回复中，解释了航天领域业务模式的特殊性，补充说明了开展民用业务领域的收入增长情况等，以证明其具有持续经营能力。但科创板上市委以公司存在关联方依赖，重大专项承研业务模式非市场化取得等情况，认定为不符合具有直接面向市场独立持续经营能力的要求，否决了其 IPO 申请。

世纪空间和国科环宇两家公司在持续经营能力的判断上，具有相似性：二者都是已实现连续盈利，且行业准入门槛很高的企业；但都存在比较严重的政府客户依赖，且业务取得存在非市场化因素，其持续经营能力受政府决策等非商业因素影响较大。从国科环宇被否决来看，公司能否作为商事主体独立开展经营活动，能否通过商业交易持续获得收入是判断持续经营能力的底线标准。世纪空间虽然通过上交所审核，但从经历多达 5 轮问询，并且在注册环节最终撤回来看，仍然反映了持续经营能力审查的复杂性，以及证券交易所和证监会在审查理念、审查标准上仍有相互磨合调适的空间。

五、结语

我国股票公开发行管理体制从审批制到核准制，再到注册制的变迁过程中，作为政府权力监管发行行为的制度通道，公开发行法定财务条件也经历了从三年连续盈利到具有持续盈利能力，再到具有持续经营能力的演变。

在实施注册制的背景下，以持续经营能力为核心的法定财务条件，使发行审查定位于底线监管，为证券交易所设置多元化的上市条件，遴选不同类型的企业上市打开了制度空间；同时也契合了为企业提供更加宽松、灵活的直接融资渠道这一政策目标。但在证监会和证券交易所双重审查的实际运行过程中，必须减少重复审查和审查尺度不一致，构建起一个窗口对外的反馈机制。特别是对于持续经营能力的审查，应当向市场传递证券交易所全面审查、证监会把控底线，既互有分工，又理念统一、标准一致的监管信号，才能明确市场预期，使注册制的制度功能得到充分发挥。

市场实践

中小市值股票差异化分析与价格有效性研究[①]

——基于新三板市场的实证分析

许　恒[*]　侯智杰[**]　蒋宇翔[***]

摘　要：2019年中央经济工作会议指出："要加快金融体制改革，完善资本市场基础制度，提高上市公司质量，健全退出机制，稳步推进创业板和新三板改革"，明确了深化经济体制改革的重要任务。作为多元化资本市场中的重要组成部分，新三板发挥着承上启下、积极实现资本市场优势互补的重要作用。新三板改革紧随我国经济高质量发展方向，成为金融体制改革过程中的重要抓手。本文通过对新三板交易数据的实证分析，从股票流动性与定价有效性关联研究入手，探讨新三板构建有效市场的理论基础和构成要件，对新三板改革路径提供理论依据和进一步政策建议。

关键词：新三板　股票流动性　价格有效性　新三板改革

一、问题的提出与研究思路

2019年中央经济工作会议指出："要加快金融体制改革，完善资本市场基础制度，提高上市公司质量，健全退出机制，稳步推进创业板和新三板改革"，

---

[*] 许恒，中国政法大学商学院副教授、法商管理系副主任。
[**] 侯智杰，西南财经大学中国金融研究中心博士研究生，中国证监会办公厅三级调研员。
[***] 蒋宇翔，西南财经大学中国金融研究中心专职教师。
[①] 本文仅代表个人学术观点，不代表所在机构意见。本文主要实证结果来源：侯智杰，蒋宇翔，许恒，覃雁月.新三板股票差异化分析与定价有效性研究——兼论中小微企业直接融资政策[J].数量经济技术经济研究，2019（12）.

明确了深化经济体制改革的重要任务。其中，完善资本市场基础制度对于我国宏观经济运行的要求和微观经济发展的方向都十分重要。作为多层次资本市场重要的组成部分，新三板市场在其中起到了承上启下、优势互补的作用，在我国的金融体制改革发展战略中扮演了不可或缺的角色。

具体而言，新三板对我国的主板、中小板和创业板形成有效的补充，在我国多层次资本市场中发挥着重要的职能。新三板市场为初创期、成长期的高新技术企业提供融资服务的同时，既解决了主板企业的退市问题，又可以作为创业板和科创板市场的孵化器来协助主板市场培育企业。国务院《关于加强金融服务民营企业的若干意见》也明确指出，要促进新三板成为创新型民营中小微企业融资的重要平台。经过近些年的发展，市场挂牌公司数量累计突破10000家，新三板市场已成为我国最大的基础型证券市场，也是全球上市（挂牌）企业数量最多的证券交易场所，为我国创新、创业、成长型中小微企业提供了对接资本市场的可行途径。

但是，在新三板市场高速发展的同时，也暴露出融资渠道相对狭窄、市场机制不规范、股票公司内部管理不健全、信息披露不充分等问题，可以说，新三板的重要性和改革的急迫性不言而喻，这些方面也成为现行新三板市场改革的重要方向。特别是，相对于 A 股超流动性的表现，从衡量流动性的指标来看，我国的新三板市场流动性不足，是一个典型的低流动性市场。例如，新三板市场的换手率虽然在 2014~2015 年有显著的提升，但是，换手率从 2016 年起开始出现明显的下降。[①] 流动性是股票交易市场中实现有效定价的重要基础之一，同时，也是对行业、市场信息的体现以及融资与资源合理配置的依据。尤其是新三板市场针对的中小企业，适度的流动性所反映的真实价值能够更好地向投资者发出企业成长动力与发展潜力的信号，使融资能够更加有效地发生在相关市场。一方面，合理的融资可以推动中小企业快速实现高质量发展，另一方面，有效的投融资行为能够稳固并提升新三板市场对于主板市场的补充作用，对进一步稳定金融市场、降低金融风险的发生起到显著作用。

在我国经济步入高质量发展的重要阶段，完善资本市场基础制度对正在进行的新三板改革提出了新的要求。而在当前新三板的发展环境中产生的关键问

---

① 全国中小企业股份转让系统有限责任公司披露的数据显示，我国新三板市场换手率从 2015 年的 54.88% 骤降至 2018 年的 5.31%。

题是顺利实现新三板改革落地过程中需要优先解决的。这些主要问题包括：新三板市场股票的流动性是否关键性地影响着股票定价的有效性？为什么新三板市场流动性在近年来出现先扬后抑的走势？什么因素主导着新三板市场的流动性与定价的有效性？上述问题进一步对关于新三板股票交易市场的分析引出如下探索：第一，新三板市场中的股票流动性能否成为提升股票价格有效性的优质要素；第二，在中小微企业融资发展趋势与现行科技创新的背景下，信息科技类企业是否能够具有较好的定价程度；第三，新三板市场中企业的股权结构是否是影响定价的主要因素；第四，股权集中度是否能影响新三板市场中的股票定价效果。

基于以上假设，本文通过对2016~2018年新三板交易数据进行实证分析，验证新三板市场股票流动性对价格有效性的关系。同时，本文理论模型对新三板流动性作出更加全面的衡量，是对现有相关研究的进一步补充。另外，结合我国具体国情与新三板市场对于我国经济发展的作用，对其现行改革路径和监管措施与方式提出理论支撑。鉴于此，本文将包括流动性在内的三种影响价格有效性的因素纳入理论模型，并评估新三板分层制度和做市转让制度对价格有效性的促进作用以及作用机制。进一步地，本文通过对新三板市场挂牌企业属性——行业特征、股权特征与企业规模特征的分层研究，以及对于宏观信息——信息披露频率与信息相关性的嵌入，探索影响我国新三板市场流动性的主要因素，从而提出刺激新三板市场流动性的政策建议，进而更加有效地对新三板市场股票价格有效性构建理论框架与政策依据。

本文实证结果指出，新三板市场股票流动程度高低能够整体影响其价格有效性，同时，创新层股票以及及时有效进行信息披露的股票均具有较好的定价效果。就股权结构与公司经营类型而言，上述特征在民营企业与高新技术类企业都有明显的效果。就市场整体而言，机构投资者的持股比例增加不能对新三板市场股票价格有效性起到正向的影响效果。特别是与信息技术、电信业务、原材料、能源和金融等行业股票的价格有效性呈显著的负向关系，因此，适度调整新三板市场投资者结构，引入更多机构、个人投资者参与，会增加新三板市场价格有效性的形成，也有助于提高对创新创业型企业的融资可获得性的服务能力。

本文结论的主要边际贡献在于以下四点。

第一，验证新三板市场中股票流动性与价格有效性的关联，构建新三板市场定价效能理论研究框架。虽然少量现有文献对新三板股票流动性进行了理论分析，但其主要在于新三板市场制度层面与政策层面，而在理论层面尚未具有充足的研究。本文一方面可以在新三板市场股票流动性相关研究中对现有文献进行适度补充，另一方面，通过对股票流动性与价格有效性的关联研究，提供构建新三板市场定价效能的理论框架，为后续的新三板市场活力激发、中小微企业高质量发展以及相关政策制定奠定理论基础。

第二，探究新三板市场中股票流动性影响因素，验证相关市场模块化分层的必要性与合理性。本文在宏观和微观两个层面对新三板市场的交易数据进行模块化分层，着重探索影响新三板市场股票流动性的因素。分析结果能够在微观层面对新三板企业的模块化管理进行优化，同时，发掘影响新三板市场股票流动性的宏观要素。为新三板市场股票细化分层建设提供主导研究路径，也能够有效地引导宏观信息有效地进入市场，提升交易有效程度。

第三，优化新三板市场交易制度，提供中小微企业高质量发展对策。作为对主板市场的主要互补，新三板市场为我国中小微企业的融资提供了重要保障与发展动力。而有效的定价能够促进市场内投融资的发生，适度的流动性又成为有效定价的基础。基于理论结论与合理模块化构建的基础上，利用新三板市场优势为中小微企业提供高质量发展对策，在市场层面完善了我国各层级企业的均衡发展，同时，作为稳定金融市场的重要补充，防范和降低金融风险的发生建立微观保护机制。基于新三板部分层面的企业研究能够对未来金融市场内部的企业发展产生引导性借鉴作用。

第四，基于实证结论对我国新三板市场改革提供理论支撑和进一步政策建议。中央经济工作会议强调要加快金融体制改革，完善资本市场基础制度，对新三板改革的质量和长效机制提出了更高的要求，同时也呼唤新三板改革路径的理论基础和实践意义。就本文理论研究而言，根据实证研究的结论，针对完善市场分层、优化转板和摘牌机制、渗透宏观政策、实现差异化监管等方面提出进一步政策建议，充分形成围绕新三板服务中小企业金融供给侧机构改革的实现路径，为我国经济实现量的合理增长和质的稳步提升在资本市场层面保驾护航。

二、研究设计与主要实证结果

（一）研究设计

本文以新三板所有股票的日度数据为研究对象，数据来自万得和东方财富

Choice。具体数据指标包括交易量和收盘价格,以及月度总股本、机构投资者持股总数、交易方式和新三板所属层次。此外,本文收集、整理新三板上市公司的财务数据、所属行业、公司类别和年报发布日期。其中,因为交易量和收盘价格皆为日度数据,我们用日收盘价格计算月度收益率,将日交易量加总获得月交易量。此外,我们对股票交易量和收盘价格,以及公司财务数据采取上下 1% 的缩尾处理,以消除极端值带来的影响。利用沪深 300 指数来描述股票市场的变动。考虑到新三板分层制度从 2016 年 6 月底开始实行,因此,本文的实证研究主要集中于 2016 年 7 月至 2018 年 8 月这一期间。

本文基于 Hou 和 Moskowitz(2005)、Busch 和 Obernberger(2016),构建两种方法计算新三板市场股票价格有效性。本文探讨的重点在于我国新三板市场中股票价格有效性与流动性的影响机制。根据 2016 年新三板市场引入的分层制度及其目标:降低信息搜集成本,提高投资分析效率,增强风险控制能力,引导投融资精准对接,我们引入以下两个变量:(1)用于描述股票是否属于创新层的虚拟变量(Innov)。这个变量有助于告诉我们创新层的股票是否属于已具有较高价格有效性的优质股票;(2)流动性与 Innov 的交叉项,用于测量创新层股票的价格有效性是否对流动性的变化更敏感。我们还引入虚拟变量(MM)用来描述股票是否采用做市方式进行交易。

表 1   相关变量对应

变量名称	变量定义
Tday	有交易的月交易日数量
Volume	月交易量除以总股数
Return	月收益率
Volatility	月股票收益波动率
Size(mil)	市值
BM	账面市值比
IO	机构投资者持股比例
Innov	股票是否属于创新层的虚拟变量
Rep	公司是否在当年 4 月 30 日或之前公布年报的虚拟变量
MM	股票是否采用做市交易制度的虚拟变量
PE1	价格有效性指标一
PE2	价格有效性指标二

注:*、**、*** 分别表示在 10%、5%、1% 的水平下显著。

【市场实践】

表 1 给出了本文实证模型中相关变量的对应表。具体而言,我们用股票交易量(Vol)来描述流动性、公司是否在每年 4 月 30 日之前公布年报(Rep)来描述信息不完全性、机构投资者持股比例(IO)来描述被忽略公司效应。Hou 和 Moskowitz(2005)发现,价格有效性低的股票其市值小,账面市值比高,流动性低,价格波动大。因此,我们在模型中加入下列控制变量(Control Variable):市值(LogSize);账面市值比(BM);价格波动(Volatility)。此外,我们也将上一期的股票价格有效性、公司固定效应和月度固定效应加入模型中。结合上述变量,本文实证模型可描述为:

$$PE = \alpha + \beta_1 Vol_{i,m} + \beta_2 Vol_{i,m} \times Innov_{i,m} + \beta_3 Innov_{i,m} + \beta_4 MM_{i,m}$$
$$+ \beta_5 Rep_{i,m} + \beta_6 IO_{i,m-1} + \sum_{n=7}^{t} ContralVariable_{n,i,m-1} + \varepsilon_{i,m} \quad (1)$$

(二)主要实证结果

1. 整体有效性

表 2 给出了式(1)基于两种价格有效性的实证结果。不难发现,通过两种有效性标准几乎能够得到相一致的结果:交易量与价格有效性之间存在显著的正相关关系,这个结果印证了现有相关文献的结论,说明在新三板市场中,股票交易量能够显著地提升市场内股票交易过程中对于公司价格发现的职能,进而反映了新三板市场中股票交易量对于市场内价格有效性的促进功能。进一步地,通过对新三板股票分层进行差异化分析得到,进入创新层的股票其价格有效性显著地优于基础层的股票。与此同时,分层制度虽然提高了创新层股票的价格有效性对交易量变化的敏感度,然而,通过交互项的系数不难发现,这一现象并不显著。这一结果反映出股票交易量对于创新层内股票价格有效性的推动影响是显著而直接的,从而体现了创新层在新三板股票交易市场中在整体价格有效性程度上占据较为重要的位置。从另一方面而言,交互项估计值的不显著所产生的原因来自上述关于创新层影响,是直接存在的,而并非通过干扰流动性、激发流动性对价格有效性进行影响。

就价格有效性与信息关联性而言,实证分析中的两个模型结果都揭示出,按时发布年报的公司其股票价格有效性要显著高于未按时发布年报的公司。换言之,若投资者获取信息的成本过高或者无法获得信息,那么价格有效性必然会受到影响。这印证了包括新三板市场在内的投融资市场中公司信息反映出的价值——投资者总是偏向于那些信息披露充分且治理结构完整的公司。在公司主动且积极地披露公司信息的环境下,信息不对称造成的交易匮乏程度降低,同时降低了投资者由于不对称信息所产生的交易费用,提升了投资者参与交易的动机,进而增进了价格的有效性。类似地,我们能够发现,做市转让制度也显著提高了股票的价格有效性,说明做市转让制度就促进价格有效方面具有积极作用。令人稍感惊讶的是,实证结果指出,投资者持股比例的增加并不能显著提高股票价格有效性。这表明,控股权的集中度的提升并不是提高新三板市场股票价格有效性潜在的主要路径,这一结论可以为新三板上市企业的公司治理方向提供必要的实证基础。具体而言,在内部治理过程中,传统理论指出,股权集中度较高的企业能够有效地降低内部冲突而带来的经营成本,但就新三板市场实证结果而言,较高的股权集中度会产生可能的交易乏力,从而抑制有效价格的生成,从交易市场整体层面而言,具有显著的反面效果。对于主要控制变量,上一期的市值和价格波动对价格有效性分别具有负向和正向的影响。产生这一结果可能的原因是,上一期市值的提升会引入更多的潜在投资者入场,引致本期交易的扰动,从而干扰了有效性的稳定。此外,价格的波动在客观层面能够揭露更多的股票价格信息,而在交易者主观层面能够倒逼其更加关注于信息的获取,两类效应的整合共同提升了股票价格有效性的水平。

表2　　　　　　　　　　　价格有效性实证结果

Dependent variable	PE1	PE2
Vol	0.548***	0.557***
	(0.0410)	(0.0363)
Vol × Innov	0.130	0.0197
	(0.0862)	(0.0614)
Innov	0.00634**	0.00671***
	(0.00284)	(0.00189)
MM	0.0399***	0.0345***
	(0.00362)	(0.00245)
Rep	0.00787***	0.00871***
	(0.00263)	(0.00181)
IO lag1	0.0124	0.0171
	(0.0182)	(0.0120)
PE1 lag1	0.00136	
	(0.00429)	

续表

Dependent variable	PE1	PE2
PE2 lag1		0.0426***
		(0.00411)
Logsize lag1	-0.00555***	-0.00469***
	(0.00133)	(0.000930)
Volatility lag1	0.0971***	0.0724***
	(0.00816)	(0.00575)
BM lag1	-0.000347	-0.00132
	(0.00233)	(0.00157)
Constant	0.106***	0.0979***
	(0.0144)	(0.01000)
Observations	95419	95419
R-squared	1.70%	3.70%
Firm FE	YES	YES
Year FE	YES	YES

注：括号内为异方差稳健的标准误差，*、**、***分别表示在10%、5%、1%的水平上显著。

2. 差异化分析

本节分析新三板股票市场的特性对不同产业的公司以及不同类别公司的股票价格有效性影响程度是否存在差异。产业的差异和公司类别的差异会影响公司对新三板市场特性和政策的敏感程度。举例来说，相较于一家处于公用事业产业的公司（自来水公司），一家处于信息技术产业的公司（软件开发公司）面临更多的不确定性，其股票估值对市场信息的敏感程度更高，因而信息技术产业的投资者对信息的要求也更高，那么新三板股票市场有关信息披露政策的变化对信息技术产业的公司的影响也更大。差异化分析有助于发现新三板市场特性和政策对不同板块股票的影响，从而帮助监管机构有针对性地实行差异化监管，促进新三板市场的发展。本文着重突出分析新三板股票市场中价格有效性的差异化效果。为了能够更好地体现本文强调的对于新三板股票交易市场中差异化监管的核心意图，在实证过程中，本文重分析中观市场的行业差异化以及微观市场的公司差异化。在行业差异化层面（见表3和表4），交易量与价格有效性以及做市转让方式之间的正向关联普遍出现在各个细分行业中，且在两个模型中的回归结果差异不大，这反映出作为价格有效性的基本助力点，交易量和做市转让方式的作用不会因行业特征差异而变化，且两者都能够有效地提升股票定价的有效性水平。与整体有效性分析结果不同的是，处于创新层的股票与流动性对股票价格有效性的正向影响仅出现在部分行业中，其具体的表现在于信息技术、医疗保健与日常消费品三个行业中，其中信息技术在两个实证模型中均表现为明显的正向影响。产生这个结果的主要原因在于，信息技术行业与创新层的重合性与互补性较高，处于创新层的企业大多涉及信息技术领域，因此，信息技术行业中股票的流动性对于创新层的价格有效性推动影响较为普遍。对于医疗保健与日常消费品领域而言，它们都具有一定的创新、研发导向的趋势，尤其是在高质量发展的背景下，具有竞争力和持续发展潜力的企业大多对自身的产品或服务进行创新方面的延伸，这也从侧面反映出新三板市场中医疗保健和日常消费品行业中企业的发展重点和发展方向开始从传统的制造为主向创新为主转变。

除此之外，做市商制度对价格有效性同样的正向影响也符合我们的预期。同时，这一影响相较于上述关于创新层变量所产生效果在更多行业中更为普遍。这一结果再一次反映出，做市商制度在新三板市场中对股票价格有效性的提升效果同时作用在不同的行业中，具有一定程度的一般性和广泛性。它从政策的层面提出了对于新三板市场中差异化监督和管理的路径，即创新层的分割只能对部分涉及相关领域的行业产生影响，而交易制度的建立能够对更多行业产生影响，因此，就上述两类变量的分析结果而言，不同的制度能够产生不同程度和不同维度的影响，对于政策调整的借鉴和运用应有效结合两种或多种方式进行。

此外，由差异化分析结果可见，机构投资者持股比例对信息技术、电信业务、原材料、能源和金融等行业股票的价格有效性呈负相关关系。换言之，在这些行业中，个人投资者对股票价格有效性起到更为显著的促进作用。在机构投资者无法有效促进新三板市场价格有效性的前提下，是否应该考虑适当降低投资者准入门槛，引入更多的个人投资者。

在公司治理过程中，不同的公司股权结构带来了不同的治理效果，因此，公司股权结构也成为本文研究中的另一维度，将样本企业划分为民营、国有和外资（合资）三种类型进行分析并将实证结果在表5中予以体现。

表3 基于行业的价格有效性回归结果

Panel A PE1

Industry	信息技术	医疗保健	电信业务	日常消费品	非日常生活消费品	原材料	房地产	公用事业	工业	能源	金融
Vol	0.594***	0.507***	1.736***	0.617**	0.488***	0.706***	0.0974	0.514	0.492***	1.332***	0.447**
	(0.0749)	(0.118)	(0.616)	(0.265)	(0.107)	(0.131)	(0.0841)	(0.398)	(0.0735)	(0.486)	(0.214)
Vol * Innov	0.00862	0.0735	−1.261*	0.350	0.144	0.158	25.11**	3.929**	0.313	−1.496**	−0.580
	(0.140)	(0.293)	(0.726)	(0.369)	(0.264)	(0.252)	(9.736)	(1.881)	(0.204)	(0.670)	(0.450)
Innov	0.0175***	0.00845	0.00425	0.0144	−0.00518	−0.0176*	0.0110	0.0104	0.00776	0.0144	0.00419
	(0.00510)	(0.00949)	(0.0188)	(0.0135)	(0.00726)	(0.0101)	(0.0328)	(0.0213)	(0.00554)	(0.0214)	(0.0333)
MM	0.0394***	0.0532***	0.00528	0.0621***	0.0308***	0.0572***	0.263*	0.00870	0.0336***	0.0170	−0.0276
	(0.00704)	(0.0128)	(0.0226)	(0.0144)	(0.00983)	(0.00957)	(0.147)	(0.0277)	(0.00736)	(0.0248)	(0.0255)
Rep	0.0150**	0.0131	−0.00288	0.00504	0.00851	0.00843	−0.0280	0.0229	0.00143	0.0242	0.00904
	(0.00589)	(0.0104)	(0.0184)	(0.0107)	(0.00575)	(0.00714)	(0.0324)	(0.0255)	(0.00505)	(0.0161)	(0.0279)
IO lag1	−0.0291	0.0486	−0.0196	0.00644	0.0397	−0.0284	0.0662	0.00583	0.0530	−0.00333	−0.0866
	(0.0376)	(0.0621)	(0.135)	(0.0679)	(0.0341)	(0.0566)	(0.0888)	(0.315)	(0.0346)	(0.158)	(0.132)
PE1 lag1	0.00394	−0.0352**	−0.0164	0.00103	0.00732	−0.0134	−0.105*	−0.00141	0.00998	0.00183	0.0372
	(0.00801)	(0.0156)	(0.0268)	(0.0175)	(0.0129)	(0.0125)	(0.0597)	(0.0487)	(0.00839)	(0.0261)	(0.0300)
Logsize lag1	−0.00656***	−0.00432	−0.0141	−0.00366	−0.00155	−0.00835*	−0.0364**	−0.0539*	−0.00467*	0.00231	−0.00767
	(0.00231)	(0.00512)	(0.00878)	(0.00607)	(0.00369)	(0.00440)	(0.0146)	(0.0311)	(0.00267)	(0.00880)	(0.00753)
Volatility lag1	0.0900***	0.0598***	0.249***	0.128***	0.106***	0.0968***	0.312**	−0.0337	0.0918***	0.174***	0.0188
	(0.0157)	(0.0232)	(0.0838)	(0.0321)	(0.0226)	(0.0261)	(0.152)	(0.101)	(0.0156)	(0.0536)	(0.0358)

续表

Industry	信息技术	医疗保健	电信业务	日常消费品	非日常生活消费品	原材料	房地产	公用事业	工业	能源	金融
BM lag1	-0.00467	-0.00637	-0.00158	-0.00960	0.00981	0.00840	-0.0344	-0.0430	0.00168	-0.00352	-0.0348
	(0.00388)	(0.0117)	(0.0117)	(0.00895)	(0.00717)	(0.00659)	(0.0343)	(0.0277)	(0.00471)	(0.0134)	(0.0314)
Constant	0.107***	0.0817	0.258***	0.0688	0.0756*	0.139***	0.312*	0.616*	0.0967***	0.0470	0.168*
	(0.0246)	(0.0566)	(0.0959)	(0.0658)	(0.0411)	(0.0466)	(0.172)	(0.347)	(0.0283)	(0.0968)	(0.0934)
Observations	27161	5996	2164	5532	11924	11513	431	587	26180	2287	1644
R-squared	1.90%	2.20%	3.60%	3.00%	1.90%	2.40%	12.30%	9.60%	1.80%	3.40%	3.10%
Firm FE	YES	YES	YES	YES	YES	YES	YES	YES	YES	YES	YES
Year FE	YES	YES	YES	YES	YES	YES	YES	YES	YES	YES	YES

注：括号内为异方差稳健的标准误差，*、**、***分别表示在10%、5%、1%的水平上显著。

表 4 基于行业的价格有效性回归结果

Panel B PE2

Industry	信息技术	医疗保健	电信业务	日常消费品	非日常生活消费品	原材料	房地产	公用事业	工业	能源	金融
Vol	0.572***	0.497***	1.548***	0.539**	0.538***	0.804***	0.0625	0.766**	0.511***	1.275***	0.423**
	(0.0691)	(0.0964)	(0.449)	(0.225)	(0.0902)	(0.105)	(0.0737)	(0.373)	(0.0618)	(0.359)	(0.183)
Vol * Innov	-0.0427	0.0127	-0.974*	0.0481	0.0844	-0.101	8.080	3.076***	0.0952	-1.304***	0.145
	(0.108)	(0.201)	(0.501)	(0.279)	(0.192)	(0.167)	(5.116)	(1.187)	(0.129)	(0.473)	(0.277)
Innov	0.0165***	0.0130**	-0.00535	0.0168*	-0.00299	-0.00503	0.0155	0.00986	0.00513	0.00259	-0.0188
	(0.00346)	(0.00620)	(0.0122)	(0.00883)	(0.00482)	(0.00648)	(0.0234)	(0.0152)	(0.00373)	(0.0142)	(0.0210)
MM	0.0317***	0.0538***	0.0195	0.0448***	0.0269***	0.0504***	0.180*	0.0193	0.0292***	0.0331**	-0.0180
	(0.00475)	(0.00850)	(0.0158)	(0.00957)	(0.00654)	(0.00643)	(0.0934)	(0.0204)	(0.00510)	(0.0168)	(0.0220)
Rep	0.0108***	0.00833	0.00518	0.00139	0.00976**	0.00594	-0.0163	0.0222	0.00782**	0.0268**	-0.00318
	(0.00399)	(0.00715)	(0.0125)	(0.00712)	(0.00411)	(0.00498)	(0.0146)	(0.0204)	(0.00342)	(0.0112)	(0.0224)
IO lag1	-0.0200	0.0328	-0.0109	0.0524	0.0343	-0.0476	0.0460	0.420*	0.0504**	0.100	-0.0481
	(0.0261)	(0.0420)	(0.0850)	(0.0481)	(0.0252)	(0.0366)	(0.0589)	(0.235)	(0.0213)	(0.0939)	(0.0779)
PE2 lag1	0.0486***	0.0136	0.00926	0.0453***	0.0354***	0.0364***	-0.125**	0.0662	0.0442***	0.0472***	0.0749***
	(0.00777)	(0.0156)	(0.0251)	(0.0172)	(0.0123)	(0.0119)	(0.0621)	(0.0510)	(0.00789)	(0.0241)	(0.0283)
Logsize lag1	-0.00378**	-0.0112***	-0.0124**	-0.00366	-0.00222	-0.00661**	-0.0318***	-0.0359	-0.00357*	0.000348	-0.00995**
	(0.00164)	(0.00366)	(0.00572)	(0.00411)	(0.00260)	(0.00301)	(0.0104)	(0.0218)	(0.00190)	(0.00547)	(0.00498)
Volatility lag1	0.0563***	0.0432***	0.166***	0.0890***	0.0925***	0.0761***	0.261**	0.00465	0.0759***	0.121***	0.0128
	(0.0107)	(0.0165)	(0.0585)	(0.0230)	(0.0159)	(0.0177)	(0.116)	(0.0769)	(0.0114)	(0.0364)	(0.0282)

续表

Industry	信息技术	医疗保健	电信业务	日常消费品	非日常生活消费品	原材料	房地产	公用事业	工业	能源	金融
BM lag1	-0.00237	-0.00702	0.00653	-0.00744	0.00495	0.00253	-0.0265	-0.0284	0.000596	-0.0126	-0.0202
	(0.00266)	(0.00752)	(0.00741)	(0.00653)	(0.00486)	(0.00452)	(0.0226)	(0.0232)	(0.00308)	(0.00910)	(0.0227)
Constant	0.0835***	0.163***	0.216***	0.0839*	0.0778***	0.121***	0.304***	0.412*	0.0857***	0.0447	0.213***
	(0.0174)	(0.0403)	(0.0631)	(0.0445)	(0.0285)	(0.0319)	(0.116)	(0.243)	(0.0200)	(0.0604)	(0.0643)
Observations	27161	5996	2164	5532	11924	11513	431	587	26180	2287	1644
R-squared	3.80%	4.30%	5.60%	4.70%	4.20%	4.80%	14.10%	13.90%	3.50%	5.60%	5.50%
Firm FE	YES	YES	YES	YES	YES	YES	YES	YES	YES	YES	YES
Year FE	YES	YES	YES	YES	YES	YES	YES	YES	YES	YES	YES

注：括号内为异方差稳健的标准误差，*、**、***分别表示在10%、5%、1%的水平上显著。

表 5　　基于公司类型的价格有效性回归结果

Dependent variable	PE1			PE2		
Company Type	民营	国有	外资及中外合资	民营	国有	外资及中外合资
Vol	0.544***	0.496**	1.247**	0.551***	0.568***	1.362***
	(0.0415)	(0.244)	(0.592)	(0.0367)	(0.126)	(0.392)
Vol * Innov	0.125	0.754	-0.728	0.0166	0.458	-0.795
	(0.0878)	(0.562)	(0.764)	(0.0626)	(0.282)	(0.512)
Innov	0.00687**	-0.0126	0.00822	0.00729***	-0.00846	0.00172
	(0.00291)	(0.0178)	(0.0191)	(0.00194)	(0.0118)	(0.0124)
MM	0.0396***	0.0545**	0.0468*	0.0340***	0.0384**	0.0565***
	(0.00370)	(0.0246)	(0.0240)	(0.00250)	(0.0161)	(0.0175)
Rep	0.00878***	-0.0217	-0.0177	0.00944***	-0.0207	-0.00823
	(0.00266)	(0.0279)	(0.0201)	(0.00183)	(0.0207)	(0.0139)
IO lag1	0.0104	0.0215	0.185	0.0185	0.00812	-0.0269
	(0.0191)	(0.0639)	(0.191)	(0.0128)	(0.0388)	(0.128)
PE1 lag1	0.00119	0.000707	0.00429			
	(0.00444)	(0.0201)	(0.0300)			
PE2 lag1				0.0410***	0.0560***	0.0712**
				(0.00424)	(0.0208)	(0.0290)
Logsize lag1	-0.00564***	-0.00428	-0.00414	-0.00488***	-0.00217	0.000627
	(0.00135)	(0.0107)	(0.0104)	(0.000946)	(0.00698)	(0.00772)
Volatility lag1	0.0970***	0.0562	0.194***	0.0721***	0.0497*	0.158***
	(0.00838)	(0.0382)	(0.0720)	(0.00591)	(0.0282)	(0.0474)
BM lag1	-0.00175	0.0299**	0.0147	-0.00243	0.0241***	0.00370
	(0.00237)	(0.0145)	(0.0165)	(0.00160)	(0.00898)	(0.0131)
Constant	0.105***	0.139	0.0874	0.0986***	0.118	0.0511
	(0.0146)	(0.123)	(0.116)	(0.0101)	(0.0809)	(0.0857)
Observations	90613	3068	1738	90613	3068	1738
R-squared	1.70%	3.00%	3.90%	3.70%	4.10%	8.50%
Firm FE	YES	YES	YES	YES	YES	YES
Year FE	YES	YES	YES	YES	YES	YES

注：括号内为异方差稳健的标准误差，*、**、***分别表示在10%、5%、1%的水平上显著。

差异化分析结果与中观市场的行业差异化分析结果基本一致,同时,我们再一次发现做市商制度对于价格有效性的正向影响并不随着股权结构的差异而变化。此外,需要明确指出的是,具有创新特征与信息完整程度仅在民营企业中对价格有效性有有效的促进作用,这种作用并不发生在国有企业与外资(合资)企业。这也符合在目前国内市场中不同股权结构的公司对于信息披露的程度与信息披露所产生的潜在效果。基本上所有的国有企业和外资企业都具有较高的信息披露水平,正如整体有效性分析结果中所指出的,良好的信息披露能够促进对投资者的交易吸引,进而提升价格有效性水平。这同时体现出创新层与信息完整程度能够对于民营企业起到一定的信息披露作用,使其股票定价更具有效性。这一结果展现出,在宏观政策体系下的差异化监管路径,即在不同的股权结构中的监管手段与方式应进行差异化调整。

3. 信息技术行业内价格有效性分析

考虑新三板所涉及的中小微企业包含大量信息技术类型的公司,因此,本文在实证分析中将此类企业从样本中剥离出来并采取股权结构分层进行针对性的分析。表6给出了信息技术行业内企业的有效性分析结果。

表6 基于信息技术行业的分类别公司的价格有效性回归结果

Dependent variable	PE1			PE2		
Company type	民营企业	国有企业	外资企业+中外合资	民营企业	国有企业	外资企业+中外合资
Volume (scaled)	0.608*** (0.0776)	0.00127 (0.136)	0.0808 (0.899)	0.574*** (0.0710)	0.432*** (0.119)	1.131 (0.799)
Volume (scaled) * Innovation level	-0.0105 (0.143)	0.876 (0.931)	1.556 (1.083)	-0.0519 (0.110)	0.764 (0.606)	-0.495 (0.914)
Innovation level	0.0168*** (0.00522)	0.0537* (0.0278)	0.0196 (0.0417)	0.0172*** (0.00354)	0.0232 (0.0200)	-0.000806 (0.0315)
Market maker	0.0403*** (0.00716)	0.0322 (0.0413)	-0.0189 (0.114)	0.0326*** (0.00483)	0.0326 (0.0282)	-0.0350 (0.0822)
Report date	0.0162*** (0.00583)		-0.0239 (0.181)	0.0115*** (0.00397)		-0.0261 (0.0979)
Institutional ownership lag1	-0.0418 (0.0402)	0.123 (0.113)	-0.917 (0.699)	-0.0233 (0.0278)	0.0705 (0.0824)	-0.467 (0.437)

续表

Dependent variable	PE1			PE2		
Company type	民营企业	国有企业	外资企业 + 中外合资	民营企业	国有企业	外资企业 + 中外合资
PE1 lag1	0.00216 (0.00820)	0.0613 (0.0444)	0.0238 (0.0754)			
PE2 lag1				0.0460*** (0.00794)	0.0962** (0.0468)	0.0966 (0.0775)
Logsize lag1	-0.00659*** (0.00232)	0.00199 (0.0255)	-0.0342 (0.0604)	-0.00385** (0.00165)	-0.000606 (0.0176)	-0.0313 (0.0485)
Volatility lag1	0.0870*** (0.0158)	0.112 (0.0956)	0.444*** (0.131)	0.0552*** (0.0109)	0.0837 (0.0696)	0.178** (0.0760)
BM lag1	-0.00564 (0.00395)	0.00411 (0.0272)	0.0188 (0.0404)	-0.00347 (0.00269)	0.0152 (0.0184)	0.0180 (0.0320)
Constant	0.106*** (0.0246)	0.0176 (0.288)	0.526 (0.741)	0.0832*** (0.0175)	0.0475 (0.199)	0.500 (0.572)
Observations	26282	641	238	26282	641	238
R-squared	1.90%	8.60%	17.70%	3.80%	9.20%	15.60%
Firm FE	YES	YES	YES	YES	YES	YES
Year FE	YES	YES	YES	YES	YES	YES

注：括号内为异方差稳健的标准误差，*、**、***分别表示在10%、5%、1%的水平上显著。

不难发现，信息技术行业中股票价格有效性与流动性的关联同之前的分析和预测相一致，两者具有正向关联。而且，这种流动性对于价格有效性的刺激能力在民营企业中尤为明显。类似地，民营信息技术企业的创新特征与做市商制度较其他股权结构型企业具有明显的对价格有效性的促进。这项结果与上述关于股权结构进行分层的结果同时指出，对于新三板交易市场内的民营企业的针对性管理十分必要，主要原因是民营企业在信息披露、对于做市转让制度的反映程度以及涉及信息技术行业等方面关于流动性与有效定价的影响十分突出且具有自身特殊性。此外，与现有文献，如 Busch 和 Obernberger（2016）不同的是，机构投资者持股比例并未显著地提高价格的有效性。这种情况普遍出现在民营、国有、外资与合资企业。这一结果与上述分析结果相一致，共同反映出通过提高投资者门槛而大量引入机构投资者对于新三板市场内的交易促进和定价有效性不具有正向的影响。

三、新三板改革路径展望及相关政策建议

本文基于新三板股票交易市场低流动性的特征，通过分析新三板市场2016年7月至2018年8月的股票交易日度数据，考察了新三板市场中影响价格有效性的主要因素。定价的有效性是股票市场重要的交易基础，同时也是构建有效市场的主要元素。在新三板改革落地的重要阶段，科学地分析新三板股票交易市场特征、研究定价有效性关联因素具有十分重要的理论价值与实践意义。本文通过梳理相关因素并进行实证分析，结合当前新三板改革相关举措，提出进一步的政策建议和展望。

第一，本文实证结果反映出在任何情况下，做市转让制度都能够通过提升交易流动性来提高定价有效水平，说明做市转让制度奠定了新三板股票交易活力的保障，对继续保留竞争性做市商制度提供了较为明确的理论支撑。此外，围绕强化交易流动性的良好特征，调整交易制度也可形成做市商制度的合理共振。

第二，实现差异化建设，完善差异化监管。虽然实证结论表明，在研究样本中所有股票交易的流动性对定价有效性都具有正向推动作用，但是，我们能够发现，这种正向推动作用发生在不同行业中、不同股权结构的交易中。具体而言，在一些外生政策较强的行业（如房地产）以及非民营的创新层股票流动性对定价有效性发挥作用并不明显。这体现出单纯以提升定价有效性为目标而激发流动性并非在各个行业、各个类型企业都能够成为有效实际操作方式，更重要的是需要对不同行业、不同股权结构的企业进行差异化的微观政策调整。在政策差异化调整的同时，辅以差异化监管，促进配套交易的成型，使适当的投资者活跃于良性市场内，为市场交易结构进一步优化提供合理空间。

第三，明确转板机制和摘牌制度，实现资本市场带动企业内部治理提升。新三板股票交易市场改革的一大亮点在于对转板机制和摘牌制度的建设，这一点突出了资本市场从公司外部治理环境向内部治理结构的科学渗透。合理的转板机制和摘牌制度能够从新三板公司在经营过程中的治理上限和治理下限共同发力，形成企业外部环境对企业良性运转的激励相容机制，发挥企业自身能动性、构建企业的内生动力，使企业在经营过程中通过完善内部治理结构和效能、积极披露内部信息、自发遵守法律和行业法规、实现自我监督和管理、满

【市场实践】

足利益相关者福利，进而积极实现企业内容营商与守法相互融合，在形成新三板市场良性进退生态的过程中实现系统价值最大化。

此外，在转板机制设定和实施的过程中，对新三板市场和主板市场的差异性应进行充分考虑。两者的差异性主要突出在交易流动性层面，相较于主板市场，新三板市场股票具有明显的低流动性特征。因此，如何科学计量在新三板优质股票转板过程中基于流动性向主板延伸的差异化成为转板机制在理论层面需要解决的问题。围绕这一问题，对于流动性溢价的研究需要得到积极的探索和实践。具体而言，应结合新三板市场与主板中类似市场（如创业板）特征和流动性的针对性分析，计算新三板市场低流动性所产生的折价，在转板过程中将该折价纳入转板定价的标准中，平滑优质新三板股票在转板路径中有效定价。

第四，引导宏观政策向微观市场渗透，刺激新三板市场突破低流动性瓶颈。新三板市场的建立充分满足了宏观经济环境下中小企业的融资平台，建立了宏观经济政策与微观经济载体在资本运作过程中的桥梁。因此，新三板市场的另一改革方向是进一步引导宏观政策向中观行业与微观市场积极渗透，在简政放权、引入多元资金参与交易、降低投资准入门槛等方面进行科学深化与合理推进，不断激发新三板市场交易流动性和巩固多元交易层次，实现在交易结构、资金来源、交易路径等方面的高质量规范发展。

新三板挂牌公司权益变动违规情况调研报告

周 勋[*] 王 颖[**]

摘 要：新三板挂牌公司的权益变动监管规则与上市公司有所不同，对挂牌公司权益变动的监管和违规处罚也具有特殊性和复杂性。本文对新三板权益变动相关的法律法规、监管现状及存在的问题进行深入分析，提出相关意见建议。

关键词：权益变动 违规处罚 新三板

新三板作为证券公开交易市场，挂牌公司权益变动披露的制度功能与上市公司基本相同，都是为了使股东能够及时知晓其他投资者的大额股票买卖，以及由此导致的公司股权结构变化。同时，挂牌公司的权益变动监管规则与上市公司在具体制度上有所不同，新三板在交易制度、投资者结构等方面，与证券交易所也存在差异，这对挂牌公司权益变动的监管和违规处罚具有特殊性和复杂性。

一、权益变动相关法律法规概况

目前新三板市场的法律法规主要包括三个层级。

一是《证券法》和《国务院关于全国中小企业股份转让系统有关问题的决定》（国发〔2013〕49号）（以下简称49号文）。49号文规定了新三板市场主体虚假披露、内幕交易、操纵市场等违法违规行为比照《证券法》处理。

---

[*] 周勋，深圳证监局会计处处长。
[**] 王颖，深圳证监局会计处主任科员。

二是中国证监会制定的《非上市公众公司监督管理办法》《非上市公众公司收购管理办法》和《非上市公众公司重大资产重组管理办法》等部门规章。其中，《非上市公众公司收购管理办法》第十三条、第十四条、第十六条对权益变动及其披露作出规定；第三十七条规定未履行信息披露及其他相关义务的，证监会可采取行政监管措施，情节严重的，比照《证券法》第一百九十三条、第二百一十三条进行行政处罚。

三是股转公司制定的自律监管文件，与权益变动信息披露相关的业务细则包括《全国中小企业股份转让系统业务规则（试行）》（以下简称《业务规则》）、《全国中小企业股份转让系统股票转让细则》《全国中小企业股份转让系统挂牌公司股份特定事项协议转让业务暂行办法》《全国中小企业股份转让系统挂牌公司股份转让特定事项协议转让业务办理指南（试行）》和《挂牌公司权益变动与收购业务问答》等，对挂牌公司权益变动和特定事项协议转让的办理流程、注意事项进行了具体规定。其中，《业务规则》规定，对于挂牌公司及股东违反法律、行政法规和股转公司业务规定的，股转公司可以采取自律监管措施。

二、监管现状分析

目前，证监会系统对挂牌公司权益变动信息披露违法违规的处理主要有三种方式：行政处罚、行政监管措施和股转公司采取的自律监管措施。

（一）行政处罚的情况

截至 2019 年 11 月 30 日，证监会系统已对 4 单新三板权益变动信息披露违法违规案进行了行政处罚，分别是柳忠、汪腊梅违规减持"奥美格"案；深圳华彩京西物联投资管理企业（普通合伙）、晁龙违规增、减持"京西创业"案；傅伟、桂再群、顾军违规减持"优能控股"案；天津东疆地平线国际贸易有限公司、陈义发违规增持"优能控股"案。

（二）采取行政监管措施的情况

据不完全统计，广东、江苏、北京、青岛、安徽、重庆、内蒙古、海南等证监局对 14 家挂牌公司的股东权益变动信息披露违规事项采取了出具警示函的行政监管措施。

（三）采取自律监管措施的情况

股转公司对新三板权益变动违规的自律监管会根据情节轻重（持股变动比

例跨越档数的不同）采取不同的措施：对跨线一档的出具部门监管提示函，部门监管提示函仅发给公司及主办券商，不要求披露；对跨线两档及以上的（如一次交易跨越15%、20%）的相关股东会采取出具警示函的自律监管措施；对跨线次数过多或造成严重影响的，限制其证券账户交易。根据数据统计，2019年上半年，股转公司共对17家挂牌公司股东权益变动违规行为采取了自律监管措施。

三、存在的问题

（一）现有法规不完善

1. 部门规章与自律监管细则存在不匹配的情况

《非上市公众公司收购管理办法》与股转的自律监管细则规定的交易方式存在不完全对应的情况。如股转公司2018年1月取消了盘中协议转让方式，只保留了盘后协议转让方式；2018年6月对六类特定事项协议转让作出豁免其暂停交易的规定。特定事项协议转让方式及涉及的权益变动披露要求，在《非上市公众公司收购管理办法》没有明确规定，但在实践中因特定事项协议转让触发权益变动的，均遵循在办理前完成权益变动报告书披露的要求。

2. 未对限制期买卖股票行为规定相应的罚则

《非上市公众公司收购管理办法》第十三条规定了投资者及其一致行动人权益变动达到一定比例后需履行信息披露义务并暂停交易。第三十七条规定，未按照本办法的规定履行信息披露以及其他相关义务情节严重的，比照《证券法》第一百九十三条和第二百一十三条进行行政处罚；但未对限制期买卖股票行为规定相应的罚则，也未规定可以比照《证券法》进行处罚。

新三板市场已有的4单权益变动违规的处罚判例均依据《证券法》第一百九十三条，对当事人权益变动未披露的行为予以警告，处以20万~30万元罚款；同时还依据《证券法》第二百零四条对当事人限制期内买卖股票的行为分别处以30万~120万元罚款；其中2单涉及公司行为的，对直接负责的主管人员也给予了警告和罚款。有当事人提出，依据《证券法》第二百零四条对限制期内买卖股票行为进行行政处罚，存在法律依据不明确。

（二）监管标准不统一

由于证监会未针对新三板各类违法违规行为制定具体的立案标准和行政监管措施实施细则，因此各派出机构在新三板监管中对同类违规行为出现了标准不统一的情况。部分派出机构对新三板权益变动信息披露违规行为立案并进行行政处罚（4单处罚判例的交易时间均发生在2014～2016年市场交易活跃、少量挂牌公司股价波动幅度较大期间）；部分派出机构采取了行政监管措施；部分派出机构在股转公司采取自律监管措施后，未再进行行政处理。

（三）挂牌公司和主办券商对法律法规理解不到位

新三板挂牌公司准入门槛低，公司、股东，甚至部分主办券商对法律法规理解不到位，是导致股东权益变动违规现象频发的原因之一。一是新三板挂牌公司在挂牌时仅要求依法存续满两年，业务明确、股权清晰、依法规范经营、公司治理健全，前端准入标准明显低于上市公司IPO的要求，股东的法律规范意识也比上市公司股东要弱。二是主办券商专业胜任能力不足，部分从业人员对权益变动相关法律法规也不熟悉。如在深圳证监局查办的案件中，当事人在申辩材料中表示其主观上无违规交易之故意，对新三板法规不甚了解，收购方案为委托主办券商制定。三是新三板挂牌公司的权益变动披露规定与上市公司存在差异，如上市公司权益变动披露义务的触发起点是投资者及其一致行动人拥有权益的股份达到一个上市公司已发行股份的5%，而新三板挂牌公司则是10%；首次触发权益变动披露后，拥有权益的股份占该上市公司已发行股份的比例每增加或者减少5%，也应当继续披露；而新三板挂牌公司的披露标准则是每达到5%的整数倍时应当继续披露。这类披露时点的差异，投资者常因不熟悉新三板的权益变动披露要求而出现违规。

（四）行政处罚执行难度较大

当事人对权益变动信息披露违规类案件的行政处罚结果存在异议，行政处罚执行难度较大。在深圳证监局作出的2单行政处罚中，当事人认为其违规行为未对社会公众造成不良影响，也披露了权益变动报告书，市场同类违规交易时常发生但未受处罚，因此当事人对行政处罚存在较大异议。

四、意见建议

（一）理顺相关法律法规

一是理顺与新三板权益变动相关的法规体系。针对《非上市公众公司收购管理办法》与股转公司的自律监管细则不匹配的情况，建议结合新三板改革，对权益变动相关的法律法规及自律监管规则进行全面梳理，对其中规定不明确的地方及时修订完善。

二是建议放宽新三板权益变动导致暂停交易的相关规定。鉴于新三板目前交易不活跃，严格的权益变动规定会进一步抑制市场交易活跃度，建议充分考虑新三板现有情况，参照上市公司的相关规定，适当放宽新三板权益变动信息披露与暂停交易的相关规定，并考虑是否需要对限制期买卖股票行为规定相应的罚则。

（二）明确新三板监管标准

针对新三板挂牌公司股东违法违规行为尚无明确的立案标准和行政监管措施实施细则，建议根据新三板分层情况，制定适用的行政监管措施实施细则，指导派出机构统一监管标准。

鉴于新三板公司法规意识普遍较弱、涉众程度不如上市公司、权益变动信息披露违法行为对市场影响程度较小、当事人主观故意不明显、新三板权益变动信息披露的法律规定比上市公司更为严格等原因，建议按照《行政处罚法》关于"违法行为轻微并及时纠正，没有造成危害后果的，不予行政处罚"的原则，充分考虑新三板市场违法违规行为对新三板市场的危害后果和程度，对权益变动信息披露违法违规行为可以采取行政监管措施或日常监管措施，提高监管效率，避免行政执法资源的浪费，也更易被股东和市场接受，达到更好的教育效果。

（三）加强对新三板挂牌公司及股东的法规培训

在深圳证监局查办的新三板权益变动信息披露违法违规案中，当事人均表示主观上无违规交易之故意，是因为对《非上市公众公司收购管理办法》第十三条的规定理解不到位，导致违法违规。针对上述情况，建议由股转公司在官网或相关培训中增设权益变动专题，为挂牌公司及主办券商梳理讲解权益变动相关法律法规，提高挂牌公司股东的重视和理解程度。同时，地方派出机构可联合股转公司加强对挂牌公司的法规培训，要求挂牌公司及股东规范履行信息披露义务，避免无知违规。

【市场实践】

股票定向增发收益补偿协议中的操纵问题[①]

缪因知[*]

摘　要：为了应对上市公司非公开发行（定向增发）股票的持股限售期要求带来的贬值风险，实践中上市公司或控股股东会与认购者签订回购或收益补偿协议，并由此产生操纵股价的动因。此类收益补偿协议本身具有效力，但若当事人明确约定了拉抬固定股价的目的，就可能会被民事法庭认定构成操纵市场，丧失民事效力。法院原则上有权独立于证券监管执法机构来认定操纵市场的存在，但基于《合同法》第五十二条的哪一项来认定合同无效，仍然有讨论的空间。

关键词：定向增发　操纵市场　大东南集团案

一、股票定向增发中的操纵风险与规制

（一）定增操纵出现的原因和形态

股票定向增发（以下简称定增）是指已经上市的公司向少量（目前我国是不超过10名）、特定的、非公众投资者以非公开的方式发行股票。《证券法》本身只对定向增发做了原则性的规定，目前主要的操作性规则是证监会《上市公司证券发行管理办法》（2006年）、《上市公司非公开发行股票实施细则》（2017年2月修订）。

对增发对象而言，参与增发的主要收益在于定增发行的低价格带来的缓冲

---

[*]　缪因知，中央财经大学法学院副教授。
[①]　本文受司法部"国家法治与法学理论研究项目"（18SFB3033）资助。

垫，即《上市公司证券发行管理办法》允许投资者以不低于定价基准日前二十个交易日公司股票均价的百分之九十的价格认购股票，即预先打了九折。故只要在定价基准日十二个月内，公司股价没有比基准日跌满10%，认购者就有利可图。在《上市公司非公开发行股票实施细则》2017年2月修订前，这个定价基准日甚至可以是实际发行日之前一年以上的董事会决议日、股东会决议日，故价格折扣更为显著。

对增发对象而言，参与增发的主要风险在于持股锁定期。按照证监会规章的要求，在内部人或战略型占投资者认购的情形下，即上市公司的控股股东、实际控制人或其控制的关联人、通过认购本次发行的股份取得公司实际控制权的投资者、董事会拟引入的境内外战略投资者认购的，认购的股份自发行结束之日起36个月内不得转让。外部投资者认购的，认购的股份自发行结束之日起12个月内不得转让。

在定增实践中，为了定增顺利实施，即令投资者认为公司有投资价值，发行人或实际控制人甚至确定要认购的对象会有激励在确定定向增发发行基准日时打压股价；或是在定增发行价格基准日确定后的实际发行日抬高市场价格。当市价低于已经事前确定的增发价时，发行人更有抬价操纵以保证发行成功的动机。同样，当定增限售期满时，如果市场价格低于发行价，为避免认购者不满、影响日后增发，发行人或实际控制人也会有动机抬高市场价格，以便认购者能卖出获利或减少亏损。

此外，一些上市公司为了定增顺利实施，会通过自身或控股股东与外部认购者签订对赌性质的协议，或向外部认购者单方承诺如果12个月锁定期满时股价不如预先约定的标准、导致认购者出现亏损，就予以回购或固定收益补足。如果锁定期满时股价符合预先约定的标准，就不发生回购或收益补足。显然，上市公司也有激励在增发对象持股锁定期满时，令股价维持在高位，以便无须履行回购或补偿协议。这同样可能诱发操纵行为。

从操纵渠道看，上市公司或关联方人员很少直接以实名账户操作，多是使用第三方账户操作，也出现过委托独立第三方以其自有资金直接操作或者通过私募基金借道信托账户操作，控股股东承诺改独立第三方能获得保底收益。

从操纵手段看，既有交易手段、也有信息手段，主流的是资金拉抬与上市公司信息发布二者混合操作,包括所谓市值管理。①

(二) 定增操纵的规制

定向增发中的操纵并非只在我国发生。事实上,境外法域已经对其多有规制。

2000年,国际证监会组织《调查与起诉市场操纵》报告指出,证券发行显示出特别的市场操纵机会与诱因。围绕证券发行的操纵行为既包括拉升作为发行价格基准的市场价格以获取更大的发行收益,也包括为使发行成功去稳定市场价格。②

1996年美国证交会的规章M（Regulation M,2005年修订）禁止拉抬证券发行价格从而增加发行收益,或为避免发行期间或者紧随其后的期间内的二级市场股价下跌而以实际交易、研究报告等方式影响股价;并对稳定交易（安定操作）、实施财团包销交易和施加惩罚性报价等人为影响股价的活动规定了严格条件与报告要求。

2003~2004年,台湾洪氏英科技公司为获得银行团高额贷款,计划实施增资10亿元新台币,以满足银行提出的降低资产负债率要求;为吸引投资者,公司实际控制人洪登顺提供了数千万元资金,以40个人头账户大量买卖公司股票。后洪登顺等人被高雄法院判处有期徒刑。

在2014年之前,中国证监会倾向于认为操纵市场仅限于追求二级市场买卖价差的行为,而且在股市长期低迷、上市公司再融资困难的背景下,监管者对拉抬股价行为的容忍度也较高。③ 2014年,恒逸集团公司操纵恒逸石化股票案为首次处罚上市公司增发股票中的股价操纵,也是首次处罚非买卖目的操纵。④

在恒逸案中,证监会认定:2011年11月起,恒逸石化市场价格大幅低于2011年6月确定的定向增发价格,而控股股东恒逸集团又不想放弃按原价位增发的计划,其财务负责人遂借用两个自然人账户,动用3000万元资金连续集中买入恒逸石化,以维持、拉抬股价。由于控股股东操纵价格的意图甚明,尽

---

① 张子学. 首例上市公司增发股份操纵股价处罚案分析与启示 [J]. 清华金融评论, 2014 (12).
② IOSCO, Investigating and Prosecuting Market Manipulation, 2000. http://www.iosco.org/library/pubdocs/pdf/IOSCOPD103.pdf.
③ 张子学. 首例上市公司增发股份操纵股价处罚案分析与启示 [J]. 清华金融评论, 2014 (12).
④ 证监会行政处罚决定书〔2014〕41号。

管交易金额、持股比例、对市场价格的影响均较小,也未能对恒逸石化的交易价格或交易量产生显著影响,恒逸方也因此等行为实际亏损737万元,证监会还是认定这构成了《证券法》第七十七条"集中资金优势""连续买卖"的操纵市场行为。

二、约明稳定、拉抬股价目的的定增收益补偿协议的无效风险

定增保底协议的扭曲性曾遭到学者的严词批评,认为该协议不具有法律效力。① 但目前,定向增发中的回购或补偿承诺及相应协议的效力并非不会被法院认可。如李爱娟诉浙江大东南集团公司案中,原告李爱娟2011年7~8月采用了复杂的双重间接认购方式,先是安排沈利祥作为隐名代理人,再由沈和信托公司签订名为收益权转让、实为融资购买股票的协议,又由信托公司购买了上市公司浙江大东南包装股份的定向增发股份。一审法院认为李爱娟的证据不能证明与上市公司的关系,判决她败诉,但浙江高级法院二审重新梳理了事实,判决李爱娟胜诉,被告上市公司控股股东按照15%的收益率支付补偿款近7000万元及利息。②

但此类协议并非必然会被司法机构认定为有效。与李爱娟案几乎同时,2011年6~12月大东南集团也安排沈利祥等人购买大东南股票,并承诺对他们补足差价、避免在日后卖出时承担损失(2011年8月,大东南公司被核准非公开发行股票)。

由于大东南集团拒绝向沈利祥兑现收益补偿承诺,沈利祥通过媒体声讨了公司的违约行为,公司请求判令确认沈利祥持有的承诺函无效;并要沈利祥赔偿对外使用承诺函造成大东南公司的股价损失5000万元,沈利祥则同时提起了反诉,要求支付差价。

杭州中级人民法院认可了承诺函的真实性,但在审理中,发现大东南集团与沈利祥的上述协议明确提及了合同目的是稳定和维护大东南的股价,以便配合第一次定向增发限售期届满、第二次定向增发筹划期间的高市价需求,故法院认为这是拉抬股价的行为,承诺函的内容涉及操纵证券市场,扰乱证券市场

---

① 邢会强. 我国资本市场改革的逻辑转换与法律因应 [J]. 2019 (5): 35.
② (2015) 浙商终字第144号判决。定向增发的股东保底收益条款有效的判决还可见宁波正业集团案,(2013) 沪一中民四 (商) 终字第574号判决。

秩序，侵害投资者的合法权益，应认定为无效。①

撇开交易结构的繁简不论，李爱娟和沈利祥与大东南集团签订的都是定向增发股份认购的收益保底协议，二者合同主体也存在密切的关系，一个被认定有效，一个被认定无效，其本质区别何在？

笔者认为主要在于证据支持的主观目的不同。在对操纵市场的基本分类中，沈案涉及的行为是动用真实自有资金购买证券的真实交易行为，最多属于力量型/真实交易型操纵。较之对敲、洗售等不转移证券实际控制权的虚假交易行为，通说认为，真实交易行为并不属于本身违法，而应结合主观目的方面的证据来认定。②

沈案判决书强调了"沈利祥关于大东南公司要求其持续买入大东南股票以拉升股价，从而使大东南股份公司能以较高的股价进行第二次定向增发的陈述"③的主观方面的证据配合了"承诺函的落款时间正处于大东南股份公司第一次定向增发限售期届满、第二次定向增发筹划期间"的客观方面的证据，能够认定沈利祥合谋操纵。本案直接诉争的差价支付，成为操纵交易人（购买人）实施操纵行为所获得的对价之一。

美国《证券交易法》第9（a）（6）节规定，为了盯住、固定、稳定证券价格的目的（For the Purpose of Pegging, Fixing, or Stabilizing the Price of Such Security）而实施的违反证交会规则规章的交易是违法的。我国《证券法》未明确规定固定价格是操纵的表现形式，证监会《证券市场操纵行为认定指引（试行）》第四十一条则规定在特定时间的价格或价值操纵，是指行为人在计算相关证券的参考价格或者结算价格或者参考价值的特定时间，通过拉抬、打压或锁定手段，影响相关证券的参考价格或者结算价格或者参考价值的行为。第四十二条规定，特定时间是指计算相关证券的参考价格或者结算价格或者参考价值的特定时间。这些规定可提供参考。大东南股份公司第一次定向增发限售

---

① （2014）浙杭商初字第46号判决。
② 如彭冰．证券法学（第二版）[M]．北京：高等教育出版社，2005；汤欣，高海涛．证券市场操纵行为认定研究 [J]．当代法学，2016（4）：107．（强调是否具有制造证券交易活跃的假象或诱使他人跟风买卖证券的主观因素）；邢会强．证券法学 [M]．北京：中国人民大学出版社，2019．
③ 判决书显示，大东南集团表示承诺函上的公司公章是沈利祥偷盖的，保底价买卖股票是操纵股票价格的违法行为，并否认与沈有此类约定。由于涉及敏感的金融交易行为合法性认定，即便原告并未提出固定拉抬价格的主观意图，被告这种主动"污名化"收益补偿协议的表述，也有利于降低法院认可收益补偿协议效力，判决其履行补偿义务的可能性。

期届满、第二次定向增发筹划期间可以算是特定时间，拉抬固定价格有利于限售股东高价出售股票获利，并吸引新股东以高价认购，客观存在的操纵动机符合当事人对操纵主观目的的说明。

相比之下，李爱娟案虽然实质上可能与沈案一致（李案事实显示，沈李本身关系密切），但并无主观方面的证据。我们需要从欺诈的本质来理解操纵市场。若行为人通过购买行为拉抬、固定股价的目的是诱导他人买入，以便自身在高位卖出股票，或在增发时配合制造假的市场价格参照基准，自然构成欺诈和操纵市场。但若证据只能指向股东之间关于认购定增股票的补偿协议，则不足以认定操纵市场的存在。尽管控股股东此举可谓鼓励了外部投资者来购买股票，但不足以认定双方签订收益补偿协议的真实意思在于实质否定此项认购发行行为的价值，却作出有意认购的虚假意思表示。毕竟，上市公司从李爱娟处真实吸入资金是有利的。李爱娟实际上也可能认为认购定向增发股份是有利的，限售期届满时，她有望以市场价格出售而获利。只是与此同时，她也希望在未来的市场价格不利时，获得保底的收益，故这是一种股债混合的投资方式。

换言之，在签订协议时，大东南集团不预期必然会触发收益补偿义务。这种协议具有对赌性质，外部投资者买入公司股票，在限售期满时，若股价高于约定值，则控股股东无须再有付出；若股价低于约定值，控股股东再予以回购或补偿。其中，若控股股东回购的话，财务效果相当于控股股东当初以同等水准的利率向外部投资者借入资金，认购了增发股票，即可以视为控股股东自行购买股票的变体。这种行为如果不与行为人特定的主观方面证据或特定的价格敏感期间（如增发定价基准期）关联，并不必然构成操纵，而需另行寻找证据。

值得注意的是，实践中还有更复杂的增发收益补偿＋利润分享的协议模式。在贵阳工业投资公司（以下简称工投公司）诉明朝勇案中，明朝勇和工投公司分别作为优先级和劣后级投资者以 2∶1 的比例设立了证券公司集合资管计划，认购了上市公司贵州轮胎的定向增发股票。双方约定，若限售期满时股价下跌，劣后级投资者以投资额为限补偿优先级投资者，保证其享有 8% 的收益，若股价上涨，需要把 8% 以外的部分超额收益交付给优先级投资者。

在此等协议中，双方的权利义务更复杂。与大东南的模式相比，认购者的保底收益率较低，但收益无上限，只是需要与劣后级投资者分享。这在本质上

【市场实践】

类似于一种证券交易配资，但其合同效力一般被法院认定为无效。① 只不过配资交易的标的并非投向二级市场股票，但本案协议的效力受到最高法院的支持。②

三、法院主动认定操纵存在和合同无效的法理评析

尽管一般负责认定操纵市场的公权力主体是中国证监会，本案也不是直接针对操纵的民事侵权诉讼或刑事诉讼，但民事法庭在审理民事合同的效力时，主动审查合同的基础关系的合法性，原则上可以讲在其权限范围内，但存在讨论余地。特别是，尽管沈利祥曾经向证监会举报过大东南集团操纵股价，据检索证监会行政处罚数据库和公开信息，证监会从未就操纵事由处罚大东南集团或沈利祥，民事法庭的这一做法是否过于激进？

尽管沈案涉及的是单方承诺函，但这同样是一种单务合同，且可以认为与沈的定增认购合同构成一体，故法院认定该承诺函无效的基本依据仍然必须是《合同法》第五十二条。基于存在操纵目的而认定其无效，到底是基于《合同法》第五十二条的哪种理由？

第五十二条规定，有下列情形之一的，合同无效。

（一）一方以欺诈、胁迫的手段订立合同，损害国家利益；（二）恶意串通，损害国家、集体或者第三人利益；（三）以合法形式掩盖非法目的；（四）损害社会公共利益；（五）违反法律、行政法规的强制性规定。

综合来看，操纵行为损害了市场的有效性、公平、效率，似乎可以与社会公共利益挂钩，但这不可避免地会产生社会公共利益泛化的问题。

违反法律、行政法规的强制性规定的条文，也不宜在此用作否定相关收益补偿协议效力的依据。2009年最高法院《关于适用〈合同法〉若干问题的解释（二）》第十四条规定，合同法第五十二条第5项规定的强制性规定，是指效力性强制性规定。法律或司法解释没有直接界定效力性强制性规定。一般认为，效力性强制性规定是指法律、行政法规直接指明的某类合同或合同条款应当无效的强制性规定。与之相对的是管理性规定，即法律、行政法规从公法管

---

① 缪因知. 证券交易场外配资清理整顿活动之反思 [J]. 法学, 2016 (1)；缪因知. 证券交易场外配资合同及其强平约定的效力认定 [J]. 法学, 2017 (5).
② (2017) 最高法民终492号判决（直接的诉讼标的是认购者应当返还的共享部分的股票买卖差价收益）。

理的角度规定行为主体应当或不得作出某些行为。尽管这些被强制要求实施或不实施的行为涉及合同，但合同本身的效力不受其影响。此种区分的合理性在于区分民事契约的私法效力和服从行政管理的公法效力。适格当事人依法自愿产生、改变、终止民事法律关系是依据意思自治产生的私法后果，不服从行政管理产生的是公法责任，二者不宜混同。当事人的私法意愿被外部规则阻却产生效力的理由，只应该是法律、行政法规本身禁止或限制了特定民事关系的形成。①

《证券法》禁止操纵市场行为，而且操纵市场禁止规范有民事责任条款配套，不能讲这种禁止性规范只是代表了行政管理秩序规范。法律并未直接认定这种在定向增发期间签订收益补偿协议，并有拉抬股价意图的行为是操纵市场。若将违反法律、行政法规的强制性规定作为否认合同效力的理由，意味着存在二重的法律推定，即先把此等非常见协议所依托的基础行为推定为操纵市场，再把此等具有操纵市场目的的协议推定为违反法律强制性规定，论证逻辑更为跳跃。

值得提及的是，在本案中，大东南集团要求沈利祥赔偿损失的诉讼请求也被法院驳回，理由在于：第一，证据均不足以证明沈利祥主动通过网络、新闻媒体等媒介公开张贴承诺函的事实；第二，大东南股票市值波动可能因多种因素造成，所以大东南主张的股票价值损失5000万元的诉请缺乏依据。

笔者认为，沈的行为事实似乎并非不清，沈自己只是辩称在向证券监管机构投诉后，媒体才来主动追踪报道。但既然法院认为沈的维权缺乏法律依据，且这是沈自身故意参与了违法行为所致，则他向证券监管机构举报，并由此导致多家媒体跟进报道的行为，与主动通过网络、新闻媒体等媒介公开张贴承诺函并无本质区别。从法律关系看，既然沈利祥无权基于无效合同声讨公司的拒绝承诺行为，那么沈指责公司违约，似乎是有侵犯名誉权之嫌。不过，法院认为损失无法证明的立场值得赞赏。在实务中，诸多损害商业信誉、商品声誉的判决在认定损失幅度、致损原因上存在着误读。② 本案判决的审慎立场更为适宜。

若法院认定损害事实成立的话，在法律上似乎也可认为这是一种被侵权人自身存在过错的情形，或鉴于违反承诺的事实确实存在，判决驳回大东南的诉讼请求。

---

① 缪因知. 论利率法定与存款合同意思自治的冲突 [J]. 中外法学，2014（3）：755.
② 缪因知. 损害商誉罪适用研究：自舆论监督的视角 [J]. 法治研究，2017（2）.

金融科技

科技监管创新在新三板的应用

——基于国内外案例比较分析

李 勇[*] 诸海滨[**]

摘 要：随着金融科技的兴起，各国监管机构纷纷开始探索如何将科技与传统监管方式相结合，并以此提高监管效率与监管质量。本文结合新三板目前的监管问题，借鉴国内外监管科技创新的案例，从新三板差异化分层监管的理念出发，结合A股、新三板历史上的公司风险事件、交易异常行为、财务风险案例、信息披露等问题，针对精选层、创新层、基础层各自的公司发展阶段、交易等特点分别设计相应的评价模型，最后对新三板的科技监管提出建议与展望：（1）精选层公司需要重点关注基本面维度模型（用以筛选排序"头部"和"尾部"公司）和财务风险识别模型；（2）创新层公司除了需要关注财务风险以外，由于交易制度和股权分散度不同于精选层，还需借助交易异动模型来监测风险；（3）基础层公司根据是否有过融资或交易，需要重点借助信息披露模型来识别潜在风险事件，以及交易异动模型配合监测。

关键词：监管科技 企业画像 信息披露

一、科技监管创新的背景

（一）外部环境发展

全球范围内科技监管创新的探索不断深入。随着大数据、人工智能、云计

---

[*] 李勇，安信证券股份有限公司副总裁。
[**] 诸海滨，安信证券研究中心总经理助理。

算等新兴技术的兴起，科技对于人们生活的方方面面都有着潜移默化的影响。近年来，科技产业的迅速发展也为传统行业带来了活力，二者相互结合，相互促进，继金融科技（FinTech）、合规科技（CompTech）之后，人们开始探索如何将科技与传统的监管行业接轨，为监管行业注入新的动能。为此，世界各国（地区）都开始对于"科技+监管"这一全新形式的探索（见表1）。

表1　　　　　　　　　各国（地区）科技监管实践

国家（地区）	科技监管发展状况
英国	英国金融行为监管局（FCA）于2015年提出监管科技（RegTech）概念，即利用科技满足监管需求，提高监管效率，并在此基础上提出了许多诸如监管沙箱、数字监管报告（Digital Regulatory Reporting）等监管创新项目
美国	美国在反洗钱、合规及消费者保护方面将监管与科技有了较为成熟的应用，同时美国证券交易委员会（SEC）也在人工智能应用于金融监管方面进行探索与投资
新加坡	新加坡建立了电子KYC平台，采用Myinfo信息数据库与政府及银行对接
澳大利亚	澳大利亚证券与股票交易委员会（ASIC）成立专业小组致力于监管与科技方面的创新
中国香港	香港金融监管局（HKMA）以英国监管沙箱为借鉴根据其实践经验推出金融科技监管沙箱2.0，并宣布全球金融创新网络计划，推动国际间的金融创新跨界监管

（二）顶层制度设计

我国对于科技与监管的结合也在不断地进行创新与摸索，顶层设计框架不断清晰化、全面化。2017年5月，中国人民银行官网公布成立了金融科技委员会，委员会致力于强化监管科技（RegTech）应用实践，积极利用大数据、人工智能、云计算等技术丰富金融监管手段，提升跨行业、跨市场交叉性金融风险的甄别、防范和化解能力。2018年8月，中国证监会发布了《中国证监会监管科技总体建设方案》，标志着证监会完成监管科技顶层设计，进入全面实施阶段，并明确了监管科技工作的核心就是要建设一个运转高效的监管大数据平台，综合运用电子依据、统计分析、数据挖掘等技术，围绕资本市场主要生产和业务活动，进行全方位监控和历史数据分析，辅助监管人员及时发现市场主体涉嫌内幕交易，市场操作等违法违规行为。目前，证监会已基本建成监管科技3.0的规章制度体系，证监会监管科技3.0的实施方案中也明确了七个重要的分析方向以及六大基础分析能力。我国监管机构以及致力于发展监管科技的企业也朝着这一目标展开了一系列的探索与创新（见表2）。

表 2　　　　　　　　　　监管科技 3.0 实施方案

重要分析方向	行政许可类辅助分析	基础分析能力	关联账户分析
	公司信息披露违规及财务风险分析		财务报表分析
	经营机构违规行为及财务风险分析		实体画像
	证券期货服务机构尽职行为分析		交易异常检测
	市场运行分析		舆情分析
	违法交易行为分析		金融文档分析

资料来源：《中国证监会监管科技总体建设方案》。

（三）底层市场需求

从底层市场的角度，如何利用大数据、人工智能等新型技术提高市场的审查、监管效率成为亟待解决的课题。新三板因为其特殊的市场地位和制度架构，为科技监管提供了广阔的应用场景。具体来说，新三板公司在法律意义上不属于上市公司，其信息披露相较于主板和创业板而言较为宽松，且新三板公司多以中小企业为主，存在着公司内部治理结构不健全，企业内控系统不完善，信息披露相关人员专业素养参差不齐，公司控制权比较集中等问题，因此在过去的 6 年里，新三板的风险事件时有发生，也从侧面说明新三板的监管与审查仍有较大的改进空间。

二、科技监管创新的实践

（一）国外的实践经验

科技对监管的帮助主要表现在数据搜集及数据分析两方面，新兴的大数据、云计算、人工智能等技术可以迅速收集满足监管需求的必要信息并进行数据分析，实现对公司各个方面情况的精确刻画以及对未来可能发生的风险进行实时预警，大大降低了传统监管机构的人力成本。各国的监管部门在这一领域都进行了探究以及应用，以美国为例，美国负责市场监管的主体包括美国证券交易委员会（SEC）、交易所以及美国金融监管局（FINRA）三类，本文将以美国纳斯达克证券交易所与美国证券交易委员会（SEC）在科技金融方面的研究成果为例，介绍国外对于科技监管的探索。

1. 纳斯达克证券交易所（NASDAQ）的科技监管创新

在资本市场交易日渐繁杂的背景下，如何有效地利用交易所获取的数据对每日的交易进行剖析从而发现隐含在其中的风险，越来越成为全球各大交易所关注的问题。在这一方面,美国的纳斯达克证券交易作出了多种尝试(见表3)。

表3　　　　　　　　美国纳斯达克证券交易所的科技监管创新①

监管科技创新	简介
Linq 数字股权	Linq 技术能够帮助非上市企业使用基于区块链的数字方式代表股权,使发行人和投资者都可以在线处理文件,减轻了行政负担
ChainCore 区块链平台	与花旗集团联合推出的区块链平台 ChainCore,可以通过分布式分类记账和传输支付指令,实现直接支付处理并自动进行对账
Nasdaq Financial Framework 系统	推出 Nasdaq Financial Framework 系统,为全球超100家市场运营者提供区块链服务
SMARTS 市场监督技术	部署 SMARTS 市场监督技术,实时监控交易信息并调查分析以保证市场操作的安全性

SMARTS 原是澳大利亚悉尼的一家证券市场自动化研究培训与监控公司,2004 年起该公司已奠定了其在资本市场风险监控领域的领先地位。2010 年,SMARTS 公司被美国 NASDAQ – OM 集团收购。之后,美国纳斯达克证券交易所尝试将多种新技术在监管方面加以改进,通过不断的研究和摸索,推出了以 SMARTS 命名的智能市场监控系统,该系统是一种跨市场、跨资产的监控工具,能够实时将历史数据与检测模式相关联,以跟踪非法市场活动,纳斯达克交易所能够利用该系统以实现实时交易和盘后交易监控、预警(见表4)。

表4　　　　　　　　SMARTS 系统的主要功能

功能	简介
监控和预警信息流程化处理	利用40余种程序查找可能的市场不当行为或者市场操纵,在对异常交易行为发生后其报警生成时间小于1秒,支持分析人员和研究人员迅速有效地作出处理
市场滥用交易行为监测	系统研发设计了算法来捕获多种涉及多个地区的市场滥用交易,并且降低了误报率,产生更有效的监控效果
监控可视化	提供图形化的数据,使分析人员快速洞察市场滥用行为,并且能够让非金融专业人士也能理解该系统识别的异常交易行为

---

① 何海锋,银丹妮,刘元兴. 监管科技(SupTech):内涵、运用与发展趋势研究[J]. 金融监管研究,2018,82(10):69-83.

续表

功能	简介
动态数据库	系统的计算机模型使用复杂的算法，采用了35000个参数，这些参数基于历史数据进行每日更新，并根据当前市场活动实时校准
跨品种监控	在基础产品被显示发生异常交易时，它的所有衍生品也会被突出显示受到监控
跨市场监控	系统能够整合多种数据，能够对国内及国际市场上的股票、期货、期权等跨市场交易进行监控

资料来源：完善我国期货市场风险监控系统的研究。

目前，全球已有洲际交易所（ICE）、纳斯达克交易所（NASDAQ）、香港交易所（HKEX）等几十个交易所使用 SMARTS 风险监控系统，且中国香港、新加坡、澳大利亚、英国金融服务监管局等监管层也在使用 SMARTS 监管系统。2014年9月，上海期货交易所率先在国内证券、期货交易所中引进 SMARTS 风险监控系统，用作自有智能监察系统的辅助和验证。通过实时筛查市场数据、侦测交易异常状况，达到监督市场交易活动的作用。

2. 美国证券管理委员会（SEC）的科技监管创新

与纳斯达克证券交易所主要在市场交易方面进行金融创新相比，美国证券管理委员会偏向从交易数据与财务报告两方面同时着手，以科技赋能监管，如表5所示。

美国证券管理委员会也面临着监管效率与监管质量提高的问题，早在2009年美国证券管理委员会就设立了经济与风险分析部门以提供宏观经济与风险的预测分析，此后该部门提出引入以计量为基础的成本效益分析，为科技在监管方面的介入打下了基础。2013年4月8日，美国证券管理委员会新主席上任后，进一步加强了美国证券管理委员会的执法调查工作，并将调查的重点定在企业财务会计的舞弊这一主题上来。2013年7月2日，美国证券管理委员会宣告成立财务报告（Financial Task Force）和审计紧急部门（Analytics Group）以将大数据技术运用到财务舞弊调查中，如表5所示，美国将大数据技术与美国证券管理委员会的信息优势相结合，推出了多种科技监管创新项目。此外，美国也在探索人工智能等技术监管方面的应用，美国证券管理委员会同时也在利用机器学习对投资者的行为进行预测，特别是包括潜在的欺诈和监管渎职在内的市场风险评估方面的预测，届时公司管理层结构混乱以及内幕交易等不当行为将会得到更加有效的监管。

表5　　　　美国证券管理委员会（SEC）的科技监管创新①

监管科技创新	简介
可扩展商业报告语言 XBRL	推出可扩展商业报告语言（XBRL），该技术可以准确、快速地处理商业数据，并自动对企业信息进行深度分析与行业对比，可以将报表以不同的形式提供给不同的使用者，提高了数据的质量
市场信息数据分析系统 MIDAS	使用市场信息数据分析系统（MIDAS）监控股票市场，该系统每天可处理40亿条交易记录，准确把控市场动向，保证市场交易的合规和安全
机器学习算法 LDA	分析信息披露文件以提前识别可能出现风险的领域
高级相关交易调查系统 ARTEMIS	通过 ARTEMIS 系统，监管人员可以通过该系统分析个人或机构买卖员买卖证券的记录，并对交易规律进行分析以识别潜在的内幕交易
中央及各级数据库 CAT	建立中央各级数据库（CAT），与各级交易所统一管理交易信息以解决证监会信息有限的问题，以此更加深入地挖掘与分析可能的犯罪行为

（二）国内的实践经验

中国金融科技产业发展程度位居世界前列，在大数据、人工智能、云服务、第三方支付以及云服务行业都有着显著的成就，相比之下，我国监管科技起步晚，基础较为薄弱，与英、美等发达国家相比还有较大的提升空间。本文以国内的三个最新的监管科技产品为例，介绍国内监管科技的发展状况，并阐述其在新三板对于中小企业方面的借鉴意义。

1. 深交所推出企业画像

交易所作为上市公司监管的第一道防线，监管手段也在不断丰富，科技赋能对于提高监管效率和范围具有至关重要的作用。为此，深交所推出了其自主研发的智能监管辅助系统——企业画像。画像这一概念最早与用户联系在一起，大数据的发展可以使企业利用用户数据进行画像，然后以此进行精准营销。以淘宝为例，其可以通过用户画像对客户的信息予以分析，以用户的消费层次、消费偏好等一系列信息为依据，通过建立算法，为不同的顾客推荐不同的商品。既然企业和商家可以通过用户的行为利用大数据对消费者进行刻画，监管层自然也可以对企业进行刻画，二者不同之处在于，企业对客户的刻画在

---

① 李根，王平. 运用监管科技（RegTech）革新金融大数据应用的监管［C］//新时代大数据法治峰会——大数据、新增长点、新动能、新秩序论文集. 2017.

于营销，而监管层对企业的刻画主要出于风险监控、辅助审查等目的。为此，通过将现有的科技理念与监管相结合，深交所于 2016 年底启动研发企业画像项目，将大数据等新技术引入监管。

截至 2020 年 2 月 10 日，深交所共计 2211 家企业，2019 年需要审核的上市公司报告文件或超过 30 万份，根据历年历史数据，监管机构或需向上市公司发出各类监管函件 5000 余份，要审核数量如此巨大的文件，只靠监管人员人工操作显然是不可能的，为此，深交所的企业画像能很好地体现出大数据的优势，总体而言，企业画像主要有如下功能。

一是多维度公司信息展示。在企业画像的开发过程中，研究人员经过反复讨论和测算，形成了 441 个指标以及 630 条细化规则的标签体系，涵盖了公司业务、财务、股东等 7 个维度，分类指标包括重组、年报问询函等 174 个分类，面对监管人员的日常审查，企业画像能将目标企业的相关信息全方位、无死角地展现在监管人员面前。

二是潜在风险警示。在公司出现财务指标异常、业绩变脸、股价异常波动、人员大幅变动等情形时，企业画像能及时识别并提示风险。例如，企业画像的股权与股东板块，能实时动态呈现公司实际控制人和董监高等主要股东的股权质押、一致行动人信息、持股增减持变动等信息，有助于识别潜在的异常和风险。

据相关人员介绍，在某次检查上市公司前，使用企业画像系统预览了公司相关预警标签提示，其中有标签显示该公司在建工程与预付款比例异常，现场检查发现该公司的确在在建工程核算上的成本归集不规范，证实了标签的提示，在检查人员督促下，公司及时改正了财务上的不规范。可见，企业画像能迅速抓住上市公司信息中的痛点和盲点，从而提高风险发现能力，协助公司规范运作并降低资本市场的风险。[①]

三是穿透识别企业关系图谱。企业画像能够提供企业关系的拓扑图展示和多维度信息查询。通过分析高达约 4700 万条机构信息、7000 万自然人信息、1 亿条任职信息、1.4 亿项持股关系等底层数据并不断扩充数据来源，支持自然人关系搜索、资本分析等功能，有效识别市场主体之间的隐性关系，让企业内部关联关系无所遁形。

---

① 资料来源：深交所、金融界新闻。

四是信息检索系统。企业画像的信息检索功能涵盖公司公告、监管函件、法律法规、问询函题库等监管常用文件,利用词库录入、分词技术等,支持多种筛选条件下的标题和全文检索。可根据不同监管人员的具体需求灵活运用,可能的应用场景包括对比定期报告和临时公告、借鉴以往监管案例、辅助各类统计需求等。

至今,深交所企业画像项目一期、二期已陆续上线并被广泛用于上市公司监管,在科技赋能下,2018年企业画像对深市2000多份年报进行了自动审查,合计提示14000条异常关注点,大大提高了年报审核效率和审核质量。根据深交所官网披露,2019年深交所共发出关注函、定期报告问询函、监管函、纪律处分等各类函件2200余份,共计实施纪律处分237单,其中公开谴责68单,主要涉及大股东违规掏空、业绩造假、承诺失信等事项,共计实施通报批评162单。

如果将深交所的企业画像功能应用到新三板,便可以大大提高监管工作的效率。2019年至今,年报与半年报的问询函已达712封,如此庞大的监管工作量如能得到类似企业画像系统的支持,在上千家公司动辄数百页的财务报告中抽取关键信息并运算,自动提示年报中的异常情况和潜在风险点,并对这些潜在风险在数据库中挖掘查找相关信息并自动呈现给监管人员,相比能大大降低监管人员的工作量提升工作效率,对监管人员的决策提供更多的参考。

2. 北京市市场监管部门推出风洞平台

相较于深交所的一线监管创新,北京市市场监管部门致力于对市场进行事中监管与事后监管。2018年1月8日,北京市市场监管部门推出了科技监管项目——北京市市场监管风险洞察平台,简称风洞平台。风洞平台侧重于监控企业潜在的风险,其通过绘制企业全景画像,把企业失信、失联及高风险行为通过大数据纳入综合监管,并通过后台复杂的大数据分析处理,呈现清晰的数据关系以及交互设计。风洞平台对北京市市场监管局聚焦企业行为风险,全面掌握市场信息,提高工作效率方面提供了有力的支持,其作用可以在以下几个案例中体现。

一是关联企业搜索。北京市工商分局在案件查办过程中,通过应用风洞平台中的企业族群关系模块,梳理当事人商业活动中的各种关联关系,锁定了违法主体经营脉络,并通过企业全景信息模块对当事人相关企业进行筛查后,成功锁定与违法企业相关的另一家关联公司。①

二是查找失联企业。在风洞平台推出后，通过打开风洞平台的失联企业查找功能模块，在输入失联企业名称后，系统立即显示以这家公司为中心的企业关系网络图，经试点，使用了风洞平台的失联企业查找功能的失联企业复联率可达到40%，该功能实现了对失联企业的延伸监管，有效提高了失联企业的复联率。②

三是企业族谱查询。风洞平台的企业族谱查询功能可以帮助监管机构迅速找到关键人和核心投资人，极大缩短了执法人员的取证时间，提高了办事效率。③

3. 上交所与蚂蚁金服合作推出"鹰眼"产品

面对资本市场上市公司数量增多、企业核准周期长、程序复杂以及持续监管等矛盾，上交所技术公司在2019年8月2日，与蚂蚁金服、阿里云在上海签署《监管科技战略合作协议》，三方将合作构建监管科技平台，为上交所技术及行业用户提供防控风险、稳定发展的监管科技支撑。

以此为背景，上交所通过与蚂蚁金服、恒生电子两家金融与科技巨头公司合力，开发出"鹰眼"这一产品，"鹰眼"能够运用大数据智能算法能力，围绕财务、股权、关联关系等信息对企业风险进行扫描，实现风险的实时分析与处理。在开发"鹰眼"这一产品之前，上交所还积极与阿里云合作，推出过"证通云"这一产品以助力证券机构快速搭建兼具合规、安全与弹性的业务系统。此次推出的"鹰眼"产品，不仅可以利用大数据等新兴技术减轻监管负担，加快风险暴露，更是我国"监管机构+金融科技企业"合作模式的又一次成功的案例。④

三、适配与新三板差异化制度的科技监管应用

在本次新三板改革中，证监会明确重点推进新三板市场分层建设，设立精选层，并建立信息披露、监督管理等差异化制度体系。此次改革将新三板市场划分为基础、创新、精选三个层级，不同层级的信息披露和公司治理方面也各

---

① 资料来源：中国市场监管报。
② 资料来源：中国市场监管报。
③ 资料来源：北京市市场监管局。
④ 资料来源：《经济观察报》。

有侧重。考虑到信息披露成本以及不同层级的定位,在定期报告以及审计报告方面,不同层级的挂牌公司需要披露的报告不同,精选层定位于运作规范、经营业绩和创新能力突出、有大额高效融资交易需求的优质中小企业,信息披露要求与上市公司趋同;创新层定位于初具规模尚处于高速成长期的企业,信息披露要求在原有的基础上适度降低;基础层定位于满足基本挂牌条件的中小企业,信息披露突出客观描述和风险揭示。三者对于定期报告以及审计报告要求的差异如表6所示。

表6　　　　　　　　　　全国股转不同层级披露要求

	年度报告	半年度报告	季度报告	年度审计报告	执行关键事项审计准则	特定行业信披要求	审计会计师定期轮换
精选层	√	√	√	√	√	√	√
创新层	√	√	鼓励披露	√	√	√	
基础层	√	√	鼓励披露	√			

在公司治理方面,股转公司在2020年1月3日发布的《全国中小企业股份转让系统挂牌公司治理规则》中对于各层级的挂牌公司作出差异化安排。精选层要求最严,创新层、基础层要求相对宽松。例如,精选层公司应当建立独立董事制度,聘请2名以上独立董事,其中1名为会计专业人士,而创新层和基础层则鼓励建立独立董事制度;再比如针对精选层公司,单一股东持股超过30%的,选举董事、监事时实行累计投票制,而创新层和基础层则鼓励采取累计投票等。

可以看出,此次改革践行的理念是差异化监管,通过将公司分为精选层、创新层与基础层三类并规定不同的监管要求,可以使新三板有的放矢地进行差异化监管,而我们在科技监管上也应该遵循这个理念,对于不同层级的公司有所侧重,因此,本文将从精选层、创新层以及基础层三个层级的特点出发,对于不同层级新三板挂牌公司分别给出科技监管的建议。

(一) 适用于精选层的科技监管手段

精选层作为新三板转板的候选层级,披露要求与沪深交易所市场接轨,在三个层级之中是最严格的。精选层的各项规则都与沪深交易所接近,其监管主要强调的是日常监管,对此,我们可以借鉴监管较为全面的深交所企业画像系统,并结合A股市场与新三板自身容易出现的财务问题,从中归纳出财务造假以及问题多发的高频指标,将这些指标纳入监管科技的监管体系,对精选层进行日常监管。

1. 借鉴企业画像

企业画像有着自动识别公司关联方、财务与经营风险、资本运作相关风险等功能。对于转板概率较大的精选层,通过企业画像功能对企业进行全方位、无死角的严格要求,既能提高新三板精选层的企业质量,也能够增加精选层转板的成功率。通过借鉴深交所科技监管的维度与指标,具体而言,精选层的科技监管可以从以下几个方面入手:

第一,从公司业务关系、财务指标、股权关系等方面入手,建立相应的指标和算法体系,从而做到自动识别公司关联方、发现财务与经营风险、警示资本运作相关风险等功能。

第二,监控公司股价异动、业绩变脸、人员大幅变动等情形,识别其重要性并及时提示风险。

第三,审查公司历年的年度报告与重组方案,对于其中的异常与关注点进行分析与提示,提高监管人员的审核效率和审核质量。

2. 借鉴实际案例归纳指标

一是借鉴 A 股上市公司财务行政处罚案例。对于精选层的财务监管,由于其与沪深市场的要求相似,我们可以从 A 股市场的财务造假案例出发,归纳财务指标造假的重灾区,以并以 A 股的视角重新审视新三板的精选层,利用大数据的方法对于敏感财务指标进行对比与筛查。表 7 所示是较为典型的 A 股财务造假案例。

表 7　　　　　　　　A 股财务行政处罚案例

股票名称	造假内容	造假原因及方式
*ST 国药	虚构营业收入	该公司连续两年亏损,为避免退市,ST 国药为满足上市地位所需的营业等财务条件,通过与第三方公司进行没有实质性交易的销售业务以虚增营业收入
金亚科技	虚增利润	该公司为扭转亏损,通过虚构客户、伪造合同、伪造银行单据、隐瞒费用支出等方式虚增利润,同时伪造了一笔预付工程款以配合现金流,以避免出现现金流入过大的情形来规避监管

续表

股票名称	造假内容	造假原因及方式
昆明机床	跨期确认收入	该公司为避免ST，与部分经销商签订合同并使其先预付定金，以此确认收入，后期在以销售退回或按退货处理的方式完成虚假销售，以达到虚增利润的目的
圣莱达	虚构营业外收入	该公司为避免ST，以虚构影视版权转让业务来虚构一笔违约赔偿金以增加营业外收入，同时虚增一笔政府补助并确认为本期收入，从而将净利润扭亏为盈
*ST华泽	虚构应收票据	为了掩盖关联方长期占用资金，该公司大量虚构应收票据，2013~2015年，其99%的应收票据均为无效票据
*ST凡谷	少计成本	该公司2016年的半年报以及三季报仅存在虚假信息披露行为，通过少计自制半成品的领用少记成本，以此来虚增利润

通过观察几种常见的财务造假类型，本文认为：首先，可以通过重点监测企业的营业收入出发，通过人工智能技术构建数据模型，通过统计同行业不同规模企业的毛利率波动情况以及同行业整体收入水平来对其差异进行监测；其次，可以通过关注企业的异常收入退回以及比较企业的季节收入变化趋势，建立算法模型观察企业是否存在季节收入波动过大等情况来辨别企业是否存在跨期确认收入的问题；最后，可以通过建立企业关系图谱的形式，查找关联企业信息，识别潜在的内幕交易或关联公司转移利润等财务造假行为。

二是关注新三板转板公司问询要点。2019年随着科创板的开放，许多新三板企业也跃跃欲试，截至2020年1月31日，共209家公司申报科创板上市，其中61家来自新三板，占比达29%。对于即将设立的精选层而言，从新三板转战科创板无疑是新三板企业IPO的又一渠道，而在2020年新三板申报科创板的公司中，有数家公司在历经多次问询后撤回或被终止IPO，原因各有不同，由于精选层是未来要和主板、创业板以及科创板对标的公司，因此这些新三板公司上市被问询的要点对于新三板精选层公司而言是非常具有参考价值的，我们可以从上交所问询函中对于公司财务信息问题频发的要点入手，将这些要点纳入监管科技着重监管的范围（见表8）。

表 8　　　　　　新三板申报科创板终止 IPO 公司问询函要点

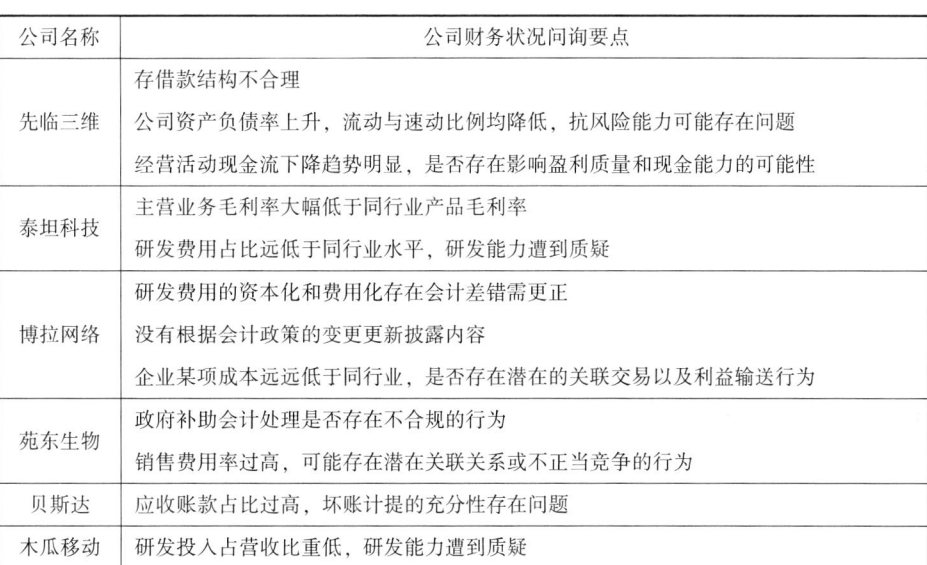

公司名称	公司财务状况问询要点
先临三维	存借款结构不合理
	公司资产负债率上升，流动与速动比例均降低，抗风险能力可能存在问题
	经营活动现金流下降趋势明显，是否存在影响盈利质量和现金能力的可能性
泰坦科技	主营业务毛利率大幅低于同行业产品毛利率
	研发费用占比远低于同行业水平，研发能力遭到质疑
博拉网络	研发费用的资本化和费用化存在会计差错需更正
	没有根据会计政策的变更更新披露内容
	企业某项成本远远低于同行业，是否存在潜在的关联交易以及利益输送行为
苑东生物	政府补助会计处理是否存在不合规的行为
	销售费用率过高，可能存在潜在关联关系或不正当竞争的行为
贝斯达	应收账款占比过高，坏账计提的充分性存在问题
木瓜移动	研发投入占营收比重低，研发能力遭到质疑

在公司的财务方面，从历次问询的要点中可以看出，上交所主要对公司的盈利能力与研发能力关注较多，因此我们可以从这一角度入手，着重强化对以下指标的监管。

第一，可以从公司的研发费用比（研发费用÷营业成本总额）与研发回报比（研发收入÷收入总额）来计算公司的研发能力，从泰坦科技、博拉网络与木瓜移动的例子可以看出，科创板的财务评价体系更看重企业自身的核心技术与自主研发能力，通过以上两个指标，我们可以分别对企业研发投入以及研发成果有一个初步的认识，并将之与同行业、同类型的产品比较，从而对企业科技创新的质量作出判断。

第二，可以从企业的毛利率与销售费用率入手，对企业的盈利能力作出判断，泰坦科技的主营产品毛利率大大低于同行毛利率，反映出其盈利能力不足，因此毛利率可以作为评价科创企业产品是否能被市场所接受的一项指标。另外，企业的销售费用率也能反映企业的许多问题，在苑东生物的案例中，其销售费用率过高，而博拉网络成本过低，因此，应对企业的销售费用及各项成本与同行业或同产品进行严格的对比，从而对企业的经营状况有一个较为全面的把控。

第三，除研发能力与盈利能力两方面外，对于精选层的企业，还可以从其偿债能力（流动比率、速动比率、资产负债率）、营运能力（无形资产周转率、流动资产周转率）、成长能力（总资产增长率、主营业务收入增长率、净利润增长率）等方面入手，设置合适的指标权重与算法，以科技监管的形式精确地把控企业的问题与风险。

（二）适用于创新层的科技监管手段

截至2019年12月，新三板创新层共有670家公司，创新层作为新三板日后承上启下的层级，其公司数量较多，且进入创新层的公司都有交易或融资，倘若出现风险事件，不但会使公司经营的稳定性受到影响，同时还会影响投资人的利益。创新层的公司基于其特点，公司经营风险与交易波动性对比精选层都较大，因此对于创新层公司，除了对其财务进行科技监管外，还应关注其交易波动方面的风险。

1. 财务监管

在财务报表方面，创新层只需要披露年报和半年报，相比于精选层要求而言较为宽松，在设置财务指标时，精选层可以参考上交所对于曾在新三板挂牌公司申请科创板上市时提出的问询内容作为参考。相对地，我们可以以创新层收到的年报问询函为基础，观察创新层公司财务方面容易发生的问题。通过观察2018年创新层年报问询函被问询的财务问题，可以看出多数企业财务方面的问题都存在一定的共性，我们可以将这些创新层年报中容易被股转公司问询的点总结出来，作为指标，供监管科技参考。

第一，毛利润大幅下降，新三板公司常常因为公司营收或利润大幅下滑而被问询，由于创新层公司经营具有一定的不确定性，其主营业务更换或利润不达预期所导致的持续经营风险较高，因此应将公司的毛利率变化趋势纳入监管科技的指标参考范围。

第二，应收账款坏账计提不充分，企业有通过调整坏账政策来隐瞒坏账的动机，坏账计提主要由两方面引起：其一是企业应收账款增幅过大而导致的应收账款无法收回风险；其二是企业欠款方存在明显的持续经营风险而企业未能及时相应调整坏账计提比例而导致的问询。针对企业的应收账款，我们可以通过监管科技来判断企业是否存在应收账款增幅过大的情况，或是迅速对企业所有应收账款的欠款方的经营状况进行调查，判断应收账款出现坏账的可能性，从而要求企业对应收账款坏账率的合理估计进行解释说明，进行充分信息披露。

第三，研发支出的会计处理存在问题，主要表现为企业研发支出的资本化支出与费用化支出分配不合理，对此可以以监管科技的方式对企业的研发支出进行合理性判断并与同行业对比，对资本化与费用化处理方式不当的企业提出问询。

2. 交易异动监管

监管科技善于从市场交易的大数据出发，从日常的交易动向探索资本市场的违规行为，以对监管层与投资者起到提前预警的作用，从而进一步提升市场的风险防范能力。在新三板中，由于市场整体流动性较低，交易次数不是很频繁，公司的风险很可能从公司股价异动、交易量异动与估值异常体现出来。

第一，价格异动。以 D 公司为例，D 公司是一家主营电声产品生产的公司，该公司于 2014 年底挂牌新三板，自新三板宣布改革以来，精选层这一概念一直受到投资者的广泛关注，而在精选层这一政策还未落地之前，D 公司的主办券商却于 11 月 29 日发布了关于 D 公司的风险提示性公告，称 D 公司存在向不特定对象发布发行信息或在不特定对象中寻找潜在认购者的情形，D 公司未按股转公司相关规定进行融资的情况可能会对公司产生不良影响，且主办券商于 2019 年 11 月 26 日发送邮件给公司董事长与公司财务总监，要求立即终止相关事项，并提交相关事项说明。主办券商将持续关注相关事项进展情况。对此，股转公司对 D 公司发布问询函，要求其对是否通过互联网平台擅自发布公司拟公开发行股票并进入精选层或者转板上市等信息，是否存在利用"精选层""转板上市"等概念进行公司股票推介、炒作的情形等进行说明（见图1）。

图 1　D 公司股价走势

创新层类似的案例还有很多，据数据统计，创新层239只股票2019年每日涨跌幅超过10%次数超过10个交易日共有19家，超过5个交易日的共有81家，可见新三板创新层股价异动现象还是比较常见的，如果只看股价的变化或许不能说明问题，而利用监管科技的方法，将出现股价异常的公司与其近期的经营状况联系起来，对于公司基本面没有出现明显变动而股价大幅上涨后或下跌的公司予以重点关注，并警示监管人员予以关注。

第二，交易量异动。股票交易量异常波动也是公司存在潜在风险的预兆之一，据统计，2017年股转公司发布的股份交易异常公告达2000余条，2018年和2019年的股份交易异常公告分别为312条和203条，目前来看，股价交易量有逐渐降低的趋势，但当某一公司在基本面未发生明显变动的情况下出现交易放量或换手率极高的情况，就极有可能存在潜在的风险。

对此，可以从每日交易数据出发，利用大数据监管模式对股票交易量的异常情况进行实时记录，由此从每日海量的交易数据中利用先进的数字技术分析异常数据，从而对于市场的不端行为进行甄别和监测，并加大对于异常账户的监控力度，提前识别风险并对监管机构与投资者提前预警风险。

第三，估值异常。经统计可知，新三板近半数股票市盈率或高于其所在挂牌公司行业均值的两倍，或低于其挂牌公司行业均值的一半，由此可见，新三板企业在估值方面还存在着一定的偏差，市盈率过高或过低均说明企业在股票估值与其当年的经营业绩方面出现了一定的偏差，均存在一定的风险，对此可以利用监管科技手段，将市盈率与行业均值存在显著偏差的股票联系公司公告、各项财务指标综合分析，从而对其公司的风险作出判断。

(三) 适用于基础层的科技监管手段

基础层公司相对前两者而言监管要求较松，尤其是对于基础层存在交易与融资的企业，除与创新层相似的交易监管外，还需考虑基础层频发的风险事件。对于基础层的科技监管，可以参照北京市市场监管部门所推出的风洞平台，风洞平台相比于企业画像以及"鹰眼"而言更侧重企业风险方面的监控与追查，其可以着力于对企业失联失信行为的预警以及关联企业的排查，使用类似风洞平台的机制可以帮助监管人员聚焦企业的风险并对市场信息有较为全面的认识，从而提高监管部门的工作效率。针对新三板基础层的特点，我们可以从以下几个问题入手。

第一，公司失联问题。新三板公司实际控制人、董事长失联"跑路"的现象时有发生，而"跑路"只是最终结果，通常公司失联都会有许多预兆，以上文提到过的金瑞科技为例，其在失联之前就经历过主办券商变更、高管离职、审计机构调换、多次被股转公司发放问询函等敏感事件，因此监管科技可以从这些情况入手，在公司频繁出现上述情形时未雨绸缪，向监管人员警示风险并及时对公司作出调查。

第二，年报披露问题。上市公司若不披露年报，根据股转公司的公告，或是给予相应的纪律处分和自律监管措施，并记入证券期货市场诚信档案数据库；或是对不披露年报的公司实行强制摘牌。相比之下，年报不披露的公司数量较多，2018年未披露年报而被强制摘牌的公司数量增长到了330家，强制摘牌虽然有利于维持新三板市场交易环境的稳定，提升公司的整体质量，但也会损害投资者的利益。在被强制摘牌的公司中，主要存在以下原因：其一，公司经营业绩下滑，持续经营能力出现问题，且可能存在一定程度的违规情况，故无法及时披露年报。其二，公司的审计工作开展较晚或审计机构对于公司的重大风险事项存疑，无法得到充分的审计证据。其三，公司由于现金流出现问题，无法或不愿支付律师、审计等中介费用无法披露年报。

对于以上问题，监管科技同样可以从公司日常的财务状况、资本结构以及近期融资等方面入手，提前警示并发现风险，及时保护投资者的利益，维护新三板市场环境的稳定。

四、新三板科技监管应用中可行的评价体系

对于新三板的科技监管，本文以国内外案例为参考，结合新三板的具体情况，总结了以下指标评价模型，以识别公司的经营质量与潜在风险，并对新三板的科技监管发展提出建议。

（一）公司经营质量识别：基本面维度模型

如前所述，新三板即将设立的精选层将与主板、创业板以及科创板对接，因此可以构建模型从公司的经营情况与股份交易层面，对于公司的经营能力与风险进行识别，从而预测公司上市的资质是否合格，并对公司潜在的问题与风险及时纠正。

基本面维度模型除了可以帮助识别公司经营质量以外，也可以在一定程度上帮助遴选精选层优质公司。主要是从客观财务指标和非财务指标两个角度构建，综合考虑了公司的行业地位、科创属性、成长性、体量等（见表9）。

表9　　　　　　　　　　基本面维度模型

	评价指标
财务指标	近三个月A股行业涨幅（%）（建议权重20%）
	近三年平均营收（亿元）（建议权重20%）
	近两年营收平均增速（建议权重20%）
	近两年归母净利润平均增速（建议权重20%）
	近三年研发投入占比（建议权重20%）
非财务指标①	稀缺性（建议权重30%）
	行业空间（建议权重10%）
	行业地位（建议权重30%）
	技术水平和核心技术专利（建议权重20%）
	募投项目（建议权重10%）
综合得分	最终得分（财务指标40% – 非财务指标60%）

对于基本面维度模型，本文以2019年新三板IPO过会企业作为样本，对其在行业中的地位进行打分，以下为打分排名前20的过会企业。表10主要列示了该模型打分前20的新三板过会企业的财务指标数据，模型中的财务指标主要强调企业的盈利能力与研发能力，其分数与该公司的指标在行业内的排名为参考得出。经比较可以看出，2019年新三板IPO过会的行业均为在新三板中处于龙头地位的公司，其在本文构建的基本面维度模型中评分均在前列，对于新三板的监管科技而言，其可以采用相应的指标评价体系，通过公司的基本面维度来识别新三板中的优质企业，以大数据的优势对更多公司的指标进行判断与评价，从而对有望上市的优质企业予以重点监管与指导。

---

① 非财务指标均按照1~10分进行打分，具体量化标准给出建议可参考以下内容。

(1) 稀缺性：行业唯一：9~10分；行业同类公司5家以内：7~8；行业同类公司5~10家：5~6分；行业同类公司10~30家：3~4分；行业同类公司30家以上：1~2分。

(2) 行业空间：行业空间1000亿元以上：9~10分；行业空间500亿~1000亿元：7~8分；行业空间300亿~500亿元：5~6分；行业空间100亿~300亿元：3~4分；行业空间100亿元以下：1~2分。

(3) 行业地位：行业龙头第一：9~10分；行业前五：7~8分；行业前十：5~6分；行业前二十：3~4分；行业二十名以后：1~2分。

(4) 技术水平和核心技术专利：发明专利个数100以上：9~10分；发明专利个数70~100：7~8分；发明专利个数50~70：5~6分；发明专利个数20~50：3~4分；发明专利个数20以下：1~2分。

(5) 募投项目：是否扩建产能或带来技术升级？是：6~10分；否：1~5分。

表 10   基本面维度模型回溯结果筛选排名前 20 的公司

Wind 代码	简称	上市板	近三个月 A 股行业涨幅（%）	近三年平均营收（亿元）	近三年营收平均增速（%）	近两年归母净利润平均增速（%）	近三年研发投入占比
A18069	阿尔特	深交所创业板	-5.61	5.74	43.35	259.53	13.91%
603236	移远通信	上交所主板	-0.63	16.45	126.31	208.91	6.35%
688029	南微医学	上交所科创板	3.02	6.59	49.28	234.00	5.30%
A19141	八亿时空	上交所科创板	2.88	2.52	72.45	166.00	5.53%
688025	杰普特	上交所科创板	7.38	5.18	77.52	662.46	7.67%
688066	航天宏图	上交所科创板	-1.89	3.05	47.42	39.48	13.12%
688299	长阳科技	上交所科创板	-2.70	5.13	35.36	122.82	3.86%
688003	天准科技	上交所科创板	-4.18	3.36	67.87	73.48	18.50%
688078	龙软科技	上交所科创板	-1.89	1.04	26.09	253.62	10.31%
430642	映翰通	上交所科创板	-0.63	2.17	39.56	43.16	9.82%
A19059	紫晶存储	上交所科创板	-5.32	2.88	68.91	69.73	6.86%
688168	安博通	上交所科创板	-1.89	1.51	35.67	166.41	15.24%
688199	久日新材	上交所科创板	-2.70	7.95	25.86	134.96	4.09%
688310	迈得医疗	上交所科创板	3.02	1.76	24.15	69.48	8.89%
300775	三角防务	深交所创业板	-13.74	3.80	24.96	62.41	1.83%
300776	帝尔激光	深交所创业板	2.88	2.02	117.76	136.19	5.52%
688388	嘉元科技	上交所科创板	-7.52	7.13	69.45	71.67	4.04%
603613	国联股份	上交所主板	-5.56	21.94	101.80	102.68	0.57%
603279	景津环保	上交所主板	-4.18	22.24	37.59	23.82	2.15%
A19253	开普云	上交所科创板	-1.89	1.63	46.84	82.93	12.94%

（二）交易异动模型

对于目前新三板创新层的公司，监管科技可以从每日的交易数据出发来判断股票的风险，以交易量与股票估值两个方面对市场中潜在的违规行为进行监测。由于新三板的流动性偏低，公司的股票交易波幅较大，股票估值也很容易发生偏离，因此本文从日常交易中易于反映公司风险的指标出发，构建了交易异动模型（见表11）。

表 11　　　　　　　　　　　交易异动模型

	评价指标
交易异动	是否存在股票连续三个转让日涨跌幅累计超过50%的情况
估值异常	市盈率高于行业均值200%/低于行业均值50%
	市销率高于行业均值200%/低于行业均值50%
	市净率是否低于1
	股价是否跌破1元
	市值是否低于经营净现金流

对于股票的估值方面，本文采用市盈率、市净率以及市销率三个基本指标来评价公司股票的估值是否存在问题，同时也从其他角度，如公司的股价、净现金等方面来检验公司的估值。对于交易异动模型，本文选取了2019年发布过交易异动公告模型的公司，以检验其除股价波动外是否存在估值方面的异常，以此来回溯模型的结果。表12列举了符合交易异动模型中所列出四个指标以上的公司，且可以从图2看出，新三板发布过股价波动公告的公司中，有84.30%的公司除股价波动外还存在着种种估值异常的问题，且有半数以上的公司存在3个以上的异常指标，该结果证明存在潜在风险的公司除体现在股价波动方面外，在公司主动发布交易异动公告之前，其存在的股价估值异常也可以被该交易异动模型提前检测到，从而提前警示监管人员可能存在的公司风险。因此，新三板科技监管可以将交易异动、估值异常等指标纳入交易异动的评价体系内，以此来提前监测到新三板的交易异动风险。

表 12　　　　　　　　　　　交易异动模型检验

基本信息		交易异动	估值异常					异常指标个数
Wind 代码	简称	是否存在股票连续三个转让日涨跌幅累计超过50%的情况	市盈率高于行业均值200%/低于行业均值50%	市销率高于行业均值200%/低于行业均值50%	市净率是否低于1	股价是否跌破1元	市值是否低于净现金	
832201	无人机	√	√	√	√	√	√	6
430362	东电创新	√		√	√	√	√	5
834490	我享科技	√		√	√	√	√	5

续表

基本信息		交易异动	估值异常					
Wind 代码	简称	是否存在股票连续三个转让日涨跌幅累计超过50%的情况	市盈率高于行业均值200%/低于行业均值50%	市销率高于行业均值200%/低于行业均值50%	市净率是否低于1	股价是否跌破1元	市值是否低于净现金	异常指标个数
872560	理德铭	√	√	√	√		√	5
838506	报阅传媒	√	√	√	√	√		5
833928	火谷网络	√		√	√	√	√	5
833483	凯科科技	√	√	√	√		√	5
430032	凯英信业	√		√	√	√		4
400072	众和3	√		√	√	√		4
430334	科洋科技	√		√	√	√		4
430622	顺达智能	√		√	√	√		4
837684	英妮股份	√		√	√	√		4
836125	揽月科技	√		√	√	√		4
831290	金达照明	√		√	√	√		4
834180	鸿立光电	√		√	√	√		4
834176	厚谊俊捷	√		√	√	√		4
830949	中窑股份	√		√	√		√	4
831972	北泰实业	√	√	√	√			4
833333	科雷斯普	√		√	√	√		4
834038	诚信小贷	√	√	√	√			4
833285	环球矿产	√	√	√	√			4
830929	幸美股份	√		√	√	√		4
830913	中北通磁	√		√	√	√		4
831222	金龙腾	√	√	√	√			4
430609	中磁视讯	√	√	√	√			4
837443	蓝天集团	√		√	√	√		4
833290	瑞立达	√		√	√	√		4
831837	硕泉园林	√	√	√	√			4

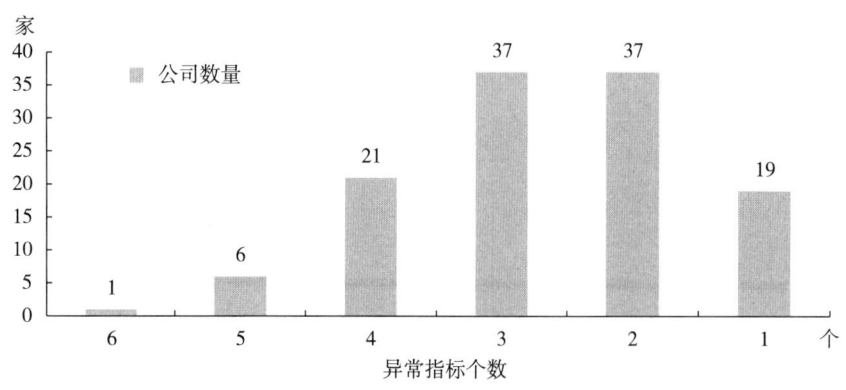

图2 交易异动模型回溯结果指标统计

（三）公司潜在风险识别

监管科技除监测优质企业外，还可以从历年被问询以及出现过重大风险事件的公司案例入手，总结出该类公司发生风险事件之前存在的种种迹象，以提前识别公司的潜在风险。对此，本文从企业的财务造假以及信息披露两个维度出发，分别建立了相应的指标评价模型。

1. 财务造假风险识别模型

在新三板精选层改革与A股科创板推出的背景下，面对进入精选层与申报科创板转板所带来的巨大利益，创新层的公司便有了财务造假的动机。本文以识别创新层公司财务造假为目的，以会计评价指标，历年年报问询函要点以及新三板转板失败问询要点出发，对公司在财务指标方面经常出现造假或不合规的相应指标进行总结与筛选，构建了企业的财务造假风险识别模型（见表13）。

表13 财务造假风险识别模型

指标类型	指标维度	评价指标
财务指标 （判断是否存在财务造假的动机）	偿债能力（建议权重15%）	流动比率
		速动比率
		利息保障倍数
		偿债能力得分

续表

指标类型	指标维度	评价指标
财务指标 （判断是否存在 财务造假的动机）	盈利能力（建议权重20%）	总资产报酬率
		净资产收益率
		主营业务利润率
		投资回报率
		盈利能力得分
	营运能力（建议权重15%）	流动资产周转率
		总资产周转率
		应收账款周转率
		营运能力得分
	成长能力（建议权重15%）	总资产增长率
		营业收入增长率
		净利润增长率
		成长能力得分
	现金能力（建议权重15%）	现金流量负债比率
		销售现金比率
		现金能力得分
	研发能力（建议权重20%）	研发费用比
		研发回报比
		研发能力得分
其他指标 （判断是否存在 财务造假的迹象）	净利润	是否连续两年均为负数
	营业收入	是否较去年减幅超50%
	毛利率	是否较去年减幅超50%
	职工薪酬	是否较去年减幅超50%
	应收账款	增幅是否超过营收的50%
	预付账款	增幅是否超过上年的50%
	政府补助	是否连续两年除去政府补助后利润均为负数

该模型从财务指标与其他指标两个方面判断公司的财务风险。首先对公司的偿债能力、盈利能力、营运能力、成长能力、现金能力、预计研发能力六个方面与同行业比较并进行综合评分，以判断企业的基本经营状况，以此来筛选那些经营状况较差且想要上市或进入精选层，从而有粉饰报表等财务造假动机的公司；其次从历年的问询要点出发，对于易发生的问询要点，如企业的毛利

润过低、企业的员工大幅变动、企业过度依赖政府补助等维度设置指标来判断企业是否存在财务造假的迹象。

对于财务造假风险识别模型，本文选取了2019年创新层收到年报问询函的公司，观察这些公司在财务指标方面是否出现较多问题，以此来回溯模型的有效性。表14为2019年创新层收到年报问询函的52家公司中，其他指标符合个数在3家以上的公司，由于财务指标数量较多，因此本文只列举了这些公司的非财务指标。可以从图3看出收到年报问询函的公司或多或少会符合模型中所列举的问题频发的指标，同时经检验，这些公司的财务指标也出现了大量的问题，如各项能力存在显著低于行业平均值等。对于股转公司而言，其监管科技的设计可以从公司的财务指标出发，将问题频发的指标量化，发挥大数据等技术的优势，对其中多项指标"踩雷"的公司进行重点监管，更迅速、精确地追查财务造假的端倪。

表14　　　　　　　　　财务造假风险识别模型回溯结果

基本信息		其他指标（判断是否存在财务造假的迹象）							其他指标符合个数
		净利润	营业收入	毛利率	职工薪酬	应收账款	预付账款	政府补助	
Wind代码	简称	是否连续两年均为负数	是否较去年减幅超50%	是否较去年降幅超50%	是否较去年降幅超50%	增幅是否超过营收的50%	增幅是否超过上年的50%	是否连续两年除去政府补助后利润均为负数	
831385	大地和	√		√		√	√		6
830776	帕特尔	√			√	√		√	6
832586	圣兆药物	√	√	√				√	6
430021	海鑫科金	√				√		√	5
832325	捷尚股份	√	√						5
830851	骏华农牧	√				√			5
430596	新达通	√				√			5
830993	壹玖壹玖						√		5
832854	紫光新能	√					√		5
832927	顶峰影业		√					√	4
832397	恒神股份	√						√	4
833482	能量传播		√	√		√			4

续表

基本信息		其他指标（判断是否存在财务造假的迹象）							其他指标符合个数
		净利润	营业收入	毛利率	职工薪酬	应收账款	预付账款	政府补助	
Wind 代码	简称	是否连续两年均为负数	是否较去年减幅超50%	是否较去年降幅超50%	是否较去年降幅超50%	增幅是否超过营收的50%	增幅是否超过上年的50%	是否连续两年除去政府补助后利润均为负数	
833355	崇德动漫	√	√						3
837932	方图智能					√	√		3
430366	金天地	√	√						3
834084	聚能鼎力	√	√						3
832929	雷石集团	√					√		3
833159	力好科技			√					3
430173	欧美城	√		√					3

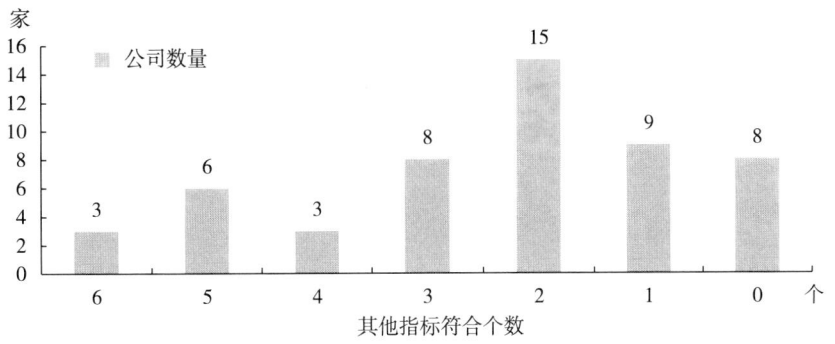

图3　财务造假风险识别模型指标统计

2. 信息披露模型

最后，针对风险最高的基础层，可以从前文的新三板风险事件等案例出发，归纳出公司在风险事件暴露前可能出现的种种迹象，以此为基础对于风险公司事发前的信号进行归纳（见表15）。

表 15　　　　　　　　　　信息披露模型

信息披露类型预警指标
是否发布定期报告延期披露公告
是否收到过股转公司发布的年报问询函

续表

主办券商/审计机构是否发生变更
是否被主办券商提示存在风险
是否存在负面新闻舆情
是否发布诉讼纠纷公告
公司或公司董事、监事、高管是否被纳入失信被执行人
是否发布公司董事、监事、高管变动公告
是否存在股东大幅度增减持公司股票的行为

鉴于基础层过往发生的高管失联、资金链断裂以及被股转强制退市等风险事件，本文总结出以上几类指标，以上文提到的金润科技为例，其在风险事件发生前在公司公告中就出现了许多符合该模型指标的公告，如果监管层能使用类似的监管方式，就可以在金润科技高管失联事件发生前监测出问题并进行提前的调查与告示。因此，对于基础层的科技监管而言，可以以信息披露模型为参考，归纳出类似的风险指标，对于符合多项指标的公司进行重点监管，以降低公司发生重大风险事件的可能性，维持新三板市场的稳定。

知识提取技术在监管科技中的应用

鲍 捷[*]

摘 要：作为自然语言处理技术和知识图谱技术的交集，知识提取技术可以从文档（如招股书）中提取关键数据，为科技监管中面临的问题提供了有效的解决途径。本文分析了知识提取技术在现有监管业务中的应用，并列示了在监管大数据平台、大数据分析、舆情监测等方面的可能应用。然而，监管知识提取也面临着格式复杂、冷启动等挑战。针对此，本文设计了一套基于柳叶刀方法的知识提取流水线。柳叶刀方法针对单一的标注学习方法的弱点，提出了迭代式的模型构造方法。可以做到构造知识生产流水线，将版面分析、篇章分析等分工序逐步实现；数百个小模型混合工作，实现细粒度的模型分解；模型高速（小时级）迭代并充分利用先验知识。此外，用深度学习进行模型泛化，有利于扩大现有规则系统的兼容能力。

关键词：监管科技　知识提取技术　柳叶刀方法

一、背景

监管科技（RegTech）这个词虽然在近几年才为公众所知，其发展已经历约二十年的时间，发展的过程可分为三个阶段：监管1.0，解决数字化和电子化的问题；监管2.0，解决网络化和协同化的问题、OA（办公自动化）的问题；监管3.0，解决自动化和智能化的问题。

---

[*] 鲍捷，北京文因互联科技有限公司CEO、联合创始人，伦斯勒理工学院（RPI）博士后，爱荷华州立大学博士，麻省理工学院（MIT）分布式信息组（DIG）访问研究员。

【金融科技】

中国金融监管机构在近期发布了多个监管科技建设工作的顶层设计文件。证监会发布《中国证监会监管科技总体建设方案》，提出了7大场景、32种落地场景，还有6大基础能力；银保监会发布了《银行业金融机构数据治理指引》；人民银行发布了《金融科技（FinTech）发展规划（2019～2021年）》。这标志着金融监管科技已进入大规模实施的阶段，特别是进入了"监管3.0"时代，以大规模的自动化信息处理和人工智能的广泛应用为特征。

把传统依赖大量人工操作的监管业务执行转化成计算机辅助的监管业务执行，要满足处理的实时性，也要满足监管的合规性，在各个层面都面临着很大的挑战，需要综合运用多种人工智能技术。这些挑战在技术上可以分为两个大层次。

其一是数据的机器可处理性。传统的监管过程面临着大量的知识、文档分散在不同的地方。此外，还面临不同的时间发布、不同的机构发布、不同的来源发布等情况。如何把大量的数据集成起来，变成一种统一的机器可处理的格式，是一个巨大的挑战。传统IT的架构处理与监管科技当前面临的新问题之间存在很大的鸿沟，传统的IT系统处理的大部分都是结构化数据，但是在监管和合规任务中大部分的原始数据是非结构化数据，必须引入新的技术手段来解决。

其二是知识的机器可处理性。监管业务也具有强业务知识复杂性，如交易性监管、披露性监管、合规性监管等。传统的数据分析方法，如数据仓库、机器学习，往往无法处理这些具有复杂逻辑关系的深层关系（如穿透式监管、产业链、合规规则）的发现与执行。这类深度关系需要我们引入知识工程的技术来处理。

在信息披露的电子化阶段，XBRL（可扩展商业报告语言）曾起到重要作用。但是，XBRL技术也存在一些局限使之无法满足新阶段的需求：一是XBRL主要为财务数据描述设计，对占披露信息大多数内容的非财务信息难以刻画，难以描述全景式画像[1]；二是XBRL缺少精确的语义定义，难以承载监管知识的表达和业务流程的自动化[2]；三是XBRL依赖披露人员的手工填写，

---

[1] Xian Li, Jie Bao, James A. Hendler: Fundamental analysis powered by Semantic Web. CIFEr 2011: 108–115.

[2] Jie Bao, Graham Rong, Xian Li, Li Ding: Representing Financial Reports on the Semantic Web: – A Faithful Translation from XBRL to OWL. RuleML 2010: 144–152.

成本高、速度慢、填写质量难以保证;四是 XBRL 软件工具依赖预先定义好的数据字段,难以适应业务的快速演变。

因此,为满足监管 3.0 的要求,传统监管数据的电子化技术势必需要与人工智能技术相互补充。例如,自然语言处理(NLP)技术可以帮助我们极大扩展数据的机器可处理性,知识图谱(KG)技术可以帮助我们实现知识的机器可处理性。作为 NLP 和 KG 技术的交集,知识提取技术可以从文档(如招股书、年报、公告)中提取出关键数据。这些数据也构成了监管知识图谱的底层数据,可以在其上构造诸如实体库、事例图谱、产业图谱、业务流程规则等高级图谱。

二、知识提取在监管典型场景的应用

知识提取技术快速发展,在现有监管业务中已经有所应用。例如,上市公司公告有 400 多种,在发布公告时,如有简明的核心要点摘要,将大大帮助投资者快速了解其内容。但交易所用人工编辑团队产生摘要,每天只能处理其中 9 种公告[1]。利用机器提取核心要点后,大大提升了公告处理的及时性,已实现 100 多种公告的当天处理。又例如,在披露审查和合规监管中,均需要考虑董监高等企业核心人员之间的关系。例如,在判断关联交易中应考虑亲属关联关系。这些关系的描述散落在数百万份披露材料中,难以人工处理。通过机器处理,发现 A 股上市公司和新三板挂牌公司中两万多人之间存在亲属关系;通过工作履历和学历的分析,还发现大量疑似同学关系和疑似共事关系,可用于风险排查。

由此可见,知识提取可以大幅提升监管工作效率。其实,监管 3.0 规划的很多方面都依赖于知识提取的技术。

在监管大数据平台方面,要求建立统一的监管大数据平台,存储精准的小数据和海量的大数据,建立资本市场领域各类主体的知识图谱,人机密切配合,将数据转化为知识。如公司实体、投资机构实体、人物实体、产品实体、产业实体、事件实体等海量的实体实例和数以亿计的其间的关系,以人工方法创建是不现实的,势必要求我们用知识提取的方法,从大量文档中提取出各类

---

[1] 上证所信息公司和文因互联联合团队. 知识提取在上市公司信息披露中的应用// [C]. 证券信息技术研究发展中心研究报告 2017,上卷,167 - 209.

实体的信息，建立实体之间的关联关系，并通过实体库对外提供一个完整的数据视图，构建共享的资本市场主体知识图谱，支持各类主体画像与协同监管。

在大数据分析方面，要求利用深度学习、知识图谱分析等先进的智能分析算法，为行政审批、风险识别、稽查执法、日常办公等监管需求提供专业化的大数据分析服务，构建监管第二大脑。这就要求我们从海量文档中提取构造分析模型所需要的基础数据，如从既往的处罚文件中提取被处罚主体的关键数据以发现隐含特征。

在公司画像方面，要求使用招股说明书数据、企业工商数据、监管数据、专利数据、舆情数据等对资本市场的所有相关实体进行画像分析，识别潜在的风险并进行提示。对招股说明书、债券募集说明书、定期公告、各类临时公告等，要提取企业的基本信息、组织架构、业务运营、关联图谱、重大事项等各种实体属性。

在舆情监测方面，要求针对证券市场各主体有关的海量舆情信息进行分析，通过自然语言处理技术对舆情数据进行特定信息的抽取和解析、标签化处理、实体知识与领域知识抽取，搭建舆情知识图谱。如对黑嘴检测、新闻事件风险预警，企业关联分析方面均需要对新闻、微博、微信、股吧数据等进行提取。同时，舆情数据也是对信息披露数据的重要补充，提升公司画像的及时性。

在关联账户分析方面，要求采用知识图谱等技术对各交易主体的账户进行画像，准确刻画交易账户的静态基本属性和动态属性，综合构建账户特征标签和账户间的关联网络，以支撑运用机器学习等技术分析潜在异常交易或违规交易风险。这依赖于整合大量主体的监管系统内数据和外部数据，发现各种蛛丝马迹，如潜在人员关系、潜在股权关系、潜在交易关系等，不断从各类文本中丰富交易主体知识图谱。

在机构违规业务方面，要求基于内外部数据，识别违规从事证券业务的非持牌机构和持牌机构的违规非持牌业务。这在底层也依赖自然语言处理、知识图谱等技术，发现公司关联关系、业务分析等。

近两年来，各监管机构对上述各应用场景均有了初步的尝试，获得了明显的效果。例如，上交所和深交所均建立了公司画像系统①；上交所在科创板审核中成功运用招股书自动抽取技术，大大提升了审核工作效率②；全国股转公司开发了新三板信息披露智能监管系统（利器系统），初步实现利用自然语言处理和知识图谱技术，对挂牌公司进行风险画像、财务粉饰预警评分③。

三、监管知识提取面临的挑战

监管业务中的知识提取相比一般性的文本抽取任务，具有很多独特性，因此需要专门的优化算法。我们面临的挑战主要有以下六点：

第一，复杂格式问题。监管业务中处理的主要文档格式是 PDF，其中包含了丰富的版面、格式、篇章、图表等信息。这些信息不但可以帮助我们更好地辨识文档内容的语义，其本身也往往是抽取的目标。传统 NLP 任务中的知识抽取，是针对纯文本（Plain Text）的；监管知识提取则需要保留这些"富格式"，并在多层次粒度上（如章节、段落、表格、句子、词汇）理解文档语义。

第二，稀疏标注、冷启动问题。传统的机器学习方法和目前主流的深度学习方法，都要求大量地标注样本进行训练。但是，实施中大量的问题无法获得足够的标注数据。我们需要利用少量的人工标注，或者数据交互工具快速冷启动模型的迭代。例如，我们需要运用无监督学习技术、小样本学习技术、多模型对抗强化学习等方法，让稀疏标注也可以冷启动。

第三，先验知识融合问题。有大量复杂的业务知识是无法通过统计归纳从原始数据中提取出来的。同时，人拥有的先验知识可以大大加速或提升基于统计或者神经网络的各种算法。例如，大量的会计准则和财务科目勾稽关系，无须通过学习，可以通过对 XBRLschema 和会计知识库的处理获得。我们需要混合型系统让先验知识以规则、模型训练输入、启发式系统的方式与其他方法结合，也需要我们开发各种知识编辑器、数据校验器等帮助知识工程师或者领域

---

① 探秘上交所智能监管系统：操纵股价难逃法眼 每个账户皆可画像. [EB/OL]. [2019-10-09], https://m.nbd.com.cn/articles/2019-10-09/1376908.html. 深交所对上市公司分类监管放大招 打造"企业画像" [EB/OL]. [2019-08-12], https://finance.sina.com.cn/stock/y/2019-08-12/doc-ihytcern0134194.shtml.

② 揭秘科创板审核中心那些监管"黑科技" [EB/OL]. [2019-10-09], http://news.cnstock.com/kcb, tt-201910-4436963.htm.

③ 徐明. 把好公司质量关，为新三板改革和长远健康发展提供保障 [EB/OL]. [2019-12-19], http://stock.jrj.com.cn/2019/12/19105928556213.shtml.

专家进行知识建模。

第四，定向优化问题。实际交付中经常会面临紧急任务，在极短的时间内（小时或天）就要针对一个专项做优化。这就需要我们在架构设计上允许这种可演进性。一方面，需要可增量学习的系统，不需要对新任务全量重新训练；另一方面，也需要系统具有现场可配置性和可编辑性，以方便利用规则、词表、参数等多种方式实现快速定点优化。

第五，可解释性问题。监管辅助决策一旦出错，往往会带来不可逆的严重后果。这就需要我们不能只提供一个黑箱系统，而需要对关键的决策建议给出原因解释。不可解释性是神经网络和深度学习方法的弱点；传统专家系统方法有很好的可解释性，但是需要人工构造规则，效率较低。这需要融合两者的优势，提供可解释的学习系统。

第六，系统成熟度问题。由于面临的问题较新，经常会遇到底层系统不够成熟的问题。如对于知识图谱的存储，数据库系统的容量与速度往往还不能满足较大数据量，系统的稳定性也不够成熟。深度学习各种框架也面临快速迭代中有大量软件缺陷的局面。因此，在技术选型中不能盲目选择最新技术，而需要根据实际来作出抉择。

所以，我们往往不能依赖所谓"端到端"的学习技术，而必须把面临的复杂的提取问题，分解为多个环节的流水线问题。在流水线的不同环节，综合应用不同的方法，并尽可能利用金融的先验领域知识。在落地的时候，上述问题也是我们需要关注的边界条件。

从实际问题入手，针对监管知识提出面临的挑战，本文列举了以下实例。

财务信息变化多端的陈述形式，如图1所示，子公司资产及净利润有多种陈述形式，目标信息点分布在表格中或段落文本中。表格有多种陈述方式，无法通过固定的表格项来定位目标信息点。同时，表格又具有表格嵌套、表格分页、跨栏单元格、部分多列单元格、单位模糊等问题，需要——处理。

财务科目的变更，为正确理解财务科目，我们需要建立财务科目的知识库，将财政部历年发布的企业会计准则中有关的财务科目改名的知识建立起来，才能在提取后把不同年份的数据正确对齐（如图2所示）。

知识提取技术在监管科技中的应用

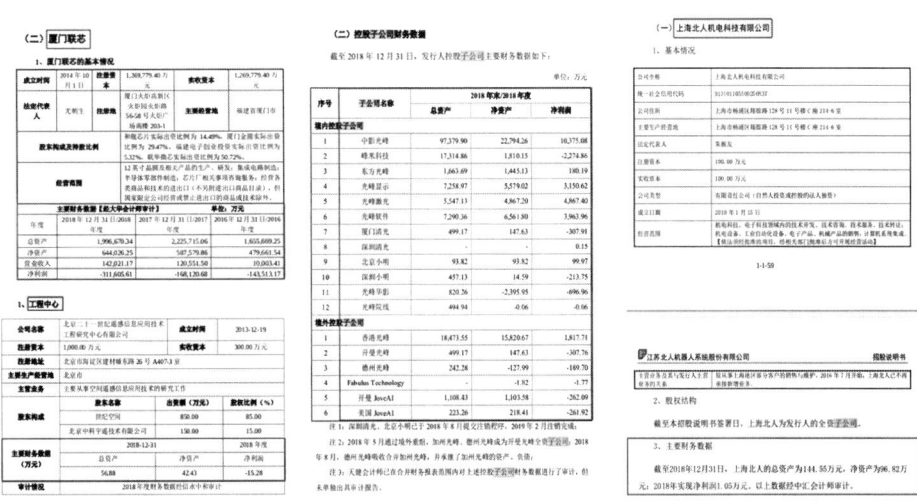

图1 变化多端的陈述形式

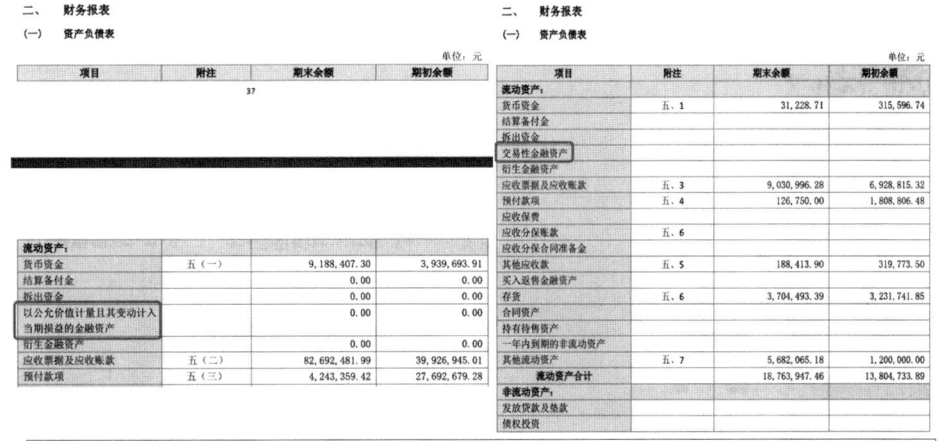

图2 财务科目改名

业务知识的理解歧义，信息点的准确定位不能仅仅依赖字面上科目名称的比较，而必须基于业务知识选择正确的数值。如果不理解业务，仅仅通过字符串的相似度或者词向量的相似度来做定位，就会得到错误的结果（如图3所示）。

通过上述例子可见，监管任务中的知识提取是一个难度很大的工作，要求在工程上针对大量的子任务进行精细模型分解，也需要对业务知识有深刻理解

· 153 ·

并集成到模型中去。

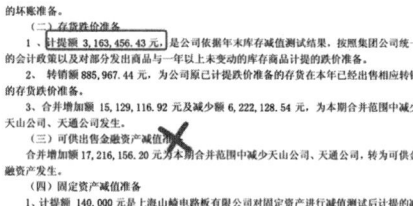

图3 基于业务知识选择正确数值

四、知识提取流水线与柳叶刀方法

在我们的实践中，设计了一套基于"柳叶刀方法"的知识提取流水线。柳叶刀（Lancet，Linguistic Anatomy and Knowledge – based Comprehensive Extraction）方法针对单一的标注学习方法的弱点（如冷启动困难、时间长，难以充分利用金融现有的知识，新标注数据训练模型的成本极大，运行速度慢等），提出了迭代式的模型构造方法。柳叶刀方法的技术要点如下：其一，构造知识生产流水线，将版面分析、篇章分析、表格分析、句子分析、实体分析、关系分析、规则推理等分工序逐步实现。其二，数百个小模型混合工作，实现细粒度的模型分解。如仅在表格处理中，就包含有跨页判断模型、表头识别模型、表头重复性判断模型、单元格数值单位定位模型、边框补全模型等数十个细分小模型。其三，模型高速（小时级）迭代，通过大量的数据观察工具、数据校验工具、错误归因工具、错误解释工具、回归测试工具等支持渐进式模型细化，实现小时级的模型迭代。其四，充分利用先验知识，支持诸如以规则方法进行数据初步标注，以规则方法为主干、向量化方法做泛化，以及通过统计方法之后叠加规则等多种混合模型。其五，用深度学习进行模型泛化，在实体链接和关系链接等环节利用深度学习和向量化表示，提高联想能力，扩大现有规则系统的兼容能力。

图4展示了一种知识提取流水线，包含了较高层级的提取任务模块。每一个这样的模块在实施时又细分为更多的细粒度子模型。

由于篇幅所限，无法详细介绍所有的模块。下面仅以其中两个子算法为例。

一是篇章识别模型。PDF文件中没有段落，标题的概念，在进行文章意图理解的时候，为了能够更好地还原原始文档的语法单元，需要对各个文本区域的类型进行分析，识别出如段落、页眉、页脚、目录、标题以及标题层次。一个文本区域，本身是段落的一部分，还是标题的一部分，除了与它自身相关，还与它周围的文本块类型相关：其一是构建标注数据集合，包括文本内容、区域位置、字体信息、文本区域类型等。其二是构建带有记忆功能的神经网络。其三是训练文本区域类型识别模块。该模型的总体流程如图5所示。

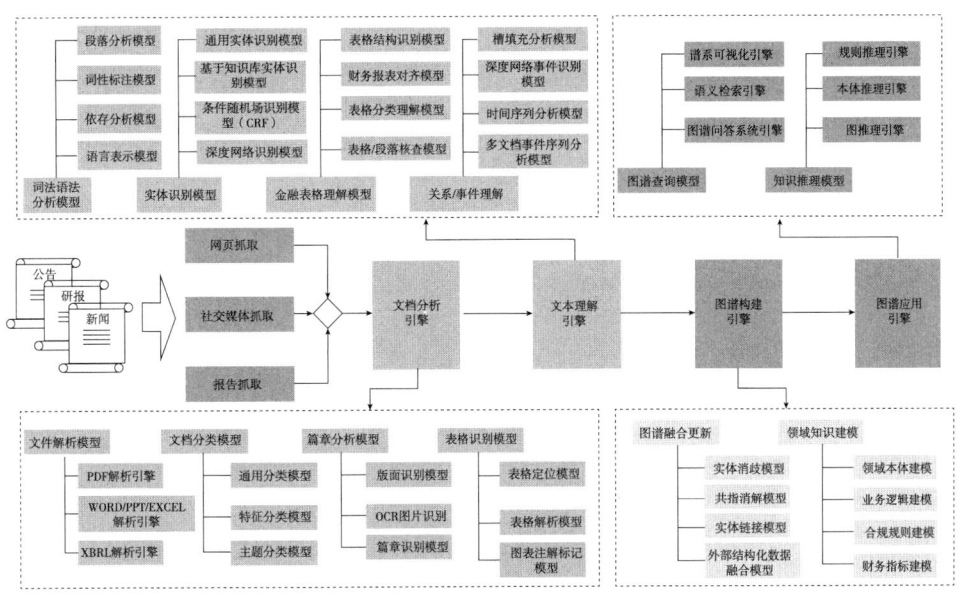

图 4 知识提取流水线

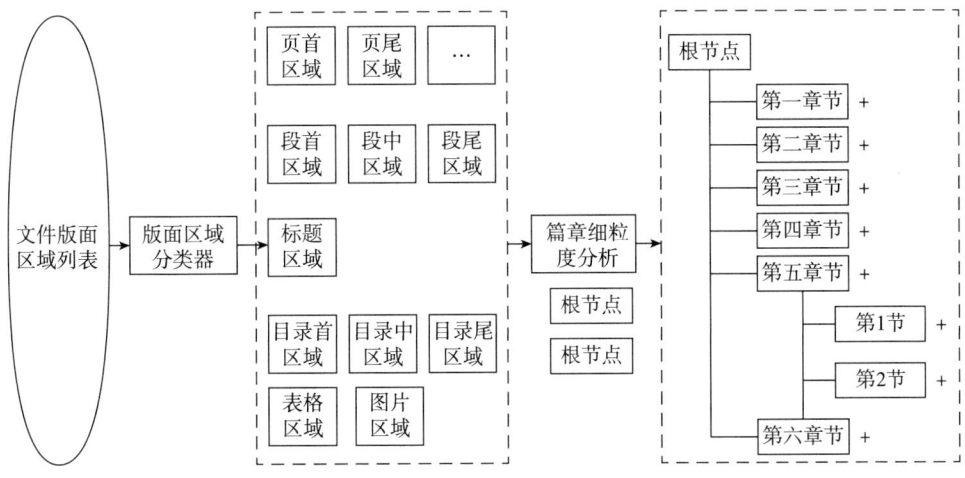

图 5 篇章识别模型总体流程

二是基于 XBRL 规则进行财务数据自动化校验。在具有年报配套的 XBRL 数据时，我们可以利用 XBRL 数据作为 Heuristics（启发）来引导信息定位和提取结果的校验，从而可以从较少的 XBRL 包括科目引导提取更多的未包括科目。在提取出结果后，我们可以通过 XBRL 校验规则库（如资产总计 = 负债和所有者权益/或股东权益总计），对应以输入标准化后的财务信息表，对财务信息表进行校验。流程如图6所示。（注：图中引用规则构造子模型和财务信息标准化子模型，此处未展开）

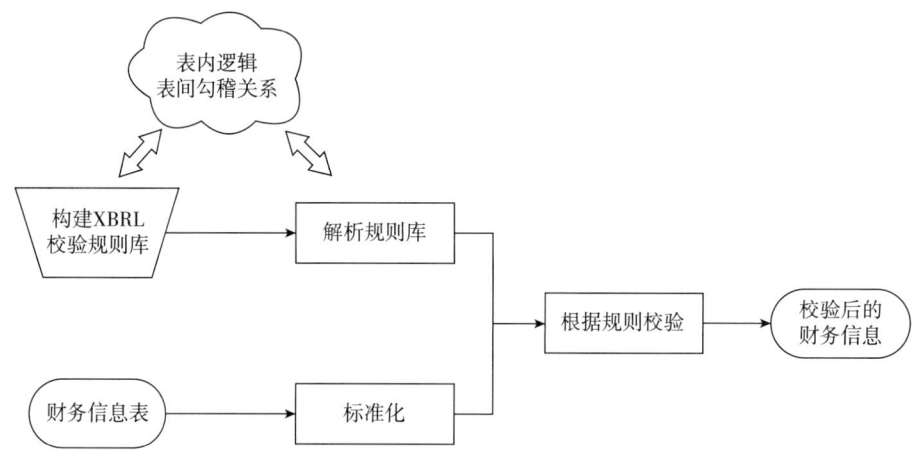

图6 基于 XBRL 规则进行财务数据自动化校验流程

五、总结

过去几年的实践证明，知识提取技术在各类监管任务中已经达到可用的质量，有了很好的应用前景。监管业务特点所带来的挑战，运用柳叶刀方法，通过细粒度模型分解和迭代学习模型也可以克服。在事前审核、事中稽核、事后稽查三大环节，对于各类信息披露文档，均可以利用机器自动化处理或辅助处理，大大提升了监管工作的效率。

自动化监管文档的处理不仅提升了现有任务，也可支撑多类新一代智能化系统的实现，如全景式主体画像、新一代智能搜索系统、新一代的问答系统、新一代的报表系统、更敏捷的 BPM（业务流程管理）系统等。未来，包括知识提取技术在内的人工智能技术，必将在监管的各个环节得到更广泛的运用。

监管科技在公司监管中的应用现状及思考

——以全国股转公司"利器系统"为例

曹文锐[*]　张铭媛[**]　兰　集[***]

摘　要：公司监管是通过信息监测公司行为并快速有效地采取监管动作的过程。随着资本市场内外环境日趋复杂，需要借助大数据、人工智能等新技术，不断提高科技监管能力。2018年，全国股转公司启动了"利器系统"（NEEQI）的开发工作，其核心功能为风险测算与识别。本文介绍了利器系统的数据逻辑及运作原理，并以挂牌公司2019半年报财务风险为例，分析了利器系统在提高公司监管上的作用。最后从监管环境、规则设计、技术要素三个方面对如何实现监管科技与监管业务的深度融合提出思考。

关键词：新三板　监管科技　公司监管

近年来，资本市场内外环境更趋复杂，证券违法违规呈现多元化、隐蔽化等特征，证券监管工作面临前所未有的挑战。用好大数据、人工智能等新技术，不断提高科技监管能力，是一线监管面临的重要课题。2018年8月，证监会正式印发《中国证监会监管科技总体建设方案》，标志着我国证券市场监管科技建设的顶层设计正式完成。为响应方案提出的"监管科技3.0"号召，2018年9月，全国股转公司在前期科技监管探索基础上，启动了"利器系统"

---

[*] 曹文锐，全国股转公司公司监管一部总监助理。
[**] 张铭媛，全国股转公司公司监管一部经理。
[***] 兰集，全国股转公司公司监管一部经理。

（NEEQI）的设计及开发工作，结合一线监管实践，在财报粉饰、信披违规、经营风险等方面精准发力，辅助监管人员对挂牌公司进行全景式分析，快速把握挂牌公司特征及风险。

一、利器系统的数据逻辑及运作原理

新三板市场挂牌公司每年平均发布临时报告40万份以上、定期报告2万份，按照公司监管条线40名一线监管人员的配置，人均审查临时报告1万份、定期报告500份；从日均数量看，240个交易日日均审查临时报告42份、定期报告披露季日均审查定期报告15份；从日均工作量看，日均审查临时公告与业务办理需300分钟，定期报告披露季简易审查年报、半年报达450分钟以上，即在定期报告披露季，仅仅完成信息披露审查工作，日均须耗时12.5小时。同时，人工审查可能存在不及时、线索遗漏、尺度不一致等风险。因此，依靠人力的传统审查模式无法满足当前资本市场加强一线监管的高标准、高要求，必须借助科技系统智能优化审查流程、提高审查效率。

信息披露科技监管的目标是利用大数据、人工智能等技术，依据分类规则，将披露公告等转换为结构化数据信息、自动化快速办理日常业务、设置多维度风险预警指标，智能筛查、提醒、处理风险违规事项，做到自动化办理、监管无死角。新三板信息披露智能监管系统——利器系统（Neeq Information Disclosure Intelligent Regulation System）定位于高效、可视化的监管大数据平台，提供了一种以数据为核心的科技监管解决方案，借助专家系统、机器学习等技术手段，通过数据分析、数据预测、数据决策等全方位的数据运用，实现风险评估和监管审核的数据挖掘、整合、分析和预测，提升公司监管的时效性与针对性。

（一）利器系统的数据逻辑

一是以数据为驱动。利器系统基于三大类别、两个层次的定期报告模板以及60项临时公告模板形成的XBRL信息披露数据为基础，以精准识别、深度分析、辅助监管为价值导向，通过对数据资源的聚合分析，实现监管科技与业务场景的紧密结合。

二是以数据重构监管流程。利器系统借鉴了监管业务的人工审核评估机制，构建了监管规则、审查要点及专家经验的知识本体，形成统一的数据统计维度和数据合规标准，推动线下、间断、分散的人工监管流程向在线、连续、集中的智能化监管流程转变。在2019年投产的版本中，利器系统形成一套包含880余项判断标准的指标体系，其中财务舞弊识别指标270条、运营风险识别指标303条，同时将上述指标归集为业务循环、财报勾稽、粉饰动机、偿债能力、管理能力等40个指标集群，多角度分析判别挂牌公司风险。

三是数据的价值创造。利器系统基于对数据资产的分析和洞察，通过机器学习探索发现未知经验，指导监管业务实践，助推监管模式创新，使数据成为监管的生产力，实现价值创造。在具体应用上，首先主要辅助监管人员快速审查信息披露文件，重点筛查挂牌公司财务粉饰、持续经营、合规治理等问题，实现了线索发现、分析和预警功能。

（二）利器系统的运作原理

利器系统的核心功能为风险测算与识别，在充分总结交易所市场监管实践和会计师事务所审计经验上，结合挂牌公司监管原则与审查要点，构建信息披露违规、财报粉饰、持续经营能力评价指标库。通过建立规则模型与AI模型，对企业财务及非财务模块进行量化评分，从而警示风险。对于出险指标和标签，利器系统通过风险预警与提示功能，匹配相应的解读与提示，帮助监管人员快速定位风险，排查相关指标，进一步发现风险线索，确认挂牌公司风险。此外，利器系统还提供了多维度、精细化的基础信息展示及查询功能，辅助监管人员全方位快速了解企业的背景特征、潜在风险点及相关重大事项等，为日常监管及年报审查等工作提供线索与依据。

大数据和人工智能是考验技术含量的关键。利器系统利用基于DROOLS规则引擎部署的专家经验规则模型，以及基于XG-Boost机器学习方法的AI模型两种方式来确定风险阈值。通过输入市场400余家"坏公司"样本，专家经验规则模型借助统计技术逐步试错寻找具有区分度的指标、确定最优比对阈值，机器学习AI模型通过最优算法对样本特征进行深度学习，提高了对"坏公司"的区分度。

二、监管科技在公司监管中的应用场景

公司监管是通过信息监测公司行为快速有效地采取监管动作的过程，总体分为三个方面：一是动态监测信息披露文件、舆情事件、外部信息以对风险信息快速反应；二是深度分析财务信息等复杂的数据挖掘隐蔽的风险事项并进行风险预测；三是对信息形成精准判断，采取有针对性的监管策略。

（一）财务审查

财务信息是公司经济活动结果的综合反映，作为投资决策的重要参考，若存在伪造或粉饰，将严重破坏市场秩序，损害投资者利益，财务审查中专业门槛高、审核要点多、审查标准不统一是传统监管模式下的难题。

新三板市场作为海量市场对科技有迫切需求，经过多年探索，初步形成了一套智能审查系统，能够利用黑白样本构建监督学习模型，对传统指标体系智能赋予阈值和权重，一定程度提高了审查的效率、客观性和科学性。

但模型的迭代和智能化仍然受到制约，其中，首先面临的是对高质量数据的依赖，信息披露文档中有大篇幅的文本、图表等非结构化的文档，这些数据的阅读任务重，将其结构化的成本高、效率低，利用语义分析手段准确高效地解读非标数据将是提升科技水平的基本保障。其次，指标体系由监管人员根据经验累积形成，虽然与监管偏好匹配，且输出结果直观性和可理解性强，但因对专家经验依赖强、样本积累过程长，指标阈值和权重的更新迭代缓慢，影响预警效果。此外，规则体系的构建对人工的耗费也十分巨大，且难以避免片面和僵化（如构建财务数据之间、财务数据与非财务信息的勾稽关系），机器若能全面掌握专业知识、学习事物规律和逻辑思维方式，进而自主生成规则，领先于专家经验探索出未知的规律，将真正实现人工智能。

（二）合规与治理风险识别

合规运营、健全公司治理是公众公司的基本要求，监管人员主要通过信息披露审查侦查相关风险。信息披露文件是基于既有法律法规及业务规则要求的信息要件编写的数据，因标准明确，规则统一，所以对单个文档自动化进行硬性合规校验比较容易实现，但大量的信息披露文件如果孤立地存在着，数据的有效性还远远没有得到挖掘。

例如，投资者甲披露收购公司 A 的收购报告书，并载明资金来源为自有资金；数月后公司 A 披露控股股东甲因为个人债务提供担保，将其持有的公司股权质押给银行；次年年报披露季，公司财务报告被出具非标意见，因账面存在大额资产购置公司无法自证具有商业实质，同时公司补充披露公告，控股股东甲利用其控制地位私自以公司名义违规为其个人债务提供担保。上述案例反映的是投资者通过举债收购，并在收购后通过多种方式侵占公司资产弥补收购资金的套利过程，合规性校验可以帮助监管人员快速发现披露的信息中是否存在杠杆收购、股权质押、非标意见等风险事项，但对上述风险传导的路径和方式的识别甚至预判，依赖于丰富的监管检验。如果能系统刻画资本市场风险派系、风险传导路径，将大大提高科技智能水平。

此外，在本案中可以发现，因未掌握公司主动披露的信息以外的数据，风险甄别和应对的及时性受到限制，在本案中，如果公司或收购人的信用信息、交易对方工商信息等外部数据能够及时获知，那么在举债收购、违规担保、关联交易非关联化的资金支出的触发时点，监管人员即可采取监管动作，及时揭示风险、推导风险、预防不利影响的产生。

（三）舆情监测

舆情不仅包含大量风险迹象、违法违规线索、亟须快速处理，更潜移默化引导着社会的意见、情绪和态度，必须积极响应，还应提前预测。舆情监测是公司监管中最具考验的部分，一方面，蕴藏影响市场运行的重要信息且扩散速度快，另一方面，原始舆情数据形式多样、内容丰富但价值密度低，准确且全面地利用舆情信息十分困难，因此关联舆情要素的提取和准确的语义理解是重要前提。以地理距离和风险交叉关联为例，公司B主营业务为奶牛养殖与销售，经营地址在X村，某日，邻村Y村另一企业因严重排污被当地环保部门处以高额行政处罚，相关消息在网络发布，有一定的浏览量，数日后，公司B因奶牛出现大面积病状发布风险提示公告，引发负面舆情，在此案中，提前预判风险的关键在于，将地理位置的相似性准确识别，将污染与生物养猪的关联度正确理解。此外，舆情扩散在时序上的传播特点也可能具备一定规律，如同一舆情事件的主题演变（非法吸收公众资金、群体上访、立案调查、处理决定），同一舆情要素相关的点击量及负面评论的时间趋势，如果能预判传播规律，应对策略将会取得更好的效果。

三、利器系统对挂牌公司2019半年报财务风险分析应用

利器系统半年报财务审查角度聚焦企业持续经营能力的研判，从盈利、营运、偿债等角度进行分析，展示各维度及单指标的触警情况，最终根据加权计算结果，对持续经营风险的级别给予红灯、黄灯、绿灯的预警显示。

（一）三成公司盈利情况存在风险，关注毛利下滑与非主营收益构成高的问题

盈利风险从盈利能力、盈利结构两个角度进行评估。在盈利能力上，2019年上半年总体触警率为31.4%，即占比约三分之一的公司在盈利能力方面被预

警，相对于2018年上半年31.6%的水平未有明显变化；在盈利能力单指标中，毛利率触警率由4.9%提高到6.0%，原因是营业成本的提高导致毛利率下降的公司增多；连续两年亏损公司占比从20.2%提高至22.6%，表明亏损公司业绩改善不明显。在盈利结构上，大部分公司聚焦主业，但有四分之一左右的公司存在非经营性、非经常性收益占比高的问题，该类公司盈利持续性不足。

表1　　　　　　　　　　　盈利情况指标预警情况

	业务运营评价维度	触警率2018	触警率2019
盈利风险	盈利能力—总体（23项指标）	31.6%	31.4%
	未分配利润为负	32.7%	34.7%
	净资产收益率	28.9%	27.6%
	销售净利率	26.7%	26.3%
	毛利率	4.9%	6.0%
	净利润连续两年为负	20.2%	22.6%
	盈利结构—总体（19项指标）	24.9%	25.8%
	非经常性损益利润占比	10.5%	11.2%
	投资收益利润占比	6.8%	8.9%
	营业外收支利润占比	7.8%	6.8%

（二）营运压力显著提高，关注营运资本紧缺、资产周转减缓的风险

挂牌公司营运能力整体触警率为41.1%，较上年提高10.9个百分点，意味着市场新增10%的公司存在资金紧张、资产周转慢的问题。在具体原因上，现金流缺口触警率从36.9%提高至40.0%，存货周转触警率从6.3%提高至8.0%、应收账款周转触警率从6.0%提高至7.1%，上述三项指标触警率均有超过10%幅度的增长，表明中小企业销售回款情况、存货周转情况等进一步恶化，导致现金流紧张、营运资本紧缺。

表2　　　　　　　　　　营运能力指标预警情况

	业务运营评价维度	触警率2018	触警率2019
营运风险	营运能力—总体（23项指标）	30.2%	41.1%
	现金流缺口增长率	36.9%	40.0%
	盈利现金比率变动率	37.8%	34.7%
	净营运资本周转率	10.6%	11.4%
	应收账款周转率	6.0%	7.1%
	存货周转率	6.3%	8.0%

（三）债务规模有较大幅度增加，偿债能力进一步承压

从企业整体债务规模上看，2019年上半年期末总债务规模为1.6万亿元，相比上年同期增长1148亿元，整体债务规模提高，平均资产负债率由39%左右提高到42%左右，公司债务水平提高。利器系统对杠杆水平的整体触警率由32.9%提高到36.7%，与财务数据反映的情况一致，从单指标情况看，资产负债率触警率从7.6%提高至8.3%，表明高负债公司的家数有所增长，付息债务结构触警率从13.8%提高至17.0%，意味着负债结构中有息负债占比增加。

在偿债能力方面，流动比率、利息保障倍数、现金债务比、资产负债率、有息负债率等单指标触警率均显示增长，导致整体触警率由17.9%提高到22.0%，债务兑付风险提高，偿债压力进一步提高。

表3　　　　　　　　　　偿债能力指标预警情况

	业务运营评价维度	触警率2018	触警率2019
偿债风险	杠杆风险—总体（25项指标）	32.9%	36.7%
	资产负债率	7.6%	8.3%
	总借款权益比变动率	8.7%	8.6%
	付息债务结构比	13.8%	17.0%
	偿债能力—总体（46项指标）	17.9%	22.0%
	利息保障倍数	8.5%	9.1%
	现金债务比	32.0%	36.7%
	流动比率	7.2%	7.3%

（四）高风险公司预警家数增长快，需有市场出清制度配合提高整体质量

从预警家数与级别上看，361 家挂牌公司财务持续经营风险高，被系统进行红灯预警，占挂牌公司总数的 4%，相对上年同期 251 家增长 43.8%，预警家数增长较快；1145 家挂牌公司财务持续经营风险较高，被系统进行黄灯预警，占挂牌公司总数的 12.69%，与同期 1128 家基本持平。

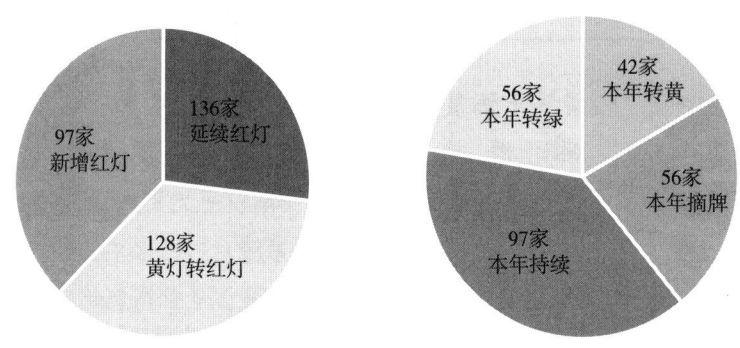

图 1　2019 年 361 家红灯公司情况　　图 2　2018 年 251 家红灯公司情况

在 361 家红灯预警的高风险公司中，97 家上年已被红灯预警，128 家上年被黄灯预警，三分之二的公司财务持续经营风险具有延续性，三分之一的公司为本年新增。在上年 251 家红灯预警的公司中，42 家本年已变为绿灯，56 家本年变为黄灯预警，表明四成公司持续经营风险有所下降；另外，56 家公司已终止挂牌，97 家公司持续被红灯预警，针对连续多年被红灯预警的公司需要及时出清。

四、监管科技应用问题面向未来的解决思路

监管科技的应用是一个综合、渐进、复杂的演进过程，是一个需要不断攻坚克难，甚至可能出现反复和停滞的系统工程，需要强大的理论及技术储备，也离不开监管实践的支撑。2019 年 8 月，证监会发布《面向监管应用的资本市场大数据分析方法指引》（以下简称《指引》），构建了全新的监管科技 3.0 大数据分析技术体系，为监管科技的技术实现指明路径。参考《指引》提出的基础分析能力框架，针对科技监管应用中遇到的问题，本文从监管环境、规则设计、技术要素三个方面提出解决思路，探索实现监管科技与监管业务的深度融合。

（一）构建共享、协同、稳定的数字资产监管环境

一是整合内部资源，加强基础设施建设。要加快业务系统迭代更新、改进升级，有效对接和嵌套大数据监管应用程序编程接口（API）等应用系统，通过标准化、自动化和实时性的数据传输，打破"数据孤岛"，消除数据存储、处理及流通的障碍，构建内部集中统一的数据信息管理平台（中心数据库），在切实做好数据安全保密和敏感信息保护的前提下，促进内部交易数据、风险数据等安全、便捷的传输和使用。二是优化外部合作，推动协同创新。加强与其他政府部门、监管机构、证监会系统单位在数据定义与标准、产品服务创新、监管合规等领域的交流和合作，打通信息壁垒，发挥互补优势，实现数据信息无缝对接和互通共享，协同推进新技术在风险管控、合规管理中的应用。三是强化顶层设计，提供制度保障。加快完善与监管科技相关的数据安全使用、流通和共享等方面的制度设计，建立监管科技应用的行业标准，平衡和协调数据安全、隐私保护与数据流通、信息共享的关系。

（二）尝试监管规则逐步向定量化、代码化转变

当前各类监管文件较多使用定性方式表述，定量描述相对较少。这种方式优势在于可以避免"一刀切"式监管，为实际执行预留制度空间；劣势在于难以转成可执行代码，从而通过技术系统实现机器可读。当前，一些自然语言处理（NLP）产品可以实现自然语言向机器语言的转换，对监管文件进行自动识别，从而转化为机器可读的指标和代码。但由于监管文件往往具有复杂的语法和丰富的语义内涵，需要结合历史文件、业务事项、市场反应等进行灵活解读，且不同的语义分析系统本身存在算法差异，经过NLP技术处理的监管规则存在标准不统一、语句歧义、可用性差等问题。

未来可尝试制定二元化的监管文件，在传统发文形式之外，同时下发机器可读可执行的代码文件，一方面可以直接将文件导入科技监管系统，将监管要求迅速转化为规则模型，实现监管规则在业务与技术层面的统一；另一方面也提供了监管机构与市场之间数据信息交互的监管协议，有助于监管政策及合规准则的有效落实，促进风险管控、合规管理等战略目标的协同一致。在具体实施上，可采取"监管沙盒"的策略，选取风险较小的细分业务条线，以效力位阶较低的监管问答、业务指南作为试点，鼓励市场主体参与技术研发和产品测试，通过小规模的合规评估和风险测评，有效管控监管创新带来的风险。

（三）优化模型及系统功能，提高监管智能化水平

一是引入深度学习方法，加速模型迭代。

机器学习是计算机通过模式和推理，高效执行指定任务的学习算法。在利器系统的建设初期，经过对各种机器学习算法的遍历尝试及模型有效性检验，完善了模型指标选取和阈值设定，最终选择性能最优的 XGBoost 算法构建人工智能模型。XGBoost 是一种有监督的机器学习算法，训练数据既有特征（财务、非财务指标）又有标签（好、坏样本标签），通过训练，让机器可以自己找到特征和标签之间的联系，在面对只有特征没有标签的数据时，可以判断出标签。机器学习过程是受监督的，即监管人员需告诉机器应当寻找哪种类型的公司作为好、坏样本，机器的成功率完全取决于监管人员对好、坏样本准确定义特征集的能力，导致模型对人工依赖程度高、迭代速度慢。基于后续拓展的数据源、增长的指标库及不断更新的样本库，可尝试引入深度学习方法。深度学习是机器学习的一种方法，模型基础为深度学习神经网络，优势为机器无须监督即可自动构建功能集，通过输入数据并让模型自己确定是否对给定的数据元素作出正确的解释或决策，并从模型自身的输出中创建复杂的统计模型，实现模型的优化迭代。

二是运用 NLP 技术，提高合规检查与舆情分析效率。

自然语言处理（NLP）是计算机科学、信息工程以及人工智能的子领域，专注于人机语言交互，探讨如何处理和运用自然语言，可运用于信息披露监管及舆情监控。在信息披露监管方面，可通过自然语言处理技术，对信息披露的文档进行文本分析，通过预处理、分词、根据字段字典提取关注字段及比对法律法规的要求等一套流程辅助监管人员进行合规性检查。在审核完毕后，可以通过 NLP 技术提取出指定字段形成自动化报告，提高合规性检查的准确率。在舆情监控方面，自然语言处理可以辅助舆情监测人员对舆情爆发点、舆情传播渠道进行实时监测。在具体实施上，可通过爬虫爬取新闻标题、内容及转发信息，通过程序包将文本分词。分词之后，通过主题词算法进行主题分析，进行某一主题的舆情信息收集，当用户转发信息积累到一定量时，可以通过构建知识图谱，发现舆论潜在的传播渠道，为舆情管控的后续工作提供线索。

金融科技解读：资本市场基础设施建设机遇[①]

WFE 麦肯锡

摘　要：交易所作为国家的重要基础设施，承担着保障国家经济安全、维护金融市场稳定运行、防范系统性风险的重要职责。在全球金融科技日新月异的今天，交易所应充分发挥市场组织者、建设者、监管者的职能，提升科技创新能力，强化资本市场功能发挥。本文分析了金融科技的发展现状、在资本市场基础设施行业中的前景、新技术在行业价值链中的作用，以及一些未来潜在的最具创新性的领域，并结合交易所发展趋势，提出抓住金融科技发展机遇的方式。

关键词：金融科技　资本市场基础设施　价值链创新

一、引言

无论对于投资者还是资本市场基础设施供应商（Capital Markets Infrastructure Providers，CMIPs），科技长期以来一直是提高资本市场效率的驱动力。尤其是近年来，金融科技创新速度加快，产生的影响也更大。数以百计的金融科技公司专注于资本市场基础设施领域的技术研发。与此同时，虽然资本市场基

[①] 本文节选世界证券交易所联合会（World Federation of Exchanges，WFE）和麦肯锡咨询的联合报告 *FinTech Decoded*: *Capturing the opportunity in capital markets infrastructure*（2018 年 3 月），授权翻译。WFE 是全球交易所和清算所的协会组织，包含了超 200 个市场基础设施供应商。麦肯锡作为一家全球咨询公司，在过去八年已经支持市场基础设施供应商的超 400 个项目。本文的分析数据来自两部分：对 WFE 的 46 个会员机构进行问卷调查，问卷包括 24 个问题；对于金融科技应用的分析数据来自麦肯锡全景金融科技数据库。

础设施供应商也意识到金融科技的重要作用，但仍有许多市场基础设施供应商仍不确定应采用何种技术、如何将技术应用，以及如何获取金融科技技术。

过去十年，随着资本市场监管环境（如在场外衍生品市场引入强制性中央交易对手方）、投资者行为的变化（数据和分析解决方案需求增加），资本市场基础设施供应商在市场中的角色和地位也发生了重要改变。在未来几年，将有越来越多的资本市场基础设施供应商通过创新和引入新技术，有的甚至是革命性技术，达到更高的效率、服务和增长水平。

资本市场基础设施行业由组织、处理、维护全球投资的网络组成。这些组织执行交易、清算证券头寸、结算支付、资产托管，并通过安全网络增强交易、通信、数据分析、增值服务（如监管服务和企业解决方案）等功能。资本市场基础设施供应商包括传统交易所或交易场所、交易商间经纪人、经纪交易平台、订单管理系统供应商、中央交易对手方、清算所、证券托管机构、证券服务公司。对于交易所和独立的公司而言，提供信息服务是吸引客户、提高竞争力的重要方式，其范围从提供市场交易数据、编制金融和经济市场指数到提供高级分析的增加值服务等。

本文评估了金融科技在资本市场基础设施行业中的前景、新技术在行业价值链中的作用，以及一些未来潜在的最具创新性的领域。尽管自2015年以来，受投资者对宏观经济环境不确定性影响，对投资持谨慎态度，导致金融科技领域的投资增速有所放缓，但投资者对资本市场基础设施涉及的金融科技领域的投资增长仍然很陡峭，且很大概率未达到峰值。

通过分析，本文认为金融科技主要降低了资本市场基础设施行业的运行成本、提高了运营效率、增加了新的收入来源，并从四个方面重塑了行业价值链。一是随着资本市场的发展壮大，衍生出大量的数据，高级分析（Advanced Analytics）在资本市场、金融和经济数据分析中的需求不断增加，高级分析技术和人工智能技术的应用呈现快速增长的趋势。二是分布式账本技术（Distributed Ledger Technology，DLT）被广泛应用于资本市场基础设施运营中，包括清算、结算、数字货币，以及首次代币发行（Initial Coin Offerings，ICOs）等。三是云计算和量子计算等创新技术带来更高的效率，如能够拓宽交易市场的深度和交易资产类别的广度。四是自动化和机器人技术提高了交易后服务效率，如独立的科技风险监管分支机构将促进风险监管效率的提升等。

迄今为止，在资本市场基础设施领域最活跃的金融科技公司大多为规模较小的初创型企业。就本文而言，资本市场基础设施相关的金融科技公司是指2000年以后成立、员工人数不足1000人、运营领域在外汇交易、经纪、机器资讯以外的公司。从目前的情况来看，大多数金融科技公司都是专注于技术产品的研发，而且通常会选择与CMIPs合作，而不是为了与CMIPs抢夺客户和资源。但一些金融科技巨头，如亚马逊、谷歌、微软等对资本市场基础设施行业的兴趣和投入，以及未来是否会涉足该行业的核心，目前仍然不清楚，若其加入则很大可能会改变资本市场基础设施行业的格局。

本文基于对世界交易所联合会（WFE）成员的调查，受访者基本上对金融科技持有积极态度，均认为将金融科技融入企业会提高生产效率或带来新的收入，没有人将金融科技视为一种威胁。同时，WFE成员认为将金融科技融入公司组织中的途径主要有四个：一是内部组建团队学习。大多数调查对象已成立了专门研究全球金融科技及其应用的一个或多个内部团队。二是与外部合作或合资企业。40%的受调查对象认为与外部科技公司合作是获取金融科技的最有效方式，25%的受访者认为合资企业是获取金融科技的有效方式。主要原因是金融科技发展非常迅速，如果只借助自身力量发展则需要大量的人才。三是股权投资。11个受访对象认为通过少数股权投资获取金融科技，10个受访对象表示使用大规模股权投资获取金融科技。四是直接收购。9%的受访者认为直接收购金融科技公司是获取金融科技最有效方式。

随着新公司和创新技术不断的进入，金融科技领域在加速发展，思维模式也在迅速变化。作为资本市场基础设施供应商，成功部署金融科技的方法是搭建一个组合：投资于不同规模、不同时间范围、不同目标的多种金融技术，其中一些是以增强核心业务为短期目标，一些以少数革命性创新为长期目标。由于市场上涌现出越来越多的金融科技，而且未来还会出现更多，因此，资本市场基础设施供应商有必要确定最适合的战略和运营技术，然后确定哪些技术需要内部开发，哪些需要依靠外部金融科技公司，以及采用何种方式合作。

二、金融科技与市场基础设施价值链

麦肯锡全景金融科技数据库涵盖了全球12000多项金融科技创新中的6000多项数据，根据这些项目的内容和技术分类，大约有700项技术与资本市场基础设施行业相关。2016年，资本市场基础设施行业相关科技指数为377，较2010年增长277%，几乎翻了两倍，超过了金融服务业其他领域的增速，如银行业和支付领域相关金融科技指数分别增长186%和184%。

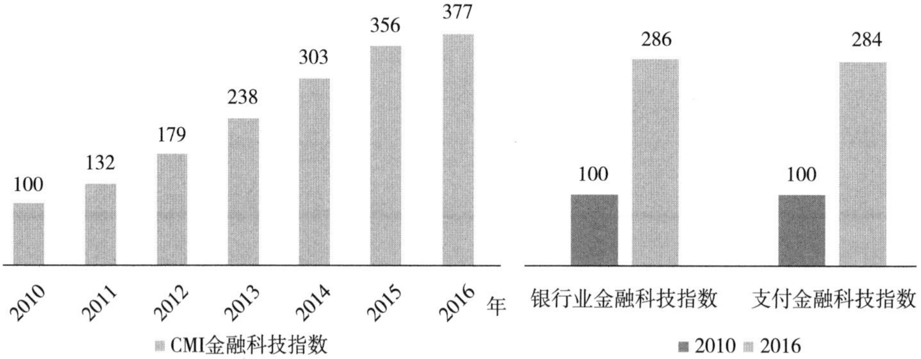

图1 CMI金融科技融资指数

本文观察金融科技在市场基础设施行业价值链中的位置,并分析不同价值链环节所运用的技术,这对于全面了解市场基础设施行业科技领域非常重要。金融科技带来的创新体现在价值链中的五个方面。

一是资本获取。为市场发行者和投资者提供新的接触方式,并创新资产类别和品种。例如,众筹平台、中小微企业债券发行和私募发行平台、加密货币发行平台等。二是交易执行。提高交易效率,具体应用包括分散的交易、线上拍卖、加密货币交易等。三是交易后服务。使企业的运营更便捷、更自动化、更高安全性。例如,基于分布式分类账技术的清算和结算、监控和分析软件、自动化交易、合规解决方案(反洗钱、KYC原则①、合规风险)。四是数据分析和信息服务。采用新技术挖掘数据中所包含的信息。例如,算法和量化交易解决方案、人工智能驱动的金融预测、实时市场数据平台、非传统数据汇总和分析平台。五是运营与技术。创造更高的效率,更低的成本,降低延迟和运营风险。例如,面向数字资产发行的开源技术、端到端交易技术、通过全过程自动化的端到端场外交易控制解决方案、机器人技术和自然语言处理技术提高了操作效率、云计算等。

关于市场基础设施价值链中,哪一环节最受金融科技创新的驱动,麦肯锡全景金融科技数据库的显示结果和WFE会员问卷调查结果有所不同。麦肯锡全景金融科技数据库显示,资本获取环节的金融科技占比37%,其次为交易执

---

① KYC(know-your-customer),国际组织反洗钱金融行动特别工作组(FATF)为提高金融诚信度,打击洗钱和恐怖主义融资,规定金融机构需要知道它们的客户是谁。

行（26%）、数据分析和信息服务（23%）、交易后服务（6%）。相比之下，3%的WFE成员认为金融技术在资本获取环节的应用较少，并认为交易后服务环节的金融科技最活跃（占比50%）。考虑到过去几年媒体对区块链和其他分布式分类账技术的广泛关注，以及这些技术在交易后清算和结算领域产生的巨大影响潜力，WFE成员问卷结果与麦肯锡数据库结果的差异性是可以理解的。

```
资本获取端            交易执行            交易后服务              数据、分析
                                                                 和信息服务
●筹资平台             ●分散交易市场        ●区块链技术清算和结算    ●算法和量化交易解决方案
●中小企业债券发行     ●线上拍卖市场        ●分析监测               ●智能金融预测
●中小企业私人发行     ●加密货币交易        ●自动化交易重构         ●实时市场数据分析
●数字货币发行                             ●合规解决方案           ●非传统数据聚类及分析

                            运维与技术

        ●数字资产发行的开源技术
        ●端到端交易技术
        ●全流程自动化的端到端OTC交易确认方法
        ●自然语言提高运行效率和处理技术
        ●云计算
```

图 2　CMI 价值链

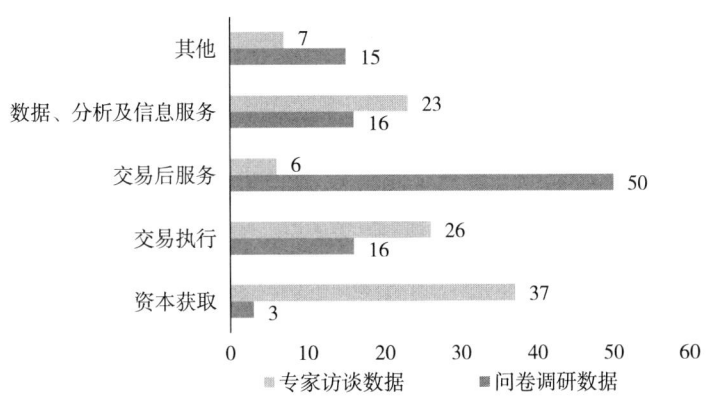

图 3　金融科技在 CMI 价值链环节的创新驱动力

虽然，金融科技之间的界限可能较为模糊，但它们的应用大致可分为四类：根据全景金融科技数据库显示，大约一半的技术为高级分析和人工智能（48%），其次是分布式分类账技术（包括区块链，26%）、云计算和量子计算（13%），而自动化和机器人领域则较少（4%）；WFE会员的问卷调查结果类

似，其认为金融科技在高级分析和人工智能、分布式分类账技术（包括区块链）、云计算和量子计算、自动化和机器人领域的占比分别为30%、24%、24%、17%。

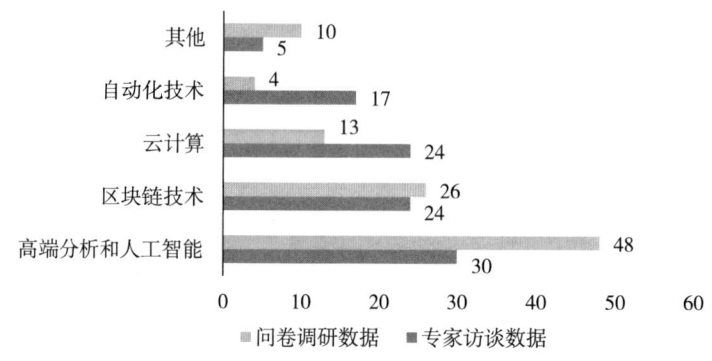

图4　CMI 行业应用最广泛的科技

三、CMI 行业金融科技融资规模大幅增长

整个金融科技领域的融资额在 2014 年和 2015 年快速增长后，2016 年稳定在 140 亿美元左右，主要原因在于在金融科技快速发展的趋势下，当前的部分初创企业的技术缺乏创新性，投资者对金融科技的投资预期进行了调整。然而，从细分领域看，资本市场基础设施领域的金融科技公司所获得的融资快速增长，2015 年和 2016 年分别为 13 亿美元和 20 亿美元。2016 年的大额增长主要是由少数几个大规模交易所推动的，其中，Lufax（陆金所）获取的融资规模最大（17 亿美元）。

2017 年，一种新的融资方式快速发展——首次代币发行（Initial Coin Offerings，ICOs）①，为金融科技企业提供 20 亿美元的融资，根据 CB Insights 分析，ICOs 已经超过风险资本，成为区块链技术公司的最大资金来源。尽管如此，世界各地的监管机构仍对此持谨慎态度，并告知投资者，此种投资方式存在较高风险。

---

① ICOs 是指区块链初创项目在区块链平台上发行项目独有的加密代币，投资者通过使用指定的数字货币（如比特币、以太币）购买代币的方式为项目进行众筹融资的行为。

金融科技解读：资本市场基础设施建设机遇

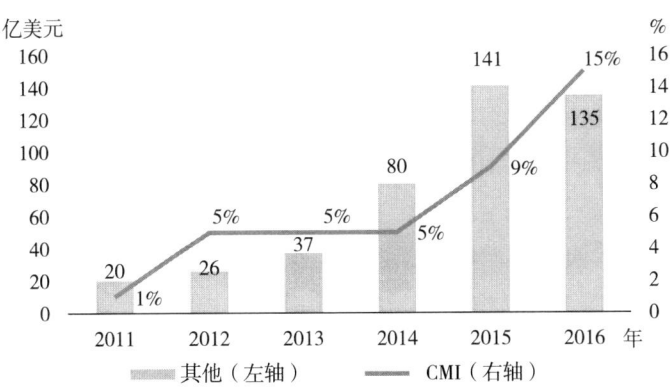

图 5 CMI 行业金融科技融资趋势

四、金融科技：朋友还是敌人？

麦肯锡的研究表明，在市场基础设施行业价值链的大多数环节，金融科技是现有市场基础设施供应商的潜在合作伙伴，而不是竞争对手。在交易后服务环节，90%的金融技术公司的目标是向现有公司提供服务，也就是说，它们是企业对企业（B2B）的服务模式。这一结果与 WFE 调查的结果一致，75%的参与者认为金融科技产品是针对资本市场基础设施供应商，而不是他们的客户（亚洲的 WFE 成员对这一观点的认同度更高，为 90%）。

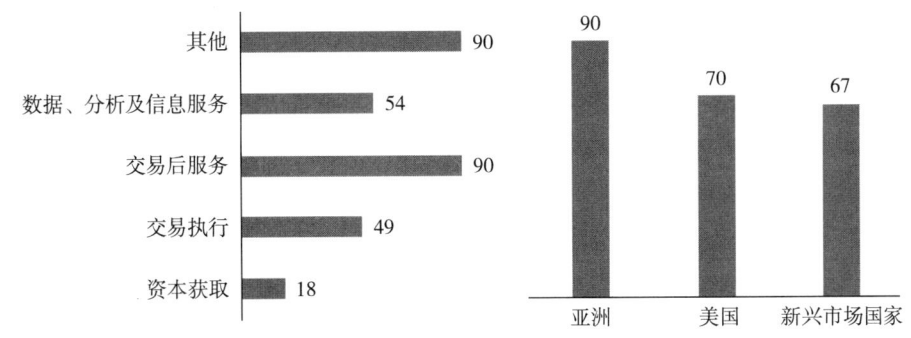

图 6 不同价值链中金融科技 B2B 模式占比

然而，在价值链的前端，资本获取环节，82%的金融技术商业模式是企业对消费者，即 B2C，在该链条下，可能会对市场现有的供应商构成威胁。整体而言，WFE 成员认为金融科技整合的潜力大于威胁：61%的调查受访者预计金融技术将整合到特许经营业务中并创造新的收入来源，而 37%的受访者预计金融科技将会带来更高的生产率，只有一名调查参与者将金融科技视为直接竞争对手。另外，在单独的采访中，欧洲和美洲的一些 WFE 成员高管认为，该行业的清算和结算流程、融资活动易受到新竞争对手的影响。

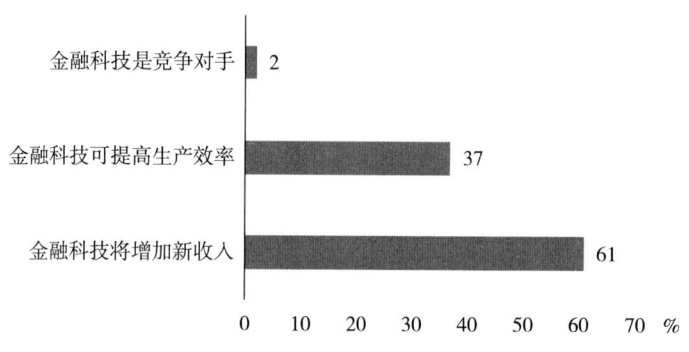

图7　金融科技对 CMI 生态系统的影响

五、大型科技公司的影响

努力将新技术引入资本市场的不仅局限于小型和新型的金融科技公司，资本市场基础设施领域的进一步创新还可能来自亚马逊、谷歌和微软等大型科技公司。这些公司已经通过云服务等技术提供资本市场基础设施，以及为广泛的金融参与者提供服务。在某些情况下，它们还通过与规模较小的企业进行整合和合作来提升自身在金融科技领域内的能力，例如，谷歌与数据整理领域企业 Trifacta 开展合作，而微软收购了语音和图像识别领域的深度学习企业 Maluuba，以增强其人工智能的能力。

关于金融科技公司在未来五年产生的影响，通过问卷调查发现，略高于40％的调查参与者认为，类似苹果、阿里巴巴、亚马逊等大型科技公司将对资本市场基础设施行业产生重要影响，另有39％和20％的人认为当前的基础设施供应商、初创企业会对行业产生重要影响。

大型科技公司拥有雄厚的资本，可以研发新的技术，在资本市场营销领域发挥优势，例如可链接发行者和投资者，帮助融资。此外，对于大型科技公司而言，与其他金融服务行业相比，市场基础设施行业具有更广阔的发展空间，因为该行业数据化程度高、数据丰富，同时在某些领域（信息服务等）所受监管较少。

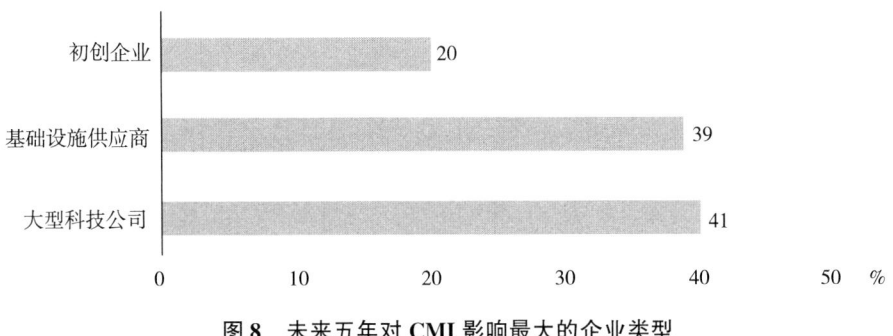

图8 未来五年对 CMI 影响最大的企业类型

六、价值链创新

金融科技在资本市场基础设施行业所发挥的作用及影响主要体现在以下几方面。

（一）资本获取

在资本获取方面，金融科技正在以多种方式改变传统的资本模式：为小型企业提供股票和债务的众筹服务，并对散户和机构投资者开放；通过开发平台，在融资者和投资者之间建立新的联系，重点关注非传统资产类别，如风险资本、私募股权、加密货币等；通过分布式分类账部署直接发行股票和债券的新技术，减少发行的成本、缩短发行时间，该技术很可能对行业和现有企业产生最大影响，特别是，分布式分类账技术可实现首次数字发行，并在线交易。

根据前文的调查问卷显示，虽然大多数调查者认为金融科技对资本市场基础设施供应商的竞争威胁较小，但在资本获取环节，大多数技术和产品都是B2C模式，这可能会让传统交易所面临上市及交易量的直接或间接损失。基于分布式分类账技术的发展可能会给传统交易所的业务收入带来冲击，因为该技术在新资产类别中具有先发优势，同时对客户需求更具洞察力，也能提供更灵活、更便捷的服务。

（二）交易执行

在交易执行环节的技术方面，大部分都与交易新资产类别的设施相关，在加密货币交易和算法交易策略方面尤为突出。在传统市场中，金融科技旨在通过增强计算能力、利用量子计算、开发具有极低延迟的交易系统、提供跨市场的订单交易来提高价格发现等方式，从而提高效率。WFE调查参与者将交易执行视为金融技术创新的第二大活跃领域。若分布式分类账技术被广泛应用于交易执行环节，则会带来巨大的效率提升。

（三）交易后服务

前述调查问卷显示，调查参与者认为金融科技在清算、托管、结算等交易后服务价值链条中最具创新且最活跃，简化的处理和结算降低了运营成本和资本需求。早期部分预测者认为，将分布式分类账技术应用到这些领域将会为金融界节省数十亿美元的运营成本，而麦肯锡预计，仅场外衍生品市场就可创造 40 亿美元至 70 亿美元的价值。尽管预期很好，但迄今为止几乎没有任何具体的成果。截至 2017 年 12 月，澳大利亚交易所宣布将一个基于分布式分类账技术的系统替代现有的股票清算和结算系统，标志着分布式分类账技术在资本市场基础设施领域的应用向前迈进了一大步。

作为交易后服务的一个子集，随着大数据、机器学习、人工智能等监管科技的发展，监管合规解决方案应用也在不断扩大。这些技术能够将复杂的任务自动化、标准化，如客户维护和 KYC 要求、反洗钱合规性、交易监管、欺诈和网络攻击监测、合规监管报告撰写等。资本市场基础设施供应商已开始将监管科技用于解决日常监管问题，并与相关技术领域的公司合作，改进自然语言和机器智能技术。部分供应商还在开发符合 MiFiD II（欧洲金融工具市场指令）法规的交易报告系统。

（四）数据分析和信息服务

金融科技在数据搜集和处理领域具有广泛应用，在某些情况下还可创造新的收入来源。接受调查的 WFE 成员认为数据分析创新的重要性与交易技术的重要性同等重要，占比均为 30%。

（五）运营与技术

在 2017 年的 SIBOS[①] 圆桌会议上，44% 的与会者认为自动化和机器人技术是行业最重要和最有效的举措。资本市场基础设施供应商采用自动化技术可减少人工错误，并且可根据市场容量的变化迅速实现业务扩展。许多参会组织已经在复杂的工作流程中引入自动化技术，通过将任务分类给机器，极大地提高了生产效率和工作过程的透明度。

据麦肯锡估计，对于预先存在自动化水平的领域，大规模地使用自动化和

[①] SIBOS 年会是由环球银行金融电信协会（SWIFT）组织、SWIFT 成员银行以及合作伙伴参加的年度性国际会议。

机器人技术可以缩减20%的运营成本；对于需要手工操作和人工干预的领域，如后台管理和客户服务等，引入自动化和机器人技术可缩减10%的成本；在托管服务、客户数据维护、抵押品管理等领域，可缩减15%～25%的成本；在工作内容高度重复但未实现自动化的领域内，如对账、结算、支付等，预计最大可节省20%～50%的成本。

七、识别金融科技机会

目前谈论未来五年金融科技对资本市场的全面影响还为时过早。若一些颠覆性的技术被广泛应用，那么金融科技可以为资本市场带来一场革命性改革。然而，对于基础设施供应商而言，了解金融科技本身并不是最重要的，重要的是将一系列新的工具和技术经过不断的测试，并经过深思熟虑后引入基础设施产品中。金融科技环境非常复杂，并且充满了潜在的合作伙伴和收购标的。从调查参与者的角度看，金融科技公司的优势在于对科技的敏感性。令人惊讶的是，他们并不认为金融科技公司的核心优势是吸引顶尖人才或减轻监管压力。

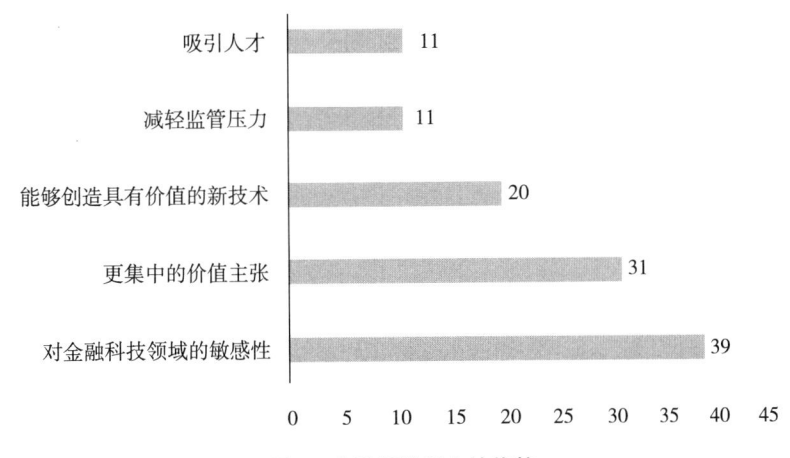

图9 金融科技最大的优势

在引入金融科技的过程中，需要减轻现有业务的风险。巩固现有企业的市场地位，确保数据安全和监管的高效合规。资本市场基础设施供应商在制定战略时应考虑许多因素。

一是保护核心业务不受侵蚀。迄今为止，资本市场基础设施领域的技术变革一直是微妙和孤立的，但目前现存的供应商必须防范更广泛行业的转变，包括其他供应商广泛收购金融科技技术，以及大型金融科技公司的进入等，这些转变会对自身已确定的业务模式产生冲击。其他行业中的例子包括数码相机取代了传统胶片相机，互联网媒体取代了DVD等视频租赁商店。虽然该行业不太可能很快面临重磅冲击，但资本市场基础设施供应商必须意识到金融科技潜在的颠覆性变革，以及它们可能重塑资本市场基础设施供应商的结构和价值链。

40%的金融技术集中在资本市场基础设施价值链的前端，即提供获得资本的途径。似乎很少有调查参与者意识到金融科技在业务中真正的可参与度，如资本筹集和发行证券中的传统协议可以被更简单、更便宜的分布式分类账技术代替。目前行业中的供应商需要细心观察并积极参与全价值链中的金融科技发展。

二是现有业务现代化。金融技术通过多种方式提高效率、提高客户体验水平和改变现有业务模式。首先，云处理可以比传统的内部信息系统更节省成本，然而，WFE成员高管警告称，尽管采用云管理相当简单，但必须权衡成本节约和数据泄露风险。除此之外，交易所还开始向客户提供各种基于云的服务，包括广泛而深入的历史市场信息、大数据处理、抵押品管理、监管报告以及风险分析和评估等，实现更敏捷、更具成本效益的服务。其次，交易、清算和结算操作中的自动化和机器人技术可以降低员工成本，减少错误发生率，并允许自动调整交易量的变化，所有这些都提高了成本曲线的效率水平。最后，分布式分类账技术的应用仍然很新颖，但正如前面提到的，随着澳交所采用DLT系统进行股票清算和结算业务，这种应用已逐渐成为主流。澳交所强调了新系统的安全性、容量和弹性，DLT的实施为客户显著地节约了成本。在进行短期调整时，供应商必须小心平衡其核心系统的变化和引进技术的障碍，应该将新组件集成到现有系统中，同时避免合作伙伴和客户的工作流程发生重大变化。

三是通过金融科技抓住新商机。供应商可以从金融科技中发现新的业务收入来源，包括市场信息分析、新的资产类别交易（加密货币期货等）、扩大算法交易、缓解风险等。目前的重点大多是将技术应用于现有的业务中，但也应该从根本上考虑供应商的核心职能。首先，数据高级分析。大约25%的行业金融科技分布在这一领域。更多的可用数据、数据挖掘和可视化方法的应用等导致了更复杂和更大的数据分析需求。除此之外，自然语言处理和机器学习技术正被用于为资产管理人员开发更精确的Smart Beta产品，为销售方开发独特的数据流。其次，分布式分类账技术正在重塑行业结构。例如，英国皇家铸币厂和芝加哥商品交易所基于 DLT 技术创建了数字黄金交易平台。又如，Conjoule 公司基于 DLT 技术创建的新能源交易市场，简而言之，随着太阳能和风能产量的增加，电力生产变得十分分散，基于 DLT 技术的交易能够降低交易成本，并且便于小规模的厂商进行交易。对于基础设施供应商而言，应该自行掌控独立的项目，同时保证新技术的引进可以方便外部客户的使用。再次，监管科技和风险管理。在全球金融危机后，监管环境变得更加复杂，银行和经纪商正在寻找合规系统来处理订单获取和交易后合规事项；资产管理公司也面临更大的合规负担。市场基础设施供应商可发展交易监测系统、反欺诈和反洗钱技术、监管报告开发系统等。最后，金融科技的创新浪潮创造了发展新的生态系统的机会，客户可以获得广泛的服务和产品。在信息服务方面，汤森路透不仅提供金融市场信息和新闻，还提供一系列行业和商业信息。2017 年初，汤森路透收购了 Clarient Global LLC 和 Avox Limited，扩大其在风险管理和合规服务领域的能力。2017 年，汤森路透还宣布与金融科技初创公司 Finatext 合作，该公司由东京大学创办，该公司通过监控社交媒体舆情，将原始数据提炼为投资见解。同样，彭博一直在围绕其业务平台积极构建生态系统，例如，2016 年收购 Netbox Blue，增强其合规管理能力。通过建设资本市场生态系统，基础设施供应商可以加强与客户的联系，并吸引那些寻求投资研究、大数据趋势分析的新客户。

保护核心业务不被侵占	战略和投资应该反映潜在的威胁和机遇。检查生态系统，确定有可能侵蚀或取代核心业务的破坏性趋势。包括： · 竞争对手推出真正差异化的产品 · 客户优先级和需求的变化 · 潜在的行业进入者 · 出现新的技术解决方案
现代化现有业务	· 投资开发强大的技术基础，并通过迁移到云计算等方式确保一流的连接和计算能力 · 通过使用自动化和机器人技术实现前端流程的现代化 · 探索传统平台的替代方案，以降低成本并提高灵活性和安全性
捕捉新的商业机会	· 通过高级分析开发增值数据洞察力 · 利用类似DLT的技术创造新市场 · 推出新的监管和风险管理解决方案 · 与新兴公司合作创建动态生态系统

图 10 引入金融科技时 CMIPs 应考虑的因素

八、抓住金融科技机遇

对于资本市场基础设施供应商而言,抓住金融科技机遇需要建立尽职尽责的研究团队,并构建一个框架,选择可以最佳地匹配公司战略的金融科技。关于对金融科技的投资决策,建议分三步走。

一是评估金融科技应用方案是否符合战略发展,确保该方案具有清晰客观的优势,并且没有更好的替代方案,即经典解决方案。二是通过审查现有方案的广度,确定采用哪种金融科技技术,保证其最适合内部流程。三是通过评估业务案例、潜在合作伙伴的合作效果,以及可持续性,选择最优的合作伙伴。

对于许多供应商而言,投资金融科技是非常有吸引力的选择,但是一种高效、高回报的金融科技投资需要以下三点。

一是供应商可以建立金融科技创新中心来研究该行业,了解其应用,并与领域内专家、风险资本家、供应商和客户进行沟通。一名 WFE 高管表示,他的公司成立了两个团队,一个团队负责内部开发和行业研究,另一个团队负责制定投资战略。

二是要抓住金融科技机遇,需要供应商作出深思熟虑的计划,首先要在整个组织中树立对机遇和威胁的意识。同时,加强内部人才队伍建设,技术团队既需要金融技术教育背景人才,也需要引进来自不同背景的新人才。同时,对于任何重要的战略举措,高级管理层的协调、认可和支持至关重要。

三是与科技公司合作并对其进行投资。供应商可以采用许多不同的方法来发展与科技公司的关系。40% 的 WFE 调查参与者认为与金融科技公司合作是最有效的方式,其次是合资企业(25%)、少数和多数股权投资(各占 13%)。WFE 成员高管也强调,与初创企业合作对大公司来说可能是一项挑战,尽管这种合作可以带来好的学习体验,但很难实现有形的产品。

金融科技解读：资本市场基础设施建设机遇

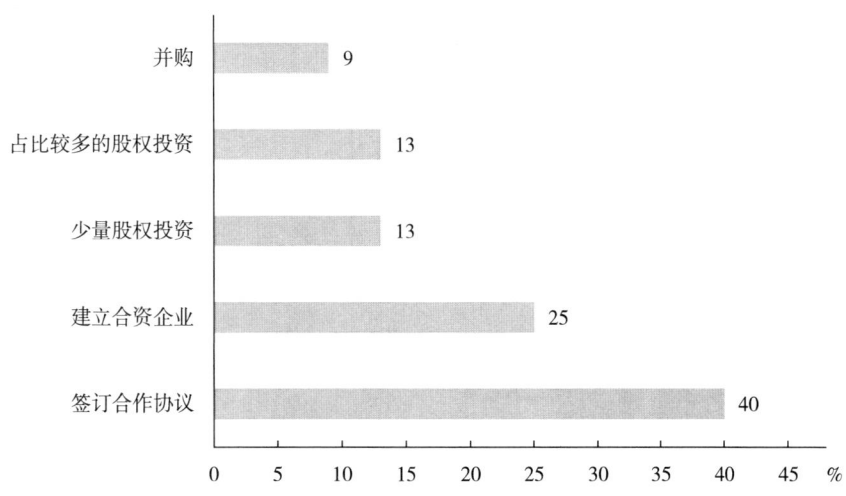

图 11　与金融科技公司建立关系最有效的路径

表 1　　　　　　　　　　区块链技术的应用案例

价值链	交易所	事项
资本获取	伦交所	与 IBM 合作，为意大利中小企业实行数字化股票发行，将股权结构电子化
	纳斯达克	设立 LINQ 平台，允许私人公司进行股权管理
	港交所	计划推出基于区块链技术的私人市场，旨在帮助早期和小公司更容易获取融资
	韩交所	2016 年 11 月，采用区块链技术推出韩交所创业板市场，帮助初创企业在公开市场交易
交易执行	芝加哥商品交易所	英国皇家铸币厂和芝加哥商品交易所创建了数字黄金交易平台，为数字黄金交易提供快速、经济、加密的交易方式
	洲际交易所	数字货币交易
	新加坡交易所	探索采用区块链技术为固定收益类产品提供更高效的交易与结算
	瑞士证券交易所	与纳斯达克合作，基于区块链技术为 OTC 市场结构化产品
	芝加哥期权交易所	2017 年 12 月，推出比特币期货合约

续表

价值链	交易所		事项
交易后服务	清算与结算	澳大利亚交易所	采用区块链技术记录持股情况，并处理结算和清算
		欧洲证券交易所	将区块链技术应用于中小企业的结算和清算系统
		美国存管信托和结算公司	将区块链技术应用于信用衍生品清算平台
		德交所	数字货币和证券发行与结算系统
		欧洲清算系统	与新加坡的 itBit 合作，将区块链应用于伦敦贵金属的结算服务
		多伦多交易所集团	用于天然气交易结算
		东京证券交易所	与 IBM 合作，为低流动性市场股票提供交易和结算
	KYC（know your customer）	印度国家证券交易所	允许实时访问 KYC 数据信息
		马德里证券交易所	身份识别系统
	代理投票	墨西哥交易所	股东电子投票系统
		南非证券存管机构 Strate	基于区块链技术纳斯达克为南非证券存管机构 Strate 构建了股东电子投票系统

域外经验

德国上市公司收购市场监管研究

王通平*

摘　要：上市公司收购监管制度既关系到证券市场资源配置的效率，也关系到上市公司及其股东的利益，乃至证券市场的稳定。本文系统整理了德国上市公司收购监管制度和实践，同时对比分析了中德两国上市公司收购监管在理念目标、制度安排等方面的特点，最后提出了完善我国上市公司收购制度和监管的建议，认为欧盟及德国证券市场经过多年发展，已发展成一套较为成熟的监管框架，在监管制度完备性和监管实践灵活性方面，值得我国在完善收购制度和监管实践中予以借鉴。

关键词：上市公司　收购制度　德国

如何在提高证券市场效率的同时，有效保护中小投资者的利益，是各国证券市场监管的重要内容。经过多年发展，德国收购市场建立了较为成熟的监管制度，形成了丰富的监管实践。近年来，我国证券市场屡屡发生违规增持、蒙面收购、控制权之争等事例，典型的如"西藏旅游""上海新梅""宝万之争"等甚至进入诉讼程序，这不仅影响了上市公司的正常运营，还往往导致证券市场的异常波动。本文系统整理了德国上市公司收购监管制度和实践，并提出了完善我国上市公司收购制度和监管的建议，为下一步深化资本市场全面改革提供国际借鉴。

---

* 南京大学法学博士，就职于中国证监会上市部。

一、德国上市公司收购市场概况

(一) 已形成较为完善的上市公司收购法律框架

德国作为欧盟成员国,其证券法律规则也处于欧盟法律框架内。目前,在欧盟范围内,相比《公司法》,《证券法》已取得较大程度趋同。欧盟法律包括法规(Regulations)和指令(Directives)两种类型,法规直接适用于欧盟各成员国,指令需要各成员国转化为国内法后生效实施。

1. 欧盟颁布规范收购市场透明度和行为的指令

(1)《透明度指令》(Transparency Directive)。2004 年生效的《透明度指令》要求,在欧盟范围内、有组织市场上进行证券交易的发行人需定期向市场披露信息以确保适当的透明度,这些信息包括:1)年报,中期财务资料;2)重大投票权持有情况的持续、连贯披露;3)按照《市场滥用指令》的规定,对特别事项进行披露,如一旦触及《透明度指令》规定的条件,必须尽快向市场公开内幕信息。

(2)《要约收购指令》(Takeover Directive)。强制要约收购规则最早出现于英国的《城市法典》(City Code),并一直在英国的公司收购规则中占有重要地位。长期以来,欧盟各国对于是否需要在欧盟层次上设立强制要约收购规则存在较大的争议。2004 年 5 月 20 日生效的《要约收购指令》使各成员国的争议尘埃落定。指令为欧盟境内上市公司的要约收购确立了最低标准,并突出对少数股东的保护。指令规定,各成员国必须按照指令的规定建立全面要约收购制度,但允许在不妨碍要约收购正常进行的前提下制定进一步保护少数股东利益的措施。但是,指令没有规定统一适用的要约收购临界点,各成员国可以根据本国证券市场的发达状况、上市公司股权结构及政府对证券市场的监管理念和目标等因素确定。

2. 德国制定规范权益变动和要约收购行为的具体法律

(1)《证券交易法》(Securities Trading Act)。《证券交易法》于 1998 年 9 月颁布,是规范德国证券交易的基本法。其中,权益变动通知是《证券交易法》的重要内容,目的是让投资者了解主要股东的持股变化,提高资本市场的透明度,帮助投资者作出投资决策。

(2)《证券收购法》(Securities Acquisition and Takeover Act)。《证券与收购法》是公开要约收购最重要的一步法律,其中对要约收购各方权利义务和程序做了详细规定，确保上市公司收购行为公开透明、公正、高效。

（3）《股份公司法》（Stock Corporation Act）。德国《股份公司法》制定于1965年9月6日，于1966年1月1日起生效。作为上市公司的重要组织形式，《股份公司法》规定了股份公司的股东大会、董事会、监事会的权利和义务，多项内容与上市公司密切相关。

同时，部分上市公司收购还涉及反垄断、安全审查、金融等特殊行业准入，需要适用《反限制竞争法》《对外贸易条例》《信贷法》等法律。部分上市公司收购或涉及企业破产重组、员工安置、吸收合并等特殊情况，需要适用《企业重组法》《破产法》《雇员共决法》等法律。

（二）BaFin是上市公司收购最重要的监管机构

德国证券监管包括四个层面：欧盟、联邦政府、州政府的交易所监管机构、交易所。对于收购市场，主要监管机构包括欧盟证券与市场监管局和联邦金融监管局。

1. 欧盟通过颁布指令的方式影响德国证券市场的运作

欧盟证券与市场监管局（ESMA）通过颁布指令（如透明度指令和收购指令）的方式，影响包括德国在内的欧盟证券市场的运作。成员国可以通过制定法规的方式，将其上升为具有法律效力的法律。此外，发生金融危机时，ESMA有权对其监管的机构和市场作出具有法律效力的决定。

2. 联邦金融监管局（BaFin）对收购市场实施直接监管

德国联邦层面设立了对银行、保险、证券行业实行集中统一监管的联邦金融监管局（BaFin），对金融市场实施全面监管。在上市公司收购领域，BaFin是最重要的监管机构。

（1）监管聚焦程序公正和交易公平

《证券收购法》第4条规定，BaFin负责对各种可能妨碍程序正常进行或可能对交易产生明显不利影响的不良情况进行监管，其监管聚焦程序正常性和交易公平性。BaFin有义务在职责范围内采取措施以消除该情况。

（2）对要约文件进行事前审查

BaFin负责接受、审查有关收购各项文件。投资者拟收购上市公司时，其收购文件需要提交BaFin审查后对外公告。BaFin主要审查要约文件的完整性和合规性（是否明显违反收购法律），BaFin有权决定是否禁止要约收购行为、是否批准豁免申请。

(3) 建立专门委员会协助监管

BaFin 内部建立咨询委员会、申诉委员会，处理与要约收购相关的事宜。咨询委员会主要负责协助 BaFin 监督上市公司收购活动，就与收购法相关的问题（如在发布 BaFin 监管活动的法规时）向 BaFin 提供建议。申诉委员会主要负责对 BaFin 所做处分（如禁止某项要约收购的官方命令）的申诉进行裁决。

此外，在州政府层面，设有交易所监管机构，依据《证券交易所法》，负责对交易所的设立、解散、运行、业务规则和收费规则的批准等；同时监管本州的证券交易活动，并与 BaFin 建立合作和信息共享机制，共同实施市场监管。交易所根据法律授权，享有上市申请许可权、上市交易暂停和终止权、信息披露完整性监管权等。州政府和交易所一般不对收购市场进行直接监管。

(三) 德国上市公司收购市场概况[①]

目前，德国监管市场板块共有上市公司 454 家。上市公司收购市场主要特点包括以下五点。

一是收购数量逐步降低。截至 2018 年底，德国共有 13 单要约收购，相比 2016 年（22 单）、2017 年（20 单）显著下降。其中，7 单为自愿要约、2 单为退市要约、4 单为强制要约。2018 年，BaFin 禁止了两单要约收购申请（Biofrontera AG、Pinguin Haustechnik），在 Biofrontera AG 收购项目中，被禁止的原因是缺乏强制披露的信息，要约人在纠正信息后并重新提交要约申请。

二是收购金额稳中有升。2018 年，证券市场收购金额共计 250.82 亿欧元，相比 2017 年（180.8 亿欧元）有所增加，但未超过 2016 年（309 亿欧元）。但是，其中 innogy SE 一单收购项目金额就达到 213.3 亿欧元。

三是大中型上市公司收购成为主流。根据上市公司市值大小，将目标公司分为小型公司（低于 1 亿欧元）、中型公司（1 亿欧元至 10 亿欧元）、大型公司（10 亿欧元以上）。2018 年，德国小型公司收购数量急剧下降，仅为 3 单（2016 年 9 单、2017 年 6 单），目标公司平均市值 833 万欧元；中型公司收购数量相对稳定，共有 7 单（2016 年 7 单、2017 年 9 单），目标公司平均市值 2.88 亿欧元；大型公司收购数量有所下降，共有 3 单（2016 年为 4 单、2017 年 5 单），目标公司平均市值 89.29 亿欧元。

---

① Public takeovers in Germany (Edition 2019) [EB/OL]. [2019-09-01], http://www.hoganlovells.com.

四是收购平均溢价显著下降。从收购溢价率（收购价格高于法定最低价格的差额）来看，2018 年平均收购溢价率为 7.76%，与 2016 年（31.66%）、2017 年（14.1%）相比，显著下降，反映出德国收购市场逐步趋于理性。

五是上市公司对要约收购支持度逐渐降低。根据《证券收购法》，目标公司董事会和监事会必须就要约收购发表合理的声明。2018 年，目标公司发表接受、拒绝和中立声明的比重分别为 46%、31%、23%。从近三年情况看（2016 年、2017 年接受声明分别为 77%、55%），董事会和监事会对要约收购支持力度越来越低。

二、上市公司收购具体制度解析

（一）以"透明度"为核心的权益变动制度

根据德国《证券交易法》第 21、22 条，任何人直接或间接持股达到、超过或低于上市公司表决权（并非股本；计算相关门槛比例时，也不计入无表决权的优先股）的 3%、5%、10%、15%、20%、25%、30%、50% 或 75% 时，必须及时通知上市公司和 BaFin。德国权益变动制度主要内容包括以下方面。

1. 目标上市公司限于监管市场板块

德国证券市场（以法兰克福交易所为例）主要分为两类：一类是监管市场板块（Regulated Market），具体分为高级市场（Prime Standard）和一般市场（General Standard）；另一类是公开市场（Open Standard），具体分为中小企业板（Scale）、报价板（Quotation Board）。权益变动通知义务不适用公开市场板块，该类发行人的证券需要遵守德国《股份公司法》单独披露要求，其严格程度远远低于《证券交易法》要求的披露义务。

德国《证券交易法》规定的权益变动通知义务适用于所在国为德国的股份发行人，目前定义：在德国注册，且其证券在德国或另一个欧盟成员国或欧洲经济区（EEA）签署国的证券市场上市交易的发行人；或在某第三国注册，其证券在德国证券市场上市交易，且选择德国作为母成员国的发行人。

2. 权益标准以表决权为核心

根据《证券交易法》，下列证券的变动需要履行信息披露义务：表决权（《证券交易法》第 21 条）；相关金融工具（《证券交易法》第 25 条）；表决权及金融工具组合（《证券交易法》第 25a 条）。

（1）表决权。任何人持有上市公司表决权，达到、超过或低于 3%、5%、

10%、15%、20%、25%、30%、50%或75%门槛时,均需要进行公告。

表决权不仅包括直接持有股份情形,还包括表决权归属情形(《证券交易法》第22条)。实践中最重要的表决权归属情形包括:1)由子公司所有的股份;2)由第三方代为持有的股份;3)由第三方持有的抵押股份,但第三方有权行使该等股份表决权时除外,以及通过向相关人士提供某种押记给予相关人士所持股份经济利益的第三方所持股份;4)有权单方取得所有权的股份;5)已从其他股东获得代理权的股份,但不包括附有表决权行使具体指令的股份;6)由一致行动的其他人士所持有或拥有的股份(一致行动)。

(2)金融工具。如果一个人直接或间接持有金融工具,而这种金融工具赋予该持有者一种权利,使该持有人在具有法律约束力的协议框架内,单方面从上市公司取得与表决权相关且经发行的股票,收购量使其表决权份额达到、超过或低于表决权通知门槛(3%除外),均需要进行公告。需要通知的表决权数量基于与该金融工具相关的股份数量,一般而言,达成金融工具协议时(无须实际交割),就需要履行公告义务。金融工具包括两种情形:1)给予持有人带来附有表决权的权利。2)拥有相似的经济效益。如可转让证券、期权、期货、掉期、远期利率协议、差价合约等。

(3)表决权和金融工具组合。表决权和金融工具的持股数量应当合计计算。即使增持者仅持有表决权或仅持有工具(在前述类型之一中持有的数量为"0"时)。例如,A股东持有6%表决权且未持有任何金融工具。A有义务根据《德国证券交易法》第21条披露6%表决权,并根据《德国证券交易法》第25a条披露表决权(6%)和金融工具(0)的合计数量。

3. 申报义务人包括证券持有人和证券归属人

申报义务人不仅包括证券持有人,还包括证券归属人(表决权归属),证券持有人和证券归属人均需要提交通知(双重/多重通知义务原则),即相同的表决权和金融工具可能需要由不同义务人提交通知。

例外的情况是,只要增持者受控实体的(最终)母公司遵守通知义务,则其会被豁免通知义务(集团通知,《证券交易法》第24条)。母公司实体可以提交集团文件,即便仅在某个子公司层面(而不是集团汇总层面)达到相关门槛。但是如果集团实体的个人持股超过最低须通知门槛(股份为3%和金融工具为5%),必须在汇总通知中说明有关该集团实体的个人持股信息(穿透披露)。

4. 每个披露时点的披露内容基本相同且适用统一模板

BaFin 制定了权益变动的强制通知模板，无论投资者何时、根据何种规定达到何种门槛，所有通知均使用统一模板。

例外的情况是，超过 10% 或更高表决权披露门槛的股东，必须详细说明：此项收购的意图（包括是否有通过持股实现利润的战略目标或目的）；是否打算在 12 个月内增购表决权；对目标公司管理层或监事会的组成施加影响；提出对包括目标公司股息政策在内的资本结构进行调整。

5. 以书面形式及时通知上市公司和 BaFin

投资者相关表决权持有情况在达到、超过或低于某个门槛后的 4 个交易日内，必须以书面形式通知上市公司和 BaFin，不得无故延迟通知。

投资者在知道，或在审慎性原则下已经知道其达到或超过某个门槛，应当及时履行通知义务。"及时"是指 2 个交易日，投资者在达到、超过或低于相关门槛的 2 个交易日后，就推定已经获知上述信息。如果由于上市公司表决权总数发生变化而触发通知义务，通知义务起算时间从上市公司公布新的表决权数目开始，除非义务通知方提前获悉新的表决权数目。

上市公司最迟必须在收到通知后的 3 个交易日内刊发通知并向工商登记处备案，不得无故延迟。

6. 违反权益变动通知义务将受到严格处罚

根据德国法律，违反通知义务的处罚有以下三种：行政罚款；自动（法律上）丧失附属于股份的所有股东权利；BaFin 有义务在其网站上公布因违反通知义务（称为公开谴责）而实施处罚和相应措施的决定。

（1）行政罚款

BaFin 可以对重大过失或故意违反通知义务的行为处以罚款，最高金额：1）当涉及自然人时，不超过 200 万欧元。2）当涉及法人实体时，不超过以下三者的最高值：1000 万欧元或年度（集团）营业额的 5%，或因违反规定而获得收益或避免损失的两倍。

（2）丧失股东权利

《证券交易法》第 28 条规定，投资者违反持股通知义务的，在未履行通知义务期间，丧失股东权利；因重大过失或故意而违反通知义务的，丧失股东权利期间延长 6 个月。股东权利自动丧失的情况不需要通过 BaFin 或法院强制执行。

（3）公开谴责

原则上，BaFin 有义务在其网站上，及时公布关于违反通知义务的处罚和相应措施。公开谴责内容至少包括违规行为的类型和性质，以及对违规行为负责的自然人或法律实体。

（二）以"强制要约"为核心的要约收购制度

根据德国《证券收购法》，要约是指以收购目标公司对有价证券为目的，自愿或根据本法规定的义务而作出的公开购买或交换的要约。德国要约收购制度主要包括以下内容。

1. 确立了收购市场五大基本原则

《证券收购法》规定了德国上市公司收购的基本原则，主要包括以下五点。

（1）平等对待原则。同一类型目标公司有价证券的持有人，应受同等待遇。德国《股份公司法》第 53a 条规定，股东在任何条件下应受到平等对待，股份公司的股份具有平等性。在上市公司收购中，相同类型的股份享有相同的权利和义务。

（2）充分披露原则。对目标公司的有价证券的持有人必须给予足够的时间和充分的信息，以便能在知情的情况下对要约作出决定。在收购中，要约人必须充分披露要约文件，以使投资者能够根据稳定预期行使决策权。

（3）忠实勤勉原则。目标公司的董事会和监事会必须为目标公司的利益而行为。在收购中，上市公司董事会和监事会切实履行忠实义务，防止管理层利用收购作出有损公司和股东的行为。例如，收购人公布决定发起要约后，禁止目标公司董事会实施可能妨碍要约成功的任何行为。

（4）经营保护原则。要约人及目标公司应快速地执行程序。不得使目标公司在经营业务上受到超出合理时间之外的阻碍。在收购中，要约人必须尽快执行交易，降低收购行为对上市公司经营义务的影响，防止收购人在收购中拖延时间，阻碍上市公司经营的正常进行。

（5）市场秩序原则。目标公司的有价证券进行交易时，要约公司及其他因要约所涉及的公司不得进行扭曲市场的行为。上市公司收购必须维护证券市场正常秩序，不能利用收购扰乱市场。

2. 多样化的要约收购类型

根据持股目的的不同，分为普通要约（第 1 类）和获得控制权的要约（第 2、3 类）；根据行为的不同，分为主动要约（第 1、2 类）和被动强制要约

(第3类)(见图1)。

(1)普通要约(Public Purchase Offers)。如要约人拟增持上市公司股份而不获得控制权,或进一步增持股份巩固控制权,则要约人可发起普通要约收购。控制权指持有目标公司至少30%表决权。普通要约收购不设最低要约价格规定,可以发起部分要约。退市要约是普通要约的一种特别类型。

(2)自愿要约(Voluntary Takeover Bids)。如果要约人寻求获得上市公司的控制权,则必须启动自愿收购。除需满足其他要求外,要约人必须为股东提供适当的对价,且必须是全面要约。

(3)强制要约(Mandatory Takeover Bids)。如果要约人首次获得目标公司控制权(通过主动控制权要约收购除外),则必须提出强制要约,要约人有义务向目标公司所有其他股东发起要约。此时,控制权将发生变更,所有股东均有机会以适当的价格出售自己的股份。

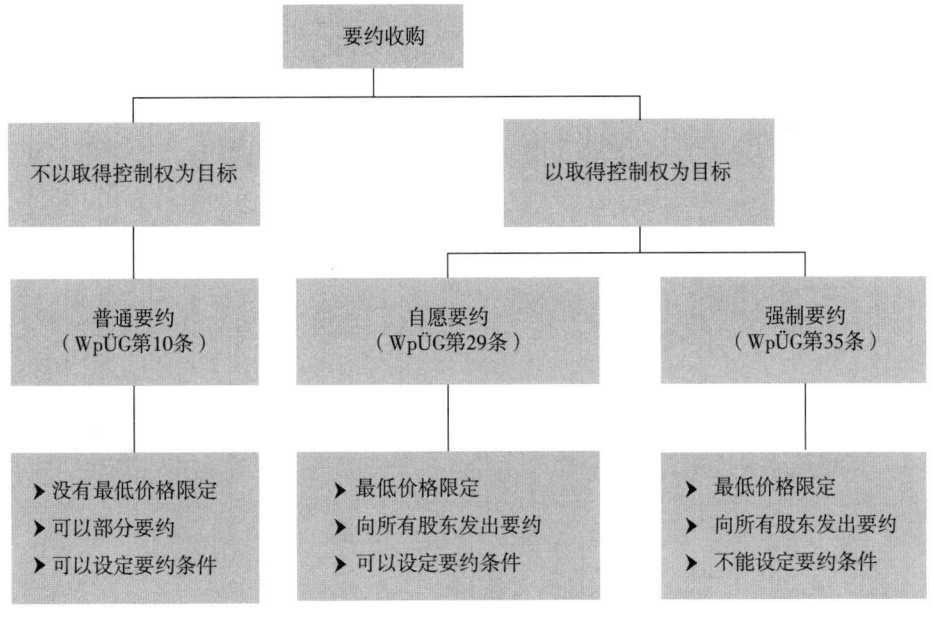

图1 要约收购类型

3. 给予证券监管机构豁免要约收购权力

如果符合法定条件,要约人可以向 BaFin 提出豁免要约义务的申请。主要豁免事项包括以下内容。

(1)不考虑表决权事项(《证券收购法》第36条)。允许在通过下列途径获得股份的情况下,在计算表决权份额时不予考虑:继承、共同分割遗产或配偶、生活伴侣及三代以内直系亲属之间的无偿馈赠,由于解除婚姻或生活伴侣关系而产生的财产分割;法律形式的变更;企业集团内部的结构调整。

(2) 免除要约事项(《证券收购法》第 37 条)。BaFin 可以根据书面申请免除要约人强制要约义务,前提条件是该免除须考虑到要约人和上市公司股东的利益,需考虑的合理性因素包括获得股份的方式、获得控制权的主观目的、取得控制权后在上市公司的股权降低到控制临界点以下、各方占有上市公司股份份额的比例关系,或者在考虑到申请人和上市公司股权持有者利益的情况下行使控股权的实际可能性。

4. 以信息披露为核心的要约程序(见图 2)

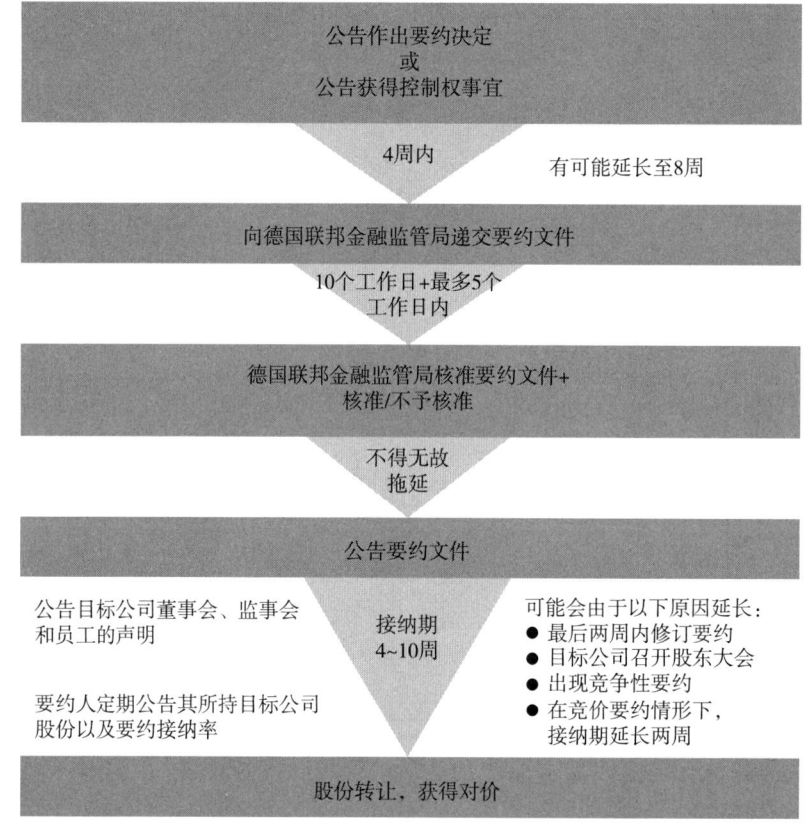

图 2 要约程序

(1) 公告作出要约决定或公告获得控制权事宜

当要约人决定发起要约或获得控制权(超过 30% 表决权的门槛时,必须立即通知 Bafin 和要约人或上市公司的股票和衍生品所在交易所。随后，要约人还必须在互联网上和通过电子信息传播系统公布发起要约的决定或获得控制权的事宜。控制权取得的标准以投资人已取得股份上的所有权或《有价证券收购法》第 30 条项下的某一权利归属要件已实现为准，① 通常情况下，在股份实现交割时，其物权同时发生转移。

（2）向 Bafin 递交要约文件

在公布发起要约的决定或获得控制权的事宜后，要约人有义务在 4 周内准备并向 Bafin 递交要约文件。要约文件的目的在于使目标公司小股东获得相关必要信息，使其在了解合理信息的基础上决定是否接受收购要约。

要约文件须包含有关要约（要约人、类型和对价金额）、股份（在换股要约的情况下）、要约财务资源、要约人财务状况、要约后财务业绩和盈利状况、要约人对目标公司的持股情况，以及要约人对目标公司未来业务及其员工的计划。

（3）Bafin 审查

要约人递交要约文件后，Bafin 对要约文件进行审查。审查的重点是所要求的信息是否提供完整，并确保其不包含明显违反收购法律法规的情形。审查期限是 10 个工作日。在此期间，Bafin 有权作出核准或不予核准的决定。如果要约文件不完整或不符合规定，在禁止该要约之前，Bafin 会给予要约人 5 个工作日的宽限期作出改正。如果 Bafin 在 10 个工作日没有作出核准或不予核准的通知，则要约人可以公布要约文件。

（4）要约期

Bafin 核准同意后，要约人需在互联网上公布要约文件，不得无故拖延。此外，要约人必须在电子联邦公报中公布要约文件，或者通过德国任一符合要求的机构提供免费版本。在要约文件公布后，要约人有义务通过主管工作委员会（如可能）将要约文件传送给目标公司的董事会和要约人的雇员，不得无故拖延。此外，目标公司董事会必须将要约文件直接转交给主管工作委员会，如未设置主管工作委员会，则直接转交给雇员，不得无故拖延。目标公司的董事会和监事会必须，且主管工作委员会可以，在互联网和电子联邦公报上发布关于

---

① Diekmann 在 Baums/Thoms 编撰的《证券收购法评注》中对证券收购法第 29 条的注释（边码第 37 处）。

要约的经证实声明。

要约接纳期从要约文件公布开始。在此期间，目标公司的股东可以接纳要约。供接纳要约的期限不得少于四周，但不得超过十周。在控制权要约收购中，未接纳要约的目标公司股东可以在接纳期结束后两周内继续接纳要约。

在接纳期内，要约人有义务在互联网和电子联邦公报上公布要约接纳率（在接纳期最后一周开始之前每周公布一次），在接纳期的最后一周每天公布一次。此外，在接纳期结束后，要约人必须公布要约结果，不得无故拖延；在控制权要约收购中，必须同时公布补充接纳期。接纳期结束而且要约方提供对价获得股份后，要约过程结束。

5. 以保障中小股东利益为核心的要约定价机制（见图3）

收购对价的支付方式可以是现金、股票或是两者的结合，其中用来换股的股票必须已经在欧洲经济区成员国之一的交易所上市。

自愿或强制收购要约的最低价应至少等于要约收购决定披露前（自愿收购）或控制权取得披露前（在强制要约收购情形下）3个月（退市要约为6个月）目标公司的国内股价加权平均值。除此之外，投资者针对目标公司股份所约定或支付的买价应按如下原则在确定最低收购价时予以考量。

（1）预先取得价格。要约收购价应至少等同于投资者在要约文件披露前6个月内因购买目标公司股权而支付或约定支付的最高买价。

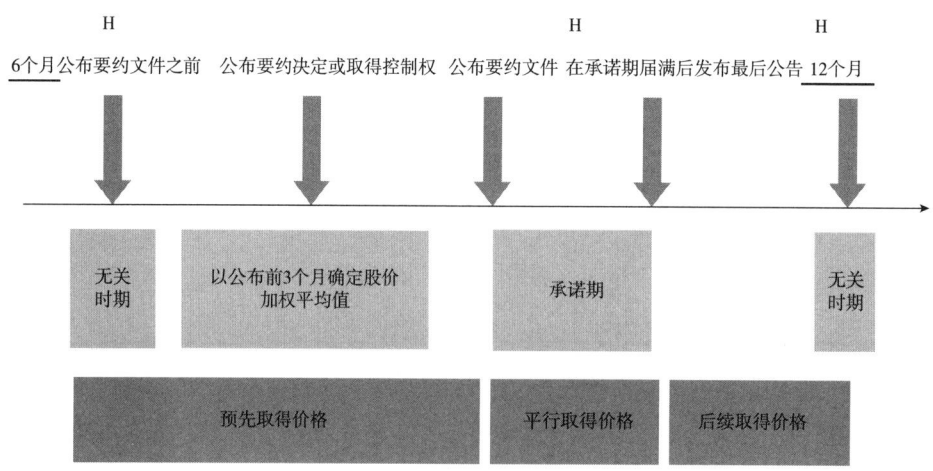

图3　要约定价机制

（2）平行取得价格。投资者在要约文件披露后至承诺期届满后作出最终披露前这段时间内以高于要约价的购买价取得目标公司股份，则应提高原支付给目标公司股东的要约收购价,提升幅度为两者之间的差价。

(3) 后续取得价格。如果自收购方披露承诺期届满后最终公告之后的一年内,以高于要约价的价格通过场外交易形式取得目标公司股份,则收购方应以现金形式将两者之间的差价弥补给那些已接受要约的目标公司股东。

6. 以确保交易安全为核心的融资确认制度

德国市场普遍认为,如果要约方发出公开收购要约的同时,却不具备履行相关支付义务的必备资金能力,则资本市场的诚信将会因此而大打折扣。为此,《证券收购法》第13条第1款规定,要约人应在披露要约文件前,应确保其在收购要约交割时备足全面履行该要约所需的必要资金。如果收购对价以现金支付,则应由一家独立于要约方之外的证券服务机构出具"融资确认书",确认要约方已采取了相应的筹资措施。如果要约方未采取相应措施并导致无法履行交割义务,则出具确认函的证券服务机构有义务赔偿因未全面履约而产生的损失。

7. 灵活的要约限定条件

原则上,强制要约收购不允许附加任何条件。在普通要约或自愿要约中,收购人可以附加限定条件,以增加要约的成功率。典型的条件包括:

(1) 有关部门核准许可。有关当局对合并控制及其他的监管许可,如反垄断申报放行。

(2) 最低要约接受门槛。通过设定这一条件要约方得以确保在股份收购达到一定比例时要约才会交割,如超过目标公司投票权的30%、50%或75%。

(3) 目标公司不存在任何重大不利变动(MAC)。要约方通过设定这一条件避免此类消极因素出现时,仍然必须进行交割的不利局面的出现。如目标公司财务状况严重恶化。BaFin要求此类MAC条件必须相当精确,详细描述其中假定发生MAC的有限情形。此外,在多数情况下,须由一个独立的第三方(如作为专家)确定条件是否已经发生,如,独立专家确定目标公司的企业价值下降25%以上,目标公司或其重要子公司破产。

8. 丰富的少数股东挤出机制

少数股东挤出制度是指收购人收购上市公司,当持续达到一定比例(如90%或95%),可以通过强制挤出机制取得中小股东剩余股权。挤出制度目的是防止在收购过程中,由于某些中小股东因个人私利等因素坚决不出售小额股票,致使收购效率降低。德国法律为上市公司收购设置了丰富的少数股东挤出机制，常见的情形有以下三类。

（1）并购法下挤出。根据《证券收购法》第39a条的规定，如果要约公司在收购要约完成后的3个月内持有目标公司95%以上的股本，要约人可以在支付公平对价的情况下挤出少数股东，即支付与上一次要约下应支付的要约价格相等的价格，前提是至少90%的目标股份被纳入收购要约（市场测试）。

（2）股份法下挤出。根据《股份公司法》第327a条规定，如果要约公司在收购要约完成后的任何时候持有目标公司95%以上的股本，目标公司可以要求就挤出少数股东问题作出决议，并支付反映其股份公允价值的现金补偿。少数股东可以在法庭上对股东决议提出异议，并就所支付赔偿的公平性启动评估程序。

（3）合并挤出。根据《企业形式转换法》第62条第5款规定，如果要约公司持有目标公司90%或以上的股本，则也可能通过目标公司与要约公司的上游合并来实现挤出。但是，只有要约公司以德国股份有限公司（AG）或股份合伙有限公司（KGaA）或欧洲股份公司（SE）形式成立，此程序才可用。

9. 德国敌意收购较为少见

根据目标公司是否支持收购人的要约收购，上市公司收购可分为友好收购和敌意收购。友好收购是指目标公司管理层支持收购人的收购要约。敌意收购是指目标公司管理层不支持的收购要约。传统上，德国敌意收购并不常见，主要原因包括德国上市公司存在银行大量持股，公司利益偏重利益相关者而非股东，公司治理结构以管理层为中心而非股东等。

德国《证券收购法》规定，收购人要约文件公布后，目标公司董事会必须就要约收购发表合理的声明，董事会决定往往对股东决定产生重要影响，成为决定收购是否成功的关键因素。如果是友好收购，收购人可能被允许对目标公司的某些关键信息进行有限的尽职调查，收购人和目标公司可以就基本要约条款、交易保护措施等达成一致。如果是敌意收购，收购人无法对公司进行尽职调查，其要约报价等基础仅基于公开信息。

收购人公布决定发起要约后，禁止目标公司董事会实施可能妨碍要约成功的任何行为，但可以采取以下行动：（1）一个行事适当且谨慎的经理人在收购要约外采取的行动；（2）寻找竞争性报价（"白衣骑士"），如在Hastor家族敌意收购Grammer中，上市公司管理层寻求我国A股上市公司继峰股份作为"白衣骑士"，最终继峰股份取得Grammer控制权；（3）监事会声明同意的行为；

(4) 经监事会批准的股东决议授权行为,在股东决议载明的有效期内(最长为决议日后 18 个月)终止。

三、启发与思考

(一)中德并购重组监管在理念目标上整体一致,在具体安排上各具特色

整体来看,中德两国上市公司收购监管在理念目标上整体一致,旨在确保上市公司收购行为公开透明、公正、高效,维护证券市场正常秩序。同时,两国收购制度均兼顾两方面立法和监管价值:一方面,降低收购成本,增加证券市场资源配置效率;另一方面,保护中小股东利益,维护证券市场公平秩序。但是,两国也存在诸多各具特色的安排,相比而言,我国现行监管制度方式更有优势,某些方面已成为具有一定国际共识的中国经验。

一是我国实行"三点一线"一体化监管。从监管体制看,德国信息披露和要约收购监管职责属于 BaFin,证券交易所没有监管职责。我国证监会上市部、证券交易所、证监局对收购市场进行一体化监管,"三点一线"各司其职,形成监管合力,共同做好上市公司收购监管工作,在监管体制上更有效率。

二是我国实行证券账户"看穿式"监管。我国实行证券账户直接管理模式,可以直接看穿投资者的账户编码;德国证券交易实行间接管理模式,无法直接看穿投资者的交易行为,难以对市场操纵、内幕交易、隐秘收购等行为实施有效监管。为此,2018 年实施的欧盟《金融工具市场指导 II》(MiFID II)借鉴中国经验,开始实施对账户的实名监管,提高对违法违规行为的监管能力。

三是我国实行收购行为"事中事后"监管。从监管方式看,德国要约制度以通知为核心,要约文件需经证券监管机构审核后,再对外公告。从实践来看,德国证券监管对要约文件审核时间一般为 10~15 个工作日,一定程度上牺牲了证券市场的收购效率。我国要约制度以披露为核心,在简政放权的背景下,我国已取消要约收购文件备案(核准),要约人拟要约收购上市公司,编制要约收购报告书后自行公告,无须中国证监会备案(核准),该制度更有利于提高收购效率,发挥市场在资源配置中的决定性作用。

(二)借鉴德国经验,完善我国收购监管薄弱环节

同时,我们也应看到,欧盟及德国证券市场经过多年发展,已发展成一套较为成熟的监管框架,在监管制度完备性和监管实践灵活性方面,也值得我国在完善收购制度和监管实践中予以借鉴。

1. 坚持上市公司市场化导向

近年来,中国证监会始终坚持市场化改革方向,充分发挥市场在资源配置中的决定性作用,鼓励市场化收购兼并提高上市公司质量。调研发现,市场化是德国证券市场基本特征。随着我国证券市场的进一步成熟,在深化并购重组领域改革时,更应该坚持市场化导向,发挥市场在资源配置中的决定性作用。

一是大胆使用原则监管。调研发现,德国证券监管机构在监管实践中存在大量的原则监管,体现了监管的灵活性。整体来看,德国证券法律法规对证券市场行为规定较为原则,而是否违法,需要证券监管机构依照原则监管进行主观判断。如在要约收购豁免方面,BaFin 可以考虑到要约人和上市公司股东的利益前提下,结合法律规定的合理性因素,决定是否给予豁免;我国收购制度列举了全面细致的豁免条件,虽然存在兜底条款,但在实践中使用频率非常低(近几年仅有2单,且均上报国务院批准)。因此,当我国证券市场存在国企内部整合(实际控制人发生变化)、近亲属之间股份转让等情形,因不符合法定豁免条件,必须发出强制收购义务,一定程度上影响了市场效率。随着证券市场的发展,新模式、新工具、新行为不断涌现,建议证券监管机构在监管实践中大胆使用原则监管,不拘泥于具体规则,从交易实质出发,对收购行为合法性进行判断。

二是逐步降低收购成本。德国在收购制度中,更侧重提高市场整体效率。例如,在权益变动中,德国《证券交易法》仅有披露要求,没有暂停买卖要求;在要约收购中,德国《证券收购法》对于以要约方式跨过30%临界点以后的巩固控制权行为(如从35%增持到45%),无须再发出强制要约。我国收购制度建立在我国特殊的市场环境下,由于投资者结构、市场发展程度的不同,决定了更侧重保护中小股东利益。例如,持股达到5%或者之后每变动5%后即暂停买卖的"慢走"规则,在很长一段时间中担负着保护投资者知情权,预防市场操纵、恶意收购等使命,在现在的市场条件下,有其制度合理性。但暂停买卖的要求使增持者必须面对较高的增持代价,随着未来市场实践的不断深化,可以考虑逐步取消。例如,我国对于30%以上的巩固控制权行为,如果不符合自由增持规则(12个月内增持不超过2%),需要发出强制要约,该制度有利于保护中小股东利益,但也相应增加了收购成本,尤其是在股市整体环境偏弱的情况下,不利于产业资本为提振市场信心继续增持本公司的行为。

2. 加强收购行为监管

一是加强对收购行为的监管力度。目前,德国证券监管机构对要约文件仍然实施事前审查权,如要约文件不完整或不符合法定要求,监管机构可以不予核准要约收购行为。中国证监会在取消要约收购文件备案(核准)后,进一步激发了市场活力,取得了良好效果。但同时,要约行为将带来上市公司控制权的突变,对上市公司和中小股东利益影响巨大,放松管制绝不意味着放弃监管,在收购市场中,证券监管只能加强,不能放松。证券交易所在信息披露一线监管中,要对要约文件进行事中事后监管,按照及时发现、及时制止、及时处置的原则,发现要约文件不符合法定要求,及时要求要约人改正,发现违法违规行为,及时采取监管措施。证监会要从市场运行的整体角度,加强对收购市场的数据监测、宏观分析、规则制定,提高收购市场整体的公平和效率。

二是丰富调查手段。德国法赋予了BaFin广泛的调查权力,BaFin有权对证券市场违法违规行为进行调查,在调查时,BaFin有权向任何人索取信息,要求其提供文字材料原件或进行文本复制,有权传唤或询问任何人,获取相关人员身份信息;准许进入有义务提供信息的人员的地点和营业场所;可以依照《行政强制执行法》的规定,通过强制手段实施作出的处分。在执行调查事项时,BaFin拥有和检察院同样的调查权力。相比而言,我国证券监管部门,尤其是日常监管部门调查权力较为单一。建议:一方面,在《证券法》修订时,赋予证监会更为丰富的调查权力,提升对违法违规行为的震慑力度。另一方面,证监会日常监管部门在调查违法违规行为时,要用好用足《证券法》赋予的询问、查询等权力,提升日常监管的能力。

3. 补齐收购制度短板

随着证券市场的发展,上市公司收购行为现实情况日益复杂多变,收购人控制目标公司的手段也变化多端,花样层出不穷,需要对现有制度和实践做法作出针对性的完善,应对复杂化的违法违规行为。

一是以控制权为核心确定需要披露的权益的范围。此前,欧盟《透明度指令》规定,需要披露的权益仅指拥有表决权的证券,未包括金融工具。后来,在实践中逐渐认识到上述规定存在真空区:投资者通过持有某些类型的金融工具可以从上市公司获取经济利益,由于不涉及股份增持交易,披露义务没有涵盖此类事项。投资者通过持有金融工具，可以隐秘地收集上市公司股份，最终可能对上市公司具有重大影响力，可能导致市场滥用加剧、投资者信心水平降低以及投资者投资意向与公司长远利益的错位。为了填补现有的公告要求真空，2013年《透明度指令》修改后，要求披露所有相关金融工具的重大持有情况，如果投资者可以通过该类金融工具从上市公司获取经济利益，并具有与持有股份相同的效力。德国《证券交易所》修改时也确立了上述原则。随着我国可转化债券、可交换债券、个股期权等新形式的金融工具推出，也应借鉴德国经验，在权益变动中，将表决权有关的其他金融工具纳入权益变动范围。

二是以共同行为为核心明确一致行动人范围。一致行动是收购市场的核心概念，实践中大量的蒙面收购正是利用一致行动关系来规避增持的披露和要约义务。对此，德国的监管经验值得我们借鉴。此前，德国法律中的一致行动仅指行使投票权的相互配合活动，在《证券收购法》修改中，德国拓展了一致行动的定义，将其他方式共同行动也纳入一致行动范围，即如果增持者与第三方在行使投票权时进行了相互配合的活动，或者他们以其他方式共同行动，旨在长期地、重大地改变公司策略，这些行为就会被视为一致行动。例如，一封发给上市公司的联名信，要求上市公司卖掉其部分义务，而上市公司却已经表示过不同的意见，这种发联名信的行为就有一致行动的嫌疑。两位或以上股东被视为一致行动的，其所持股份的总表决权将被分别归于各相关一致行动方所持有。目前，在我国并购监管实践中，也出现了不同投资者进行不以表决权为核心的联合行动，如带有保底条款的协议、表决权委托协议。建议在制度完善和监管实践中，借鉴德国经验，将投票权相互配合行为和其他配合行为均纳入一致行动人范围，防止投资者利用一致行动进行规避法定义务。

4. 提高收购行为的违规成本

前些年，德国也面临如何提高证券市场违法违规成本的难题。根据德国法律，违规收购行为的法律后果主要以补充披露、行政罚款、限制表决权、公开谴责为主，随着监管实践的发展，德国逐步提高了收购行为的违规成本。结合我国实际，建议从以下方面提高违法违规成本。

（1）用好用足现有法律法规手段，提高行政处罚额度。根据德国法律规定，BaFin对违规增持的最高金额为个人不超过200万欧元、法人不超过以下三者的最高值：1000万欧元或年度（集团）营业额的5%，或因违反规定而获得收益或避免损失的两倍。在实践中，BaFin对行政罚款掌握标准非常严格。

例如，一是对同一行为进行连续罚款。BaFin 将违反向上市公司和 BaFin 的平行通知义务行为视为两项单独的违规行为，这将导致罚款数额加倍。特别是，连续违规（如由于表决权权属规则理解错误）可能很快导致非常高的罚款水平。二是从严认定重大过失。尽管法律定义的重大过失条件非常严格（忽略了基本的谨慎性原则要求），但在实践中，即便通知方只是轻微过失，BaFin 和法院也倾向于假设为重大过失。因此，如果出现涉及过失行为时，被处罚的风险非常高。过去几年，BaFin 的罚款措施大幅趋严，最高罚款金额从 2008 年的 1.6 万欧元到 2013 年的 16 万欧元，到 2014 年的 22 万欧元，再到 2015 年的 325 万欧元，并可能继续保持严格的罚款趋势。

（2）以限制股东权利为主要方式，妥善处理违规增持行为。此前，德国《证券收购法》规定，投资者在权益变动中未履行披露义务，丧失股东权利的时间截至履行义务（补充披露）。即未履行披露义务的投资者，只要在下一次开股东大会前不久披露，即可正常行使股东权利，导致违法行为长时间无法得到纠正。为此，德国《证券收购法》修改后规定，因重大过失或故意而违反通知义务的，股东权利不存在的期间延长 6 个月。我国上市公司权益披露同样面临这一问题，我国《证券法》《上市公司收购办法》规定，相关主体在违规披露、收购行为责令改正前，不得行使表决权。但限制表决权的时间截至责令改正前，相关者主体补充披露权益变动后即可行使表决权的规定，无法对违法行为形成有效威慑，违法违规行为成本过低。建议借鉴德国经验，考虑在《证券法》修订时，明确违规增持方在履行信息披露义务之前及之后一段时间内（如 6 个月），不得行使股东权利（表决权），增加忽悠式增持成本，对违规增持形成整体震慑。

公司创新策略与信息披露政策

贾 宁*

摘 要： 本文研究了企业创新策略对于信息披露的影响。以1992~2012年美国的创新密集型企业为样本，研究发现，以探索性创新为主的企业，倾向发布更多的管理层盈利预测，其预测内容通常相对更加不乐观、不准确、不精确；而开发性创新为主的企业则相反。研究还发现，探索性创新公司为了避免披露创新活动的专有信息会发布更多盈利预测。同时，为了避免较大幅度的股价下跌，其发布的盈利预测更加保守。总之，探索性创新活动更多的公司有更加不透明的信息环境，表现为分析师更高的盈利预测误差以及其预测离散度更大。研究表明，知识密集型公司在制定信息披露政策时受到创新策略的影响。

关键词： 创新策略 探索性创新 开发性创新 管理层预测

一、引言

随着市场竞争加剧，外部环境变迁加速，公司需要持续自我革新并通过创新投入寻找新的增长点。尽管知识密集型公司都会在创新研发活动中投入更多

---

* 贾宁，清华大学经济管理学院会计系副教授，中国企业全球化研究中心主任，全国会计领军人才，斯坦福大学会计学博士。

① 本文发表于国际核心期刊 *Review of Quantitative Finance and Accounting*，经作者授权，我们组织对原文进行概述性翻译，选择部分刊登。在原文的研究中，针对基础模型的实证结果可能面临的内生性问题，作者进行了详细的阐述和论证，具体采用了2SLS，以每年研发人员的净流入为工具变量，得出的结果与基础模型的实证结果一致。此外，作者还分析了创新策略影响管理层预测的可能机制，为基础模型的实证结果提供了进一步的论证。

资源，但它们的创新策略存在巨大差异。管理学界定了两种类型的创新范式：探索性创新和开发性创新（Levinthal 和 March，1993；McGrath，2001；Benner 和 Tushman，2002）。探索性创新公司一直在寻找新技术或新方法，以期实现突破性发明和创造。开发性创新公司主要依靠对现有技术和流程的改进和完善，促使产品不断更新变化（Holmqvist，2004；Levinthal 和 March，1993；Amason 等，2006）。March 认为，探索新的可能性与利用旧的确定性之间的区别对企业行为、资金流和信息环境具有重大影响（He 和 Wong，2004）。

　　本文主要关注企业的创新策略选择会如何影响其信息披露行为。对于上市公司而言，与市场参与者进行沟通并保持透明的信息环境至关重要，因为它们直接影响资本成本（Lambert 等，2007），而资本市场正是创新活动投入资金的关键来源。探索性创新和开发性创新可能会影响公司的披露行为。探索性创新企业可以完成重大突破进而占领市场并建立可持续的竞争优势。然而，探索性创新活动失败概率高，具有回报期长、不确定且大概率为负的特点（March，1991），这会增加公司潜在收益的波动性。此外，探索性创新的开创性和专有性，也导致内部人与公司外部人之间形成巨大的知识鸿沟，从而造成市场参与者难以准确评估此类创新的价值及其对未来公司绩效的贡献（Rindova 和 Petkova，2007；Kaplan 和 Tripsas，2008）。相比之下，开发性创新的回报更为直接和可预测。由于改进工作着重于扩展当前成功的方法，存在更多有关此类创新的信息（如相关创新的记录和性能信息）。因此，以改进技术为主的开发性创新公司面临更低的信息不对称性，与外部人之间的知识鸿沟也更少。但是，开发性创新是增量式的改善，公司可能无法创造可观的经济租金或进阶式变革。

　　本文重点关注企业的创新战略选择与管理层盈利预测之间的关系，因为它们是企业自愿向市场参与者传达未来业绩最常见的形式（Pownall 和 Waymire，1989；King 等，1990；Skinner，1994、1997；Frankel 等，1995；Coller 和 Yohn，1997；Noe，1999）。盈利预测还包括管理者对公司可以从当前创新项目中获得多少价值的期望。先验经验尚不清楚具有较高探索性创新强度的公司是否更愿意发布盈利预测。一方面，在严重信息不对称和财务表现不可预测的情况下，管理层提供的披露特别具有价值。因此，探索性创新公司可能会更有动力提供盈利预测。另一方面，鉴于探索性创新具有更高的专有信息成本，这类公司可能不愿意披露未来信息（Verrecchia，1983；Bamber 和 Cheon，1998；

【域外经验】

Li，2010）。① 由于上述相反的动机和担忧，创新策略与管理层预测行为之间的关系本质上是一个开放性、经验性问题。

根据相关研究领域成熟的做法，本文采用专利信息作为反映企业创新强度的变量（如 Balsmeier 等，2017；Custo'dio 等，2015；Katila 和 Ahuja，2002；Benner 和 Tushman，2003）。具体来说，本文采用 Explore 来衡量探索性创新企业的探索程度，该指标用给定年度申请的探索性专利数量除以该企业在同一年申请的所有专利数量得出。Explore 的值越高，表明该公司越注重探索性创新。同理，采用 Exploit 衡量开发性创新策略的开发程度，即在给定年份提交的开发性专利数量除以该公司在同一年提交的所有专利数量。②

使用 1992~2012 年美国上市公司的样本，我们发现探索性（开发性）创新强度与发布管理层盈利预测的可能性之间存在正（负）关系。针对发布预测的企业，我们进一步研究创新策略如何影响这些预测的特征，包括预测的乐观度、准确性和精准度。创新项目带来重大失败风险并且相关结果可能非常难预测，与此观点一致，我们发现，探索性创新企业发布的盈利预测通常相对不乐观、不准确、不精确。

然而，我们的基本结论可能存在内生性问题，一方面，企业创新策略与管理预测之间的关联性可能是与这两个变量相关的不可观察的特征变量所导致，这对我们基本结论的稳健性提出了挑战。此外，可能还存在反向因果的问题，即企业的创新策略选择受其披露政策影响。我们尝试以两种方式解决这些问题，第一种方法是两阶段最小二乘法（2SLS），我们的工具变量 InventorMobility 定义为在给定年份中，1 加上研发人员流入量的自然对数与 1 加上研发人员流

---

① 我们认为，企业向资本市场投资者进行的公开披露是竞争对手了解企业运营和研发活动的渠道。此观点得到了研究的支持（如 Li，2010），来自现有对手的竞争减少了企业向资本市场披露的信息量，企业会减少管理层对于盈利和资本支出的预测。

② 尽管探索性和开发性是创新策略的两种截然不同的类型，但先前的研究也表明，公司很少在它们之间进行占优选择。March（1991）表明，在突破与改进间保持适当的平衡对于企业的生存与繁荣至关重要。因此，我们没有使用指标变量在探索性和开发性创新策略之间进行划分，而是研究了探索与开发的强度。

出量的自然对数之差。① 2SLS 分析的结果与我们的基本结论一致。

降低内生性问题的第二种方法是检查企业创新策略的变化如何导致管理层预测行为的相应变化。我们发现，探索性创新（开发性创新）强度的变化与发布预测的可能性呈正（负）相关，而与预测乐观度和准确性的变化则有负（正）相关关系。综上所述，我们的发现表明，以探索性创新为导向的公司更愿意提供前瞻性预期指引。但是，探索性创新未来收益的不确定性更大，因此这些预测通常相对不乐观、不准确、不精确。对于以开发性创新为导向的公司，我们发现了相反的结果。

探索性创新公司因为具有高度不确定性的特征，导致其盈余预测的准确性和精确性很难保证，但探索性创新公司更倾向发布盈余预测，这或多或少令人感到困惑。对此我们提供了一个合理的解释，即探索性创新公司的管理者可能会选择发布更多的盈利预测来满足资本市场参与者的信息需求，以避免披露有关其创新项目的更多专有信息。为了验证这一推测，我们从 Compustat（标普公司的一个数据库）获得了有关研发支出披露的信息，并搜索 LexisNexis 公司旗下专利数据库获得了与样本公司进行的创新活动有关的非财务披露信息。经验证据表明，探索性创新公司披露研发支出的可能性较小，它们也不太愿意透露有关其创新活动的更多信息，尤其是与创新战略和研发进展有关的信息。但是对于拥有大量机构投资者的公司而言，这种影响并不那么明显，因为机构投资者在理解专利价值方面比散户投资者具有更好的能力。对于开发性创新程度高的公司，我们通常会发现相反的结果。

我们还尝试探索，为何探索性创新程度高的公司会更倾向发布更保守（更多悲观偏见）的盈利预测。我们推测，由于探索性创新的高度不确定性和研发的高失败率，探索性创新公司业绩不佳的可能性很高。此外，投资者与探索性创新公司之间的信息鸿沟更大，因此他们更加依赖管理层提供的信息指导决

---

① 企业较长的任期和较差的人员流动性可能会阻碍探索性创新。这是因为停滞的劳动力可能无法及时更新换代，无法跟上技术发展的步伐，变得无法向公司活动（包括研发活动）提供新的想法。先前的管理学文献指出，长期任职通常与僵化的机制以及对既定的政策和实践的承诺有关，这有可能扼杀企业家精神并阻碍创新（Marcus 和 Goodman，1986；Tushman 和 O'Reily，1997）。March（1977）发现，任期短的高管人员会提供新的观点，并且更愿意承担偏离行业规范的风险。Jia（2017）研究董事会的任期，并发现有任期长的外部董事所占比例较高的公司，其探索性创新强度大大降低。因此，我们推测 InventorMobility 与探索性创新强度负相关，与开发性创新强度正相关，但不太可能直接影响管理预测行为。

策。因此,如果探索性创新公司的管理者发布过分乐观的预测来抬高投资者的期望,但随后又不符合他们的预测,则公司管理者可能会失去信誉,投资者可能会更加失望,并以更大幅度的股价下跌作出回应,这对公司而言是不可取的。所以,探索性创新公司的管理者可能更喜欢保守的预测,以降低投资者的期望,进而避免投资者大失所望和股价下跌。为了检验这一推测,我们分别研究了市场对管理者预测误差的反应以及与创新突破和改进强度的相互作用。我们发现,探索性创新公司对积极的管理者预测误差(实际业绩低于管理者的预期)的市场反应更大。

最后,我们研究了企业创新策略对公司整体信息环境的影响,该影响力是通过分析师的预测准确性和预测分散程度来衡量的。我们发现,较高的探索性创新(开发性创新)强度与较高(较低)的分析师预测误差和较大(较小)的分散度相关,这表明这些公司似乎具有更低(更高)透明度的信息环境。

我们的研究丰富了管理层预测方面的文献,并提供证据,证明了创新战略是公司披露政策的重要决定因素。Hirst 等(2008)在对管理层预测的文献进行回顾时得出结论:无论在理论还是研究层面,管理者进行预测的行为特征似乎都难以条分缕析,即使它是管理者最能够控制的手段。先验研究检验了创新活动的投资(如研发支出)对信息披露的影响。例如,Jones(2007)分析了研发密集型行业中的自愿披露政策。Barron 等(2002)检验了无形技术资产和分析师预测之间的关系。然而,这些研究隐含地假设企业基于不同的创新策略来使用研发资源或无形的技术资产对信息披露或分析师行为具有同等影响。相反,我们强调创新策略直接对企业披露行为产生影响。

我们的研究也为不断增加的关于企业创新的文献作出贡献(Chen 等,2016)。探索性和开发性创新之间的选择是一项重要的战略决策,对公司业绩表现的多个方面都有影响。先前的研究已证明探索性创新对新产品开发和营收增长有积极影响(如 Katila 和 Ahuja,2002;Uotila 等,2009),但对其对公司披露行为的影响研究甚少。我们为此提供了相关的研究证据。

二、文献综述和假设发展

(一) 企业创新策略

根据 March(1991)的开创性工作,相关管理学文献在组织学习领域中定义了两种与创新活动有关的独特策略:探索性创新和开发性创新(Levinthal 和

March, 1993; McGrath, 2001; Benner 和 Tushman, 2002; Smith 和 Tushman, 2005)。探索性创新意味着以实验和冒险为特征的公司行为 (Cheng 和 Van de Ven, 1996; March, 1991)。此类创新涉及尝试新技术或方法，并不断努力以实现突破性的发明。相比之下，开发性创新意味着以精细化和效率为特征的公司行为 (March, 1991)。开发性创新涉及对现有产品或技术的增量改善，这些改变旨在保护市场份额并从中获得回报 (Manso, 2011)。

公司如何选择创新策略对其潜在收益和信息环境具有重大影响 (He 和 Wong, 2004)。从本质上讲，探索性创新的影响更大，相关收益的不确定性更高，时间上也难以确定，这使公司的收益不稳定且难以预测。相比之下，开发性创新对公司的短期成功影响更大，因此，开发性创新企业的业绩相对更稳定和可预测 (March, 1991)。

公司选择探索性创新或开发性创新，其内外部信息和知识的差距不同。探索性创新涉及对新技术或新方法的尝试。这些突破性的发明（从未在市场上出现过）可能会在公司与外部的利益相关者之间形成更大的知识和信息鸿沟。另外，开发性创新依靠现有的技术和知识，并且这类公司具有过往的记录或者表现数据，这使外部人更容易理解和评估这些发明的价值及其对公司未来绩效的贡献 (Rindova 和 Petkova, 2007; Kaplan 和 Tripsas, 2008)。

探索性创新和开发性创新在专有信息成本方面也存在差异。Henderson (1999) 将创新策略分为专营策略和基于行业标准的策略，并说明了前者可能与探索性创新更相关，而后者与开发性创新更相关。探索性创新涉及内部开发，专有的新技术，因此本质上更具专营性。成功的探索性创新可以在新产品和服务中实现爆炸性增长，并且比增量式创新产生更大的竞争优势。因此，探索性创新公司可能有较强的战略动机来避免相关信息披露，以保护其竞争优势并避免不必要的竞争。

相关管理学文献研究了公司选择探索性和开发性创新策略的决定因素。研究表明，当股东/管理者短视或规避风险时，当他们追求规模经济时 (Crossan, 1999)，当他们的创新活动更可能模仿时 (Cohen 和 Levinthal, 1994)，或当外部环境比较稳定时 (McGrath, 2001)，公司进行探索性创新的可能性较小 (Levinthal 和 March, 1993; Smith 和 Tushman, 2005)。先前的研究表明，公司很少会在探索性创新和开发性创新策略之间作出唯一选择。实际上，March (1991)，Levinthal 和 March (1993) 等认为，企业倾向于做两手准备，也就是说,它们进行充分的开发性创新以确保其当前的生存能力,同时投入足够的精力进行探索性创新以确保其未来的发展能力(Levinthal 和 March,1993)。因此,我们没有在创新策略中使用二分变量(是否选择开发性创新或探索性创新),而是关注开发性创新和探索性创新的强度,即企业倾向以改进为导向或以突破为导向的创新战略。

(二)创新战略和管理层盈利预测

我们针对企业创新战略如何影响预测的实践提出了四个假设。第一个假设与发布预测的可能性有关。对于上市公司而言,预测在很大程度上受到资本市场的影响,管理层发布预测以减少与外部利益相关者的信息不对称程度(Ajinkya 和 Gift,1984;Verrecchia,2001)。较低的信息不对称性能够带来较高的流动性(Diamond 和 Verrecchia,1991)和较低的资本成本(Leuz 和 Verrecchia,2000)。对于知识密集型公司,创新活动需要大量且持续的资本投入,因此募集低成本外部资金的能力是重要的考虑因素。如前所述,追求探索性创新策略的公司与外部人员之间存在更严重的信息不对称,在这种情况下,管理层的预测可能对投资者更有价值。因此,我们预测这些公司具有更强的动机来提供自主自愿的预测。

尽管自愿披露更多的公司信息有很多好处,但经济理论表明,专有信息成本对公司自愿披露信息具有严重的抑制作用(Verrecchia,1983;Wagenhofer,1990;Bamber 和 Cheon,1998;Li,2010)。披露管理层对公司未来收益的估计,可以揭示公司期望从创新中获得多少收益。竞争者可以使用这些信息来制定自己的进入或退出决策,从而削弱公司的竞争能力,并导致不必要的竞争或模仿。探索性创新公司披露其生产的产品对竞争者而言可能更具价值,因为关于这种创新的公开信息很少(Rindova 和 Petkova,2007;Kaplan 和 Tripsas,2008)。竞争对手可以根据公司提供的信息采取行动,针对其披露的创新策略确定相应的措施,这可能会削弱信息披露者的竞争优势,结果是探索性创新公司可能会尽量避免披露收益指引。Bamber 和 Cheon(1998)以及 Ali(2014)等的研究表明,行业集中度(专有成本的常见代理变量)与管理层发布收入预测的可能性存在负相关性。

总之,企业创新战略与发布预测倾向之间的关系并不明确,因而我们提出了无方向性的假设。

假设一(与发布预期相关):探索性(开发性)创新策略与发布管理层盈

利预测的可能相关。

接下来的三个假设与盈利预测的特征有关。关于预测的偏见，早期研究（1970～1980年）证明了偏乐观的盈利预测趋势（Basi，1976）。但是，这种趋势在1994～2003年（与我们的样本时期重叠）发生了逆转，越来越多的管理层开始发布更悲观的预测。这种趋势被解释为管理层策略性地降低市场的预期收益，以避免在公告发布后出现负面的意外结果（Bergman 和 Roychowdhury，2008；Cotter，2006；Matsumoto，2002）。

Rogers 和 Stocken（2005）认为，管理层出于战略目的所选择的预测的偏见程度，受到市场参与者发现管理层虚假陈述的困难程度的影响。当公司的收益基本确定时，投资者和竞争对手就不难评估管理层预测的真实性，这降低了管理层虚假陈述的意愿。相反，当公司的收入不稳定且难以预测时，投资者就很难评估管理者预测的真实性。在这种情况下，管理人员在发布预测时受到的约束较少。我们推测，探索性创新与收益的不可预测性存在着内在联系，投资者很难评估管理层预测的真实性以及管理层的蓄意偏见，这使管理层可以发布偏悲观的业绩预测以实现战略需求。

预测的偏见还受到其他战略原因的影响，如对竞争的关注。公开的乐观信息会鼓励潜在的进入者进入产品市场，这会给市场中有优势的公司带来专有信息成本（Li，2010）。基于这些论点，我们估计探索性创新策略在一定程度上导致了悲观的盈利预测。

假设二（与最优化相关）：在发布盈利预测的前提下，探索性（开发性）创新策略与管理层盈利预测的乐观度负（正）相关。

接下来，我们考虑管理层预测的准确性，我们用预测与实际收益的偏差来衡量准确性。探索性创新涉及对新技术和方法的试验且失败可能性较高，这可能会使公司收益降低，从而导致较大的预测误差。相反，开发性创新更加稳定和可预测（He 和 Wong，2004）。因此，我们预计探索性创新公司的盈利预测准确性较低。

假设三（准确度）：在发布盈利预测的条件下，探索性（开发性）创新策略与管理层盈利预测的准确度负相关（正相关）。

最后，我们考虑管理层预测的精确度。研究表明，盈利预测可以反映管理层对未来预期的精确程度（King，1990）。通常认为，更精确的预测反映出更高的管理确定性（Hughes 和 Pae，2004）。与探索性创新相关的回报是不确定的，管理层可能会提供较宽泛的预测范围，因此预测的精确度较低。

研究表明，专有信息成本与预测精度负相关。企业从战略上可能会选择发布模糊的预测，而不是准确地披露隐私信息。例如，Verrecchia（2001）称，管理层可能会声称，该公司预期每股收益至少为1美元，而实际上她预计该指标仅为每股1美元。Li（2010）找到支持性证据，证明既定行业中现有参与者之间的竞争（专有信息成本的代理变量）与精确度较低的盈利预测存在相关性。综上所述，我们认为探索性创新策略可能会导致盈利预测不太精确。

假设四（精确度）：在发布盈利区间预测的条件下，探索性（开发性）创新策略与更低（高）精确度的管理层盈利预测相关联。

三、样本选择和描述性统计

（一）样本选择

我们以1992~2012年在美国的上市公司为样本，由于我们研究的是创新密集型公司，我们排除了在样本期间从未向美国专利商标局（USPTO）申请专利的公司。我们从 Google USPTO Bulk Download 中收集企业的年度专利信息。[①] 该数据库提供了有关 USPTO 申请和授予的所有专利的丰富信息，包括专利申请和授予日期，专利受让人名称，专利的技术类别以及引用核心专利的后续专利的详细信息等。

有关管理层预测的数据可从 I/B/E/S 数据库中获得。我们从 Compustat 数据库中获取有关公司研发投入和财务报表科目的数据，从 Thomson 的 CDA/Spectrum 数据库（表13F）中获得机构持股数据，从 CRSP 数据库获得股价数据。有关分析师跟踪和预测表现的数据也是从 I/B/E/S 数据库中获取。在剔除缺失数据的观测值后，我们的最终样本包括5959个公司的年度观测值。

（二）变量的度量

1. 创新策略的度量

我们研究了两种创新策略，即探索性创新和开发性创新。我们以 Explore 表示一个公司探索性创新的程度，度量方式是用给定年份提交（并最终获得）

---

① 数据可在 http://www.google.com/googlebooks/uspto.html. 获得。另外，还有许多其他使用此数据源的研究，包括 Chien（2011），Weatherall 和 Webster（2014），Jia 等（2016）。

的探索性专利数量除以该公司在同一年内提交的所有专利数量得出的。[①] 同样，我们以 Exploit 表示开发性创新强度，衡量方法是在给定年度内提交（并最终获得）的开发性专利数量除以该公司在同一年内提交的所有专利数量。这些是度量创新策略的常用指标（Balsmeier 等，2017；Custo'dio 等，2015；Jia 和 Tian，2016）。根据管理学文献，我们将与公司现有知识体系无关并在新领域中进行试验的专利定义为探索性专利，将基于公司现有领域的实力和知识建立起来的专利称为开发性专利（如 Benner 和 Tushman，2002；Katila 和 Ahuja，2002；Phelps，2010）。在技术操作层面，我们遵循 Custo'dio 等（2015）的方法，如果在专利的引用中至少有 60% 基于新知识，则将其归为探索性。我们将公司的现有知识体系定义为之前的专利组合以及过去五年来被其自身专利引用的一组专利。突破值越高，表明探索性创新的强度越高。相反，如果专利中至少有 60% 的引用是基于当前知识，则将其归类为开发性。Exploit 越高，表示开发性创新的强度越高。

2. 管理层盈利预测的度量

我们对发布管理层预测可能性的度量是一个虚拟变量，如果公司在一年中发布至少一次管理层盈利预测，则该虚拟变量等于 1，否则为零。在发布预测的情况下，我们还将检测这些预测的三个特征。第一个是预测的乐观程度（Optimism），计算方法是将预期每股收益（EPS）减去实际 EPS，再除以管理层预测发布日期前 2 天的股价。我们将 Optimism 乘以 100，作为回归系数的更好表述。

我们检测的第二个管理层预测的特征是准确性（Accuracy），它是管理层预测的 EPS 与实际 EPS 之间的差的绝对值，除以管理层预测发布日期前 2 天的股价。由于较高的预测误差表示较低的准确性，我们将此结构乘以 -100 来将其转换为准确度提高的度量。

我们检查的第三个特征是精度（Precision），计算方式为范围预测的上下限之间的差，除以管理层预测发布日期前两天的股价。较宽的预测范围意味着较低的精度。因此，我们将此构造乘以 -100 以精度递增的方式对其进行转换。

3. 控制变量的度量

[①] 我们使用年度专利申请数量而不是专利因为之前的研究（如 Griliches 等，1987）表明，前者在获得创新的实际时间方面具有优势。

【域外经验】

根据已有文献,我们控制了可能影响管理预测行为的公司和行业特征的变量。先前的文献证实企业规模与管理层盈利预测之间存在正相关关系(如 Kasznik 和 Lev,1995)。因此,我们在回归中控制公司规模(用总资产的自然对数来衡量)。Ajinkya 等(2005)发现,拥有更多机构持股的公司更有可能发布预测。此外,这些预测往往更加具体和准确。因此,我们加入机构持股情况作为控制变量,通过表格 13F 报告的四个季度机构持股的算术平均值来反映。我们还将市净率作为专有成本的替代指标(Bamber 和 Cheon,1998)。Ali 等(2014)发现,在高度集中的行业中,公司管理层盈利预测的频率较低,因此我们包括了行业集中度,该行业集中度由公司所属的四位数 SIC 行业的赫芬达尔(Herfindahl)指数来衡量。

先前的研究表明,亏损公司的收益与价值的相关性较低(Hayn,1995),对于这些公司而言,达到或超过财务分析师的期望并不重要(Degeorge 等,1999)。Matsumoto(2002)发现,亏损的公司不太可能将分析师的预测下调。与 Matsumoto(2002)、Choi 和 Ziebart(2004)等人的研究保持一致,我们将公司前期是否亏损这一虚拟变量加入控制变量中。

我们的变量还包括杠杆水平(以总负债与总资产之比来衡量)作为风险的代理变量,资产回报率作为获利能力的代理变量,资产有形性(以净房地产、工厂和设备占总资产的比例来度量),上一年的股票收益波动率,以及资本支出占总资产的比例。为了控制创新活动的规模,我们的控制变量还包括专利数量,该变量以给定年份中一家公司的总专利数量的自然对数来衡量。先前的研究表明,分析师的跟进会影响预测决策(如 Lang 和 Lundholm,1996),因此我们将 1 加上分析人员的数量再取自然对数,作为另外一个控制变量。

(三)样本描述和描述性统计

表 1 的 A 部分报告了按行业分类的样本分布,其中行业分类基于两位数的 SIC 代码。样本中,观测值最多的行业是工业机械和设备(SIC 代码 35),其次是化学及相关产品(SIC 代码 28)和电子及其他电器设备(SIC 代码 36)。在行业分布中似乎没有明显的集群现象。B 部分显示了基础回归模型中使用的变量的统计信息。为了最大限度地减少离群值的影响,我们对所有连续变量都进行了 1% 分位及 99% 分位的缩尾处理。平均预测乐观度为 −0.017,这与先前的发现一致,即管理层倾向发布悲观的偏见性预测,策略性地降低市场对于企业收益的预期,从而避免盈利公告中产生负面超预期的情况(Bergman 和 Roychowdhury，2008；Cotter，2006；松本，2002）。平均预测准确度和精确度分别为 -0.909 和 -0.366。

样本中的平均每家公司的探索性创新强度为 0.582，开发性创新强度为 0.232，资产的自然对数为 7.599，资产收益率（ROA）为 0.149，杠杆比率为 19.5%，创新规模为 3.100，PPE 占资产比率为 22.5%，资本支出比率为 4.8%，机构持股比率为 0.713，行业集中度为 0.262，市净率是 3.647，收益的波动率是 0.110，分析师覆盖率的自然对数是 2.573。

表 1 的 C 部分显示了基础回归分析中使用的变量之间的相关性。由于探索性创新程度（Explore）与开发性创新程度（Exploit）代表了相反的创新方法，它们之间存在显著的负相关。Explore 与发布管理层预测的可能性有显著的正相关关系，与预测的乐观度，准确性和精确度之间有显著的负相关关系。相比之下，Exploit 与发布管理预测的可能性具有显著的负相关关系，与预测的乐观度，准确性和准确性具有显著的正相关关系。由于单变量相关性分析未考虑其他相关变量的影响，我们认为相关证据仅具有一定的参考性，需要依据随后的多元分析得出进一步推断。

表 1 描述性统计

SIC code	Industry	Number of obs.	Percentage of sample (%)	Cumulative percentage (%)
Panel A：Sample distribution by industry				
35	Electronic & Other Electric Equipment	865	14.52	14.52
28	Chemical & Allied Products	849	14.25	28.76
36	Electrical & Electronic Equipment	836	14.03	42.79
38	Instruments & Related Products	708	11.88	54.67
73	Business Services	632	10.61	65.28
37	Transportation Equipment	406	6.81	72.09
20	Food & Kindred Products	187	3.14	75.23
34	Fabricated Metal Products	150	2.52	77.75
39	Miscellaneous Manufacturing Industries	139	2.33	80.08
26	Paper & Allied Products	136	2.28	82.36
25	Furniture & Fixtures	103	1.73	84.09
13	Oil & Gas Extraction	94	1.58	85.67
30	Rubber&Miscellaneous Plastics Products	85	1.43	87.10

续表

SIC code	Industry	Number of obs.	Percentage of sample (%)	Cumulative percentage (%)
—	Others	769	12.90	100.00
Total		5959	100.00	100.00

Variable	25%	Median	Mean	75%	SD	N
Panel B: Summary statistics of main variables used in the baseline analysis						
Issue	0	0	0.473	1	0.499	5959
Optimism	-0.403	-0.110	-0.017	0.099	1.012	2452
Accuracy	-0.790	-0.295	-0.909	-0.106	2.101	2452
Precision	-0.413	-0.212	-0.366	-0.098	0.512	1788
Explore	0.374	0.680	0.582	1	0.328	5959
Exploit	0	0.143	0.232	0.385	0.277	5959
Size	6.388	7.484	7.599	8.669	1.688	5959
ROA	0.102	0.149	0.149	0.197	0.090	5959
Leverage	0.051	0.183	0.195	0.292	0.162	5959
Patent	1.792	2.944	3.100	4.357	1.829	5959
PPEAssets	0.101	0.184	0.225	0.303	0.164	5959
Capex	0.022	0.037	0.048	0.062	0.040	5959
InstOwn	0.601	0.741	0.713	0.855	0.194	5959
HHI	0.118	0.196	0.262	0.329	0.208	5959
MTB	1.841	2.756	3.647	4.258	3.719	5959
ReturnVol	0.067	0.093	0.110	0.133	0.066	5959
Loss	0	0	0.126	0	0.331	5959
LnAnalysts	2.079	2.639	2.573	3.091	0.666	5959

	Variable	1	2	3	4	5	6	7	8	9
Panel C: Correlation matrx										
1	Issue	1								
2	Optimism	—	1							
3	Accuracy	—	0.30^a	1						
4	Precision	—	0.02	0.41^a	1					
5	Explore	0.16^a	-0.13^a	-0.12^b	-0.09^b	1				
6	Exploit	-0.15^a	0.04^c	0.08^b	0.04^c	-0.87^a	1			
7	Size	0.26^a	-0.03	0.16^a	0.11^a	-0.06^a	0.04^a	1		
8	ROA	0.03^b	-0.12	0.32^a	0.29^a	0.06^a	-0.06^a	0.14^a	1	
9	Leverage	0.09^a	0.10^a	0.01	0.04	0.02^c	-0.04^a	0.34^a	-0.04^a	1

续表

	Variable	1	2	3	4	5	6	7	8	9
10	Patent	0.10^a	-0.02	0.06^b	0.04	-0.15^a	0.15^a	0.61^a	0.04^a	0.06^a
11	PPEAssets	-0.10^a	0.08^a	0.04^c	0.12^a	0.17^a	-0.18^a	0.07^a	0.23^a	0.19^a
12	Capex	-0.16^a	0.10^a	0.02	0.14^a	0.14^a	-0.14^a	-0.10^a	0.29^a	-0.03^b
13	InstOwn	0.24^a	-0.02	0.09^a	-0.04	-0.24^a	0.26^a	0.09^a	0.01	-0.01
14	HHI	0.07^a	0.00	-0.03	-0.03	0.03^b	-0.05^a	0.16^a	0.02	0.11^a
15	MTB	-0.02	-0.10^a	0.09^a	0.13^a	0.01	-0.02	0.08^a	0.29^a	-0.01
16	ReturnVol	-0.18^a	0.19^a	-0.29^a	-0.21^a	0.06^a	-0.07^a	-0.37^a	-0.29^a	-0.10
17	Loss	-0.11^a	0.24^a	-0.33^a	-0.19^a	-0.01	0.01	-0.18^a	-0.53^a	0.04^a
18	LnAnalysts	0.20^a	-0.05^a	0.14^a	0.02^c	-0.06^a	0.06^a	0.61^a	0.15^a	0.01^c
	Variable	10	11	12	13	14	15	16	17	18
Panel C: Correlation matrix										
1	Issue									
2	Optimism									
3	Accuracy									
4	Precision									
5	Explore									
6	Exploit									
7	Size									
8	ROA									
9	Leverage									
10	Patent	1								
11	PPEAssets	-0.10^a	1							
12	Capex	-0.06^a	0.61^a	1						
13	InstOwn	0.07^a	-0.18^a	-0.18^a	1					
14	HHI	0.02	0.05^a	-0.03^b	0.03^b	1				
15	MTB	0.06^a	-0.02^c	0.08^a	-0.10^a	-0.05^a	1			
16	ReturnVol	-0.15^a	-0.15^a	0.05^a	-0.13^a	-0.10^a	-0.00	1		
17	Loss	-0.07^a	-0.09^a	-0.07^a	-0.04^a	-0.04^a	-0.10^a	0.38^a	1	
18	LnAnalysts	0.41^a	0.07^a	0.06^a	0.40^a	-0.04^a	0.15^a	-0.19^a	-0.13^a	1

注：Pearson 相关系数，a、b、c 分别代表在1%，5%和10%水平上的显著性。

四、实证结果

为了评估公司的创新策略选择如何影响其管理层预测行为,我们用以下模型进行检验:

$$\text{Prob}(\text{Issue})_{i,t}/\text{ForecastProperty}_{i,t} = \alpha + \beta \text{Explore}(\text{Exploit})_{i,t} + \lambda' \text{Control}_{i,t} + \text{Year}_t + \text{Industry}_j + \varepsilon_{i,t} \quad (1)$$

其中,i 表示公司,j 表示行业,t 表示时间。因变量(Issue 和 ForecastProperty)分别代表发布管理层盈利预测的倾向和这些预测的特征(乐观程度、准确性和精确度)。自变量 $\text{Explore}_{i,t}$ 和 $\text{Exploit}_{i,t}$ 衡量了公司 i 在 t 年的探索性和开发性创新强度①。Control 是如前文所述的可能影响管理层发布预测倾向和特征的企业层面异质性的特征变量,Year 和 Industry 分别表示年份和行业固定效应。

表 2 列示了式(1)的结果,即创新策略对管理层发布盈利预测可能性的回归结果。由于因变量是二分响应变量,采用 Probit 模型。我们从列(1)中的简化模型开始,该模型仅包含关键变量 Explore 以及行业和年度固定效应。Explore 的系数估计为 0.182,在 5% 的水平上显著,这表明具有较高突破程度的公司更愿意发布盈利预测,以缓解严重的信息不对称问题。在列(2)中,我们包含了其他控制变量,Explore 的估计系数仍显著为正。我们还在表格 2 底部报告了探索性创新的边际效应。即当 Explore 的变化从第一个四分位数至第三个四分位数,并且其他变量保持在相应的均值时,管理层发布预测的概率变化。边际效应为 0.048,表明探索性创新的强度从第一个四分位数增至第三个四分位数会使管理层发布盈利预测的可能性增加 4.8%。列(3)和列(4)报告了开发性创新强度的结果。与探索性创新的结果相反,Exploit 的两列系数估计值均显著为负。在第(4)列中,边际效应为 0.030,这表明开发性创新强度从第一个四分位数增加到第三个四分位数会使管理层发布盈利预测的可能性降低 3.0%。

控制变量的参数估计结果与先前的发现基本一致。大型公司、机构持股多的公司以及分析师覆盖率更高的公司发布管理层盈利预测的可能性较大。相反,亏损公司、有形资产更多的公司以及收益波动率更高的公司提供盈利预测

---

① Jia 和 Tian(2016)的研究表明专利申请过程平均需要 2 年。因此,我们将在 $t+2$ 年探索性创新的强度来替代当期变量,结果与表 2 中的相似。

的可能性较小。综上所述,表2的结果支持了假设H1,即探索性创新强度高的公司更有可能发布管理层预测,开发性创新强度高的公司则相反。

表 2　　　　　　　　创新策略和盈利预测可能性的回归结果

Dep Var =	Prob（Issue）= I			
	(1)	(2)	(3)	(4)
Explore	0.182**	0.200**	—	—
	(0.085)	(0.084)	—	—
Exploit	—	—	-0.217**	-0.205**
	—	—	(0.093)	(0.098)
Size	—	0.148***	—	0.147***
	—	(0.040)	—	(0.040)
ROA	—	0.570	—	0.570
	—	(0.440)	—	(0.440)
Leverage	—	0.150	—	0.146
	—	(0.217)	—	(0.217)
Patent	—	-0.036	—	-0.038
	—	(0.183)	—	(0.186)
PPEAssets	—	-0.777**	—	-0.773**
	—	(0.328)	—	(0.328)
Capex	—	1.041	—	1.023
	—	(0.974)	—	(0.976)
InstOwn	—	0.557***	—	0.561***
	—	(0.200)	—	(0.199)
HHI	—	0.229	—	0.227
	—	(0.213)	—	(0.213)
MTB	—	-0.007	—	-0.007
	—	(0.008)	—	(0.008)
ReturnVol	—	-3.160***	—	-3.144***
	—	(0.496)	—	(0.494)
Loss	—	-0.188**	—	-0.187**
	—	(0.077)	—	(0.077)
LnAnalysts	—	0.146**	—	0.144**
	—	(0.071)	—	(0.071)

续表

Dep Var =	Prob（Issue）= I			
	(1)	(2)	(3)	(4)
Constant	—	-5.870***	—	-5.710***
	—	(0.315)	—	(0.326)
Year and industry fixed effects	Included	Included	Included	Included
Pseudo R^2	0.18	0.23	0.18	0.23
Observations	5959	5959	5959	5959
Marginal effect on explore/exploit	0.040**	0.048**	-0.031**	-0.030**

注：***，**和*分别表示1%，5%和10%的显著性。

进一步地，我们研究创新策略如何影响管理层盈利预测的特性（假设H2—H4），其结果在表3中列示。由于发布管理层预测的决定是非随机的，我们使用Heckman（1979）的方法来控制潜在的选择偏差问题。第一步，我们预测发布管理层预测的可能性（见表2）并得到逆米尔斯比率（IMR）。此外，我们还需要确定一个变量可以代表盈利预测的发布情况，但不决定盈利预测的乐观度、准确性和精度（Larcker和Rusticus，2010）。先前的研究表明，分析师的关注会影响信息披露情况和发布预测的决策（如Lang和Lundholm，1996），但与预测准确性无关（Ajinkya等，2005）。采用Hribar和Yang（2016）的做法，我们将分析师覆盖率（LnAnalysts）作为包含在预测发布模型中但未包含在分析预测的乐观程度、准确性和准确性的第二阶段模型中的变量。然后将IMR作为附加控制变量包括在内，以解释管理层预测特征的变化。

在表格3的第（1）~（3）列中，Explore的系数估计值显著为负，这表明具有较高探索性创新强度的公司发布的盈利预测不那么乐观，不够准确且精度低。这些结果与之前推测是一致的，即以探索性创新为导向的公司管理层可能会战略性地降低市场收益预期，以避免负面的意外和不必要的竞争，因为由于信息不对称性较高，市场不太可能发现这种战略性的偏见。此外，由于探索性创新成功的不确定性以及与之相关的不确定的未来收益流，造成这些预测也表现出较高的误差和较低的准确性。控制变量的结果与先前的研究基本一致。例如，利润更高的公司倾向于发布更准确、更精确的预测，而亏损公司和收益率波动较大的公司发布的预测通常不那么准确和精确。

我们在第（4）~（6）列发现了相反的结果，其中关注的主要变量是Exploit。也就是说,具有较高改进强度的公司发布的盈利预测更加乐观、更加准确和更加精确。还值得注意的是,在表 3 的第(1)~(3)列中,IMR 是负的,这表明公司采用探索性创新策略的因素会使公司发布不太乐观、准确和精确的管理预测。相比之下,在第(4)~(6)列中,IMR 是正的[尽管在第(6)列中表现得并不显著],这表明公司采用开发性创新策略的因素使公司发布更乐观、准确和精确的管理预测。

综上所述,表 3 的实证结果为假设 H2、H3 和 H4 提供了支持,即探索性(开放性)创新强度与管理层预测的乐观度,准确性和精确度之间存在负(正)关系。

表 3　　　　　　　　创新策略和盈利预测的特征

Dep Var =	Optimism (1)	Accuracy (2)	Precision (3)	Optimism (4)	Accuracy (5)	Precision (6)
Explore	-0.107** (0.045)	-0.310** (0.155)	-0.182* (0.101)	— —	— —	— —
Exploit	— —	— —	— —	0.115** (0.055)	0.313* (0.162)	0.240* (0.124)
Size	-0.009 (0.052)	0.202* (0.120)	-0.005 (0.064)	-0.041 (0.045)	0.155 (0.109)	0.019 (0.057)
ROA	-0.189 (0.876)	6.296*** (1.399)	1.848*** (0.654)	-0.249 (0.783)	4.828*** (1.088)	1.798** (0.728)
Leverage	0.452** (0.203)	-0.261 (0.422)	-0.051 (0.225)	0.483*** (0.185)	-0.587 (0.366)	0.019 (0.226)
Patent	0.019 (0.026)	-0.104* (0.062)	0.001 (0.026)	0.035* (0.020)	-0.052 (0.046)	0.038 (0.034)
PPEAssets	0.826** (0.420)	-0.758 (0.849)	-0.266 (0.402)	0.850** (0.351)	-0.335 (0.806)	-0.629 (0.476)
Capex	2.034 (1.354)	-0.469 (3.797)	1.624* (0.832)	0.525 (0.106)	0.179 (2.339)	2.514** (1.167)
InstOwn	0.421 (0.297)	1.273* (0.745)	-0.218 (0.354)	0.245 (0.263)	1.316* (0.726)	-0.025 (0.324)
HHI	0.029 (0.148)	-0.524 (0.384)	-0.484 (0.428)	0.047 (0.136)	-0.570* (0.307)	-0.024 (0.124)

续表

Dep Var =	Optimism (1)	Accuracy (2)	Precision (3)	Optimism (4)	Accuracy (5)	Precision (6)
MTB	-0.029***	-0.025	-0.002	-0.019**	-0.115	-0.006
	(0.010)	(0.024)	(0.007)	(0.009)	(0.018)	(0.005)
ReturnVol	1.259	-2.577	-1.857**	1.412	-1.998	-0.661
	(1.309)	(2.793)	(0.890)	(1.384)	(2.894)	(1.579)
Loss	0.675***	-1.406***	-0.098	0.758***	-1.297***	-0.186**
	(0.169)	(0.403)	(0.116)	(1.647)	(0.318)	(0.092)
IMR	-0.919*	-2.034**	-0.383*	1.248**	2.661**	0.517
	(0.493)	(1.002)	(0.227)	(0.538)	(1.239)	(0.405)
Constant	-0.342	-2.164	-0.251	0.781	-0.855	-0.930
	(1.488)	(3.946)	(0.227)	(1.529)	(3.925)	(1.870)
Year and industry fixed effects	Included	Included	Included	Included	Included	Included
R^2	0.18	0.22	0.14	0.17	0.25	0.19
Observations	2452	2452	1788	2452	2452	1788

注：***，**和*分别表示1%，5%和10%的显著性。

五、结论

通过以1992~2012年的美国创新密集型企业为样本，研究企业创新策略对于信息披露的影响，我们发现以探索性创新为主的企业，倾向发布更多的管理层盈利预测，其预测内容通常相对更加不乐观、不准确、不精确；而开发性创新为主的企业则相反。

我们还研究了创新强度与管理层盈利预测行为之间的关系。我们发现，以探索性创新为主的企业，创新强度增加，更倾向发布管理层盈利预测，但这些预测的乐观程度、准确性和精确性却有降低趋势；而以开发性创新为主的企业则相反，创新强度增加时，盈利预测行为减少，但这些预测的乐观程度、准确性和精确性则有所增加。这些发现减轻了可能的内生性问题的影响，并为基础模型的实证结果中显示的因果关系提供了支持。

我们还研究了企业创新战略如何影响与创新活动相关的信息披露行为。我们发现，以探索性创新为导向的公司不太愿意在其财务报表中报告研发支出，也不太愿意提供有关其创新活动的其他非财务信息,尤其是关于仍在进行中的创新以及与之相关的信息和公司未来的创新计划。但是,当公司拥有较高的机构持股比例时,这种影响就会减轻。我们还发现,市场对探索性创新公司的正向预测误差(坏消息)的反应更加消极,这就为探索性公司的管理层发布更为保守的预测提供了合理的解释。最后,我们发现,以探索性创新为导向的公司比以开发性创新为导向的公司具有更不透明的信息环境,这体现在较高的分析师的盈利预测误差和预测离散度上。

我们的研究为公司信息披露政策的决定因素提供了新的思路。研究结果表明,知识密集型公司在制定其信息披露政策时会考虑其创新策略的特征。探索性创新公司更愿意提供前瞻性的盈利估计,但倾向避免透露详细的有关其创新活动的信息以保护其专利技术并保持竞争优势。本文的研究结果还提供了关于企业创新战略的信息披露后果的证据,使知识密集型企业能够更全面地理解它们在尝试基于不同类型的创新行为形成竞争优势时,可能面临的权衡取舍。

参考文献

[1] Adhikari BK, Agrawal A. Religion, gambling attitudes and corporate innovation [J]. Corp Fin, 2016, 37: 229 – 248.

[2] Aghion P, Reenen JV, Zingales L. Innovation and institutional ownership [J]. Am Econ Rev, 2013, 103: 277 – 304.

[3] Ajinkya BB, Gift MJ. Corporate managers' earnings forecasts and symmetrical adjustments of market expectations [J]. Account Res, 1984, 22: 425 – 444.

[4] Ajinkya BB, Bhojraj S, Sengupta P. The association between outside directors, institutional investors and the properties of management earnings forecasts [J]. Account Res, 2005, 43: 343 – 376.

[5] Ali A, Kalsa S, Yeung E. Industry concentration and corporate disclosure policy [J]. Account Econ, 2014, 58: 240 – 264.

[6] Amason AC, Shrader RC, Tompson GH. Newness and novelty: relating top management team composition to new venture performance [J]. Bus Venturing, 2006, 21: 125 – 148.

[7] Amir A, Lev B. Value – relevance of nonfinancial information: the wireless communications industry [J]. Account Econ, 1996, 22: 3 – 30.

[8] Balsmeier B, Fleming L, Manso G. Independent boards and innovation [J]. Financ Econ, 2017, 123: 536 – 557.

[9] Bamber L, Cheon YS. Discretionary management earnings forecast disclosures: antecedents and outcomes associated with forecast venue and forecast specificity choices [J]. Account Res, 1998, 36: 167 – 190.

[10] Barron OE, Stuerke P. Dispersion in analysts' earnings forecasts as a measure of uncertainty [J]. Account Audit Financ, 1998, 13: 245 – 270.

[11] Barron OE, Byard D, Kile C, Riedl EJ. High – technology intangibles and analysts' forecasts [J]. Account Res, 2002, 40: 289 – 312.

[12] Barth ME, Clement MB, Foster G, Kasznik R. Brand values and capital market valuation [J]. Rev Account Stud, 1999, 3: 41 – 68.

[13] Barth ME, Kasznik R, McNichols MF. Analyst coverage and intangible assets [J]. Account Res, 2001, 39: 1 – 34.

[14] Basi BA, Carey KJ, Twark RD. A comparison of the accuracy of corporate and security analysts'forecasts of earnings [J]. Account Rev, 1976, 51: 244 – 254.

[15] Benner MJ, Tushman M. Process management and technological innovation: a longitudinal study of the photography and paint industries [J]. Admin Sci Q, 2002, 47: 676 – 706.

[16] Benner MJ, Tushman M. Exploitation, exploration, and process management: the productivity dilemma revisited [J]. Acad Manag Rev, 2003, 28: 238 – 256.

[17] Bergman N, Roychowdhury S. Investor sentiment and corporate disclosure [J]. Account Res, 2008, 46: 1057 – 1083.

[18] Chao R, Lipson M, Loutskina E. Financial distress and risky innovation [D]. Working paper, 2012.

[19] Chen YC, Huang CY. The moderating effect of industry concentration on the relations between external attributes and the properties of analyst earnings forecast [J]. Rev Pac Basin Financ Mark Pol, 2013, 16: 1350019.

[20] Chen C, Chen Y, Hsu P, Podolski EJ. Be nice to your innovators: employee treatment and corporate innovation performance [J]. Corp Financ, 2016,

39: 78-98.

[21] Cheng YT, Van de Ven A. Learning the innovation journey: order out of chaos?[J]. Organ Sci, 1996, 7: 593-614.

[22] Chien CV. Predicting patent litigation. Texas[J]. Law Rev, 2011, 90: 283-287.

[23] Choi JH, Ziebart D. Management earnings forecasts and the market's reaction to predicted bias in the forecast[J]. Asia Pac J Account Econ, 2004, 11: 167-192.

[24] Cohen WM, Levinthal DA. Fortune favors the prepared firm[J]. Manag Sci, 1994, 40: 227-251.

[25] Coller M, Yohn TL. Management forecasts and information asymmetry: an examination of bid-ask spreads[J]. Account Res, 1997, 35: 181-191.

[26] Cotter J, Tuna I, Wysocki P. Expectations management and beatable targets: how do analysts react to public earnings guidance?[J]. Contemp Account Res, 2006, 23: 593-624.

[27] Crossan MM, Lane HW, White RE. An organizational learning framework: from intuition to institution[J]. Acad Manage Rev, 1999, 24: 522-537.

[28] Custo'dio C, Ferreira MA, Matos P. Do general managerial skills spur innovation?[D]. Working paper, 2015.

[29] Datta S, Iskandar-Datta M, Sharma V. Product market pricing power, industry concentration and analysts' earnings forecasts[J]. Bank Financ, 2011, 35: 1352-1366.

[30] Degeorge F, Patel J, Zeckhauser R. Earnings management to exceed thresholds[J]. Bus, 1999, 72: 1-33.

[31] Diamond DW, Verrecchia RE. Disclosure, liquidity, and the cost of equity capital[J]. Financ, 1991, 46: 1325-1359.

[32] Frankel R, McNichols M, Wilson GP. Discretionary disclosure and external financing[J]. Account Rev, 1995, 70: 135-150.

[33] Gao L, Yang LL, Zhang JH. Corporate patents, R&D success, and tax avoidance[J]. Rev Quant Financ Account, 2006, 47: 1063-1096.

[34] Gu F, Li JQ. Disclosure of innovation activities by high-technology firms

[J]. Asia Pac J Account Econ, 2003, 10: 143 – 172.

[35] Gu F, Wang WM. Intangible assets, information complexity, and analysts' earnings forecasts [J]. Bus Financ Account, 2005, 32: 1673 – 1702.

[36] Guo R, Zhou N. Innovation capability and post – IPO performance [J]. Rev Quant Financ Acc, 2016, 2: 335 – 357.

[37] Hall B. The financing of research and development [J]. Oxf Rev Econ Pol, 2002, 18: 35 – 51.

[38] Hayn C. The information content of losses [J]. Account Econ, 1995, 20: 125 – 153.

[39] He Z, Wong P. Exploration vs. exploitation: an empirical test of the ambidexterity hypothesis [J]. Organ Sci, 2004, 15: 481 – 494.

[40] Heckman JJ. Sample selection bias as a specification error [J]. Econom Soc, 1979, 47: 153 – 161.

[41] Henderson A. Firm strategy and age dependence: a contingent view of the liabilities of newness, adolescence, and obsolescence [J]. Admin Sci Q, 1999, 44: 281 – 314.

[42] Hirst D, Koonce L, Venkataraman S. Management earnings forecasts: a review and framework [J]. Account Horiz, 2008, 22: 315 – 338.

[43] Holmqvist M. Experiential learning processes of exploration and exploitation within and between organizations: an empirical study of product development [J]. Organ Sci, 2004, 15: 70 – 81.

[44] Horwitz BN, Kolodny R. The economic effects of involuntary uniformity in the financial reporting of R&D expenditures [J]. Account Res, 1980, 18: 38 – 74.

[45] Hribar P, Yang H. CEO overconfidence and management forecasting [J]. Contemp Account Res, 2016, 33: 204 – 227.

[46] Hsu P, Lee H, Liu AZ, Zhang Z. Corporate innovation, default risk, and bond pricing [J]. Corp Fin, 2015, 35: 329 – 344.

[47] Hughes J, Pae S. Voluntary disclosure of precision information [J]. Account Econ, 2004, 37: 261 – 289.

[48] Jia N. Corporate innovation strategy, analyst forecasting activities and the economic consequences [J]. Bus Financ Account, 2017, 44 (5 – 6): 812 – 853.

[49] Jia N, Tian X. Tell me how I am doing: the effect of timely feedback on patent activity [D]. Working paper, 2016.

[50] Jia N, Tian X, Zhang W. The real effects of tournament incentives: the case of firm innovation [D]. Working paper, 2016.

[51] Jones DA. Voluntary disclosure in R&D intensive industries [J]. Contemp Account Res, 2007, 24: 489 – 522.

[52] Kaplan S, Tripsas M. Thinking about technology: applying a cognitive lens to technological change [J]. Res Policy, 2008, 37: 790 – 805.

[53] Kasznik R, Lev B. To warn or not to warn: management disclosures in the face of an earnings surprise [J]. Account Rev, 1995, 70: 113 – 134.

[54] Katila R, Ahuja G. Something old, something new: a longitudinal study of search behavior and new product introduction [J]. Acad Manag J, 2002, 45: 1183 – 1194.

[55] King R, Pownall G, Waymire G. Expectations adjustments via timely management forecasts: review, synthesis, and suggestions for future research [J]. Account Lit, 1990, 9: 113 – 144.

[56] Koh PS, Reeb DM. Missing R&D [J]. Account Econ, 2015, 60: 73 – 94.

[57] Lai R, D'amour A, Yu A, Sun Y, Fleming L. Disambiguation and co – authorship networks of the U. S. patent inventor database (1975 – 2010) [D]. Working paper, 2013.

[58] Lambert R, Leuz C, Verrecchia RE. Accounting information, disclosure, and the cost of capital [J]. Account Res, 2007, 45: 385 – 420.

[59] Lang M, Lundholm R. Corporate disclosure policy and analyst behavior [J]. Account Rev, 1996, 71: 467 – 492.

[60] Larcker DF, Rusticus TO. On the use of instrumental variables in accounting research [J]. Account Econ, 2010, 49: 186 – 205.

[61] Lerner J, Wulf J. Innovation and incentives: evidence from corporate R&D [J]. Rev Econ Stat, 2007, 89: 634 – 644.

[62] Leuz C, Verrecchia RE. The economic consequences of increased disclosure [J]. Account Res, 2000, 38: 91 – 124.

[63] Levinthal DA, March JG. The myopia of learning [J]. Strateg Manag J, 1993, 14: 95 – 112.

[64] Li X. The impact of product market competition on the quality and quality of voluntary disclosures [J]. Rev Account Stud, 2010, 15: 663 – 711.

[65] Manso G. Motivating innovation [J]. Financ, 2011, 66: 1823 – 1860.

[66] March JG. Exploration and exploitation in organizational learning [J]. Organ Sci, 1991, 2: 71 – 78.

[67] March JC, March JG. Almost random careers—the Wisconsin school superintendency 1940 – 1972 [J]. Admin Sci Q, 1977, 22: 377 – 409.

[68] Marcus A, Goodman R. Airline deregulation: factors affecting the choice of firm political strategy [J]. Pol Stud J, 1986, 15: 231 – 246.

[69] Marx M, Strumsky D, Fleming L. Mobility, skills, and the Michigan non – compete experiment [J]. Manag Sci, 2009, 55: 875 – 889.

[70] Matsumoto D. Management's incentives to avoid negative earnings surprises [J]. Account Rev, 2002, 77: 483 – 514.

[71] McGrath RG. Exploratory learning, innovative capacity, and managerial oversight [J]. Acad Manag J, 2001, 44: 118 – 131.

[72] McVay S. Earnings management using classification shifting: an examination of core earnings and special items [J]. Account Rev, 2006, 81: 501 – 531.

[73] Noe C. Voluntary disclosures and insider transactions [J]. Account Econ, 1999, 27: 305 – 326.

[74] Nofsinger JR, Sias RW. Herding and feedback trading by institutional and individual investors [J]. Financ, 1999, 54: 2263 – 2295.

[75] Penman SH. An empirical investigation of the voluntary disclosure of corporate earnings forecasts [J]. Account Res, 1980, 18: 132 – 160.

[76] Phelps CC. A longitudinal study of the influence of alliance network structure and composition on firm exploratory innovation [J]. Acad Manag J, 2010, 53: 890 – 913.

[77] Pownall G, Waymire G. Voluntary disclosure credibility and securities prices: evidence from management earnings forecasts [J]. Account Res, 1989, 27: 227 – 245.

[78] Rindova VP, Petkova AP. When is a new thing a good thing? Technological change, product form design, and perceptions of value for product innovations [J]. Organ Sci, 2007, 18: 217-232.

[79] Rogers JL, Stocken PC. Credibility of management forecasts [J]. Account Rev, 2005, 80: 1233-1260.

[80] Skinner DJ. Why firms voluntarily disclose bad news [J]. Account Res, 1994, 32: 38-60.

[81] Skinner DJ. Earnings disclosures and stockholder lawsuits [J]. Account Econ, 1997, 23: 249-282.

[82] Skinner DJ, Sloan RG. Earnings surprises, growth expectations, stock returns, or don't let an earnings torpedo sink your portfolio [J]. Rev Account Stud, 2002, 7: 289-312.

[83] Smith WK, Tushman ML. Managing strategic contradictions: a top management model for managing innovation streams [J]. Organ Sci, 2005, 16: 522-536.

[84] Tian X, Ye K. How does policy uncertainty affect venture capital? [D]. Working paper, 2017.

[85] Tushman M, O'Reilly C. Winning through innovation: a practical guide to leading organizational change and renewal [M]. Harvard Business School Press, Boston, MA, 1997.

[86] Uotila J, Maula M, Thomas K, Zahra SA. Exploration, exploitation, and financial performance: analysis of S&P 500 corporations [J]. Strateg Manag J, 2009, 30: 221-231.

[87] Verrecchia RE. Discretionary disclosure [J]. Account Econ, 1983, 5: 179-194.

[88] Verrecchia RE. Essays on disclosure [J]. Account Econ, 2001, 32: 97-180.

[89] Wagenhofer A. Voluntary disclosure with a strategic opponent [J]. Account Econ, 1990, 12: 341-363.

[90] Waymire G. Additional evidence on the accuracy of analyst forecasts before and after voluntary management earnings forecasts [J]. Account Rev, 1986,

61: 129 – 142.

[91] Weatherall KG, Webster E. Patent enforcement: a review of the literature [J]. Econ Surv, 2014, 28: 312 – 343.

[92] Williams PA. The relation between a prior earnings forecast by management and analyst response to a current management forecast [J]. Account Rev, 1996, 71: 103 – 115.

[93] Yan X, Zhang Z. Institutional investors and equity returns: are short – term institutions better informed? [J]. Rev Financ Stud, 2009, 22: 893 – 924.

[94] Zhang XF. Information uncertainty and analyst forecast behavior [J]. Contemp Account Res, 2006, 23: 565 – 569.

金融科技在交易所基础设施领域的应用

——以德交所为例

李 萌[*]

摘 要：当前，金融科技在全球的应用主要集中于银行、保险领域。随着金融科技受重视程度的不断提升，世界各国都在积极探索其在金融各细分行业的深度应用。考虑到我国金融科技的发展主要集中于支付、互联网金融领域，在交易所的运用相对较为薄弱，本文以德交所集团为例，按照前台业务、中台监管、后台服务的场景划分，梳理了金融科技的具体应用，并分析总结了德交所集团发展金融科技的路径与驱动因素。总体来看，德交所集团对金融科技的应用遵循从"核心业务需求—市场服务需求—新技术应用"的驱动路径。对于我国的证券交易场所，在做好科技监管的同时，也要不断探索面向投资者和企业的投融资对接服务，并利用我国互联网科技公司的领先优势，与大型科技公司合作探索人工智能、区块链、大数据等新兴技术在交易所各场景中的应用，全面提升监管和服务效率。

关键词：金融科技 交易场所 场景应用

一、前言

随着云计算、人工智能、大数据等技术的不断发展，全球对金融科技的重视程度不断提高。毕马威发布报告显示①，2013~2015年，全球金融科技领域

---

[*] 全国股转公司信息统计部、研究规划部（创新实验室）总监。
① 毕马威，《金融科技脉搏2018》。

的投资从189亿美元逐年增加至671亿美元，投资次数增长70%，达到1925次；2016年，金融科技领域的投资有所下降，到2017年下降至508亿美元；2018年受到少数大型交易的推动，全球金融科技领域的投资达1118亿美元，同比增长120%，投资次数也达到2196次的新高（见图1）。同时，各国政府也在陆续出台支持和推动金融科技产业发展的政策措施。新加坡分别于2015年、2016年设立了金融科技和创新专家组、金融科技署；美国经济委员会于2017年发布《金融科技监管框架》白皮书，提出要在金融科技创新中提高竞争优势；我国央行于2017年成立金融科技委员会，并在2019年发布的《金融科技（FinTech）发展规划（2019～2021年）》中指出[1]，要加快金融科技的战略部署与安全应用。

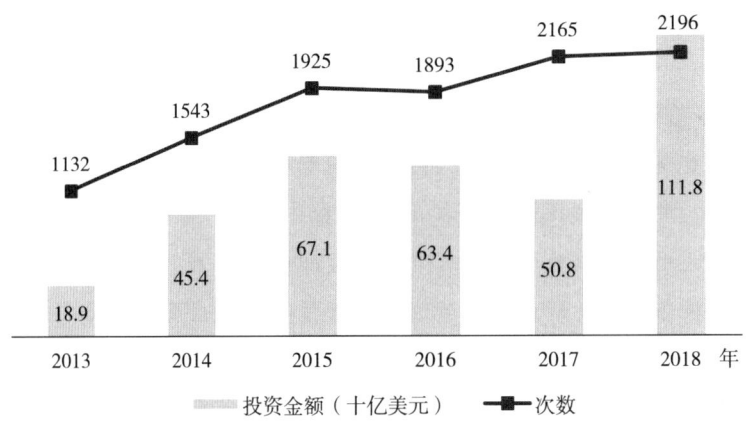

图1 全球金融科技投资

从科技在金融领域应用的深度来看，金融科技的发展主要经历了三个阶段[2]，一是金融电子化阶段（2013年以前），关注各项办公业务的电子化；二是互联网金融阶段（2013～2017年），以金融传统销售渠道线上转移为主要特征；三是金融科技阶段（2017年至今），着重贯彻打通金融业务的前台、中台、后台，实现自动化、精细化和智能化。虽然目前金融科技的发展已进入第三个阶段，但距真正实现前台、中台、后台的贯彻打通仍有一定差距。从供给端来看，根据毕马威发布的"2018全球金融科技100强"企业名单，当前金融科技的应用领域主要集中于支付和信贷业务，在前100名科技企业中的数量占

---

[1] 《金融科技（FinTech）发展规划（2019～2021年）》。
[2] 《中国金融科技生态白皮书（2019年）》。

比56%，并且与银行、保险相关的金融科技公司占比达78%[①]；而在资本市场领域的应用远不及其他行业，即便与之相关的财富/经纪业务领域位居第三，但也仅是以销售为主的前端业务链，监管科技/数据分析等业务的公司仅有5家（见图2）。在需求端，在金融创新不断推进的同时，监管套利、规避监管等乱象多有发生，如何增强合规力量，提升跨行业跨市场交叉性金融风险的甄别、防范和化解成为各国共同关注的话题。2012年，英国将金融服务监管局拆分为金融行为监管局和审慎监管局，前者成立专门部门对金融科技进行产业政策支持和引导，同时大力推动监管科技应用，提升金融监管能力。

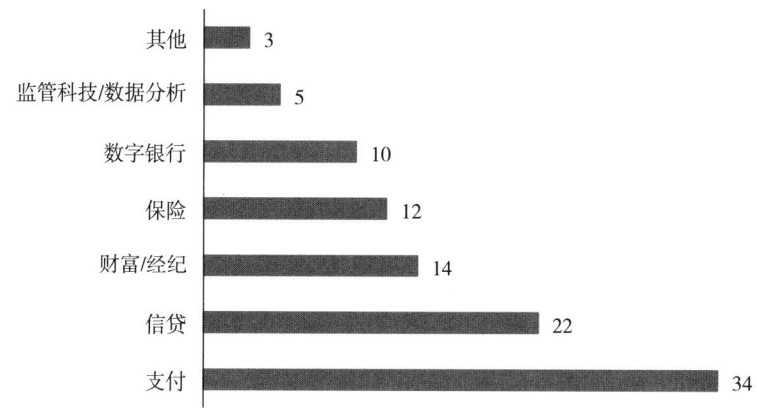

图2　2018年全球金融科技100强企业所属业务领域

随着监管环境不断趋严，投资者多样化服务需求不断增加，金融科技在资本市场基础设施领域的应用具有潜在发展空间。从目前已涉及的环节来看，世界证券交易所联合会（WFE）将应用场景分为五个方面[②]，一是资本获取，为投融资双方提供新的对接方式、创新产品等，如私募发行平台；二是交易执行，主要目的是提高交易效率，如加密货币交易；三是交易后服务，如清算、监控和分析软件等，以提高交易结算机构的运营便捷性和安全性；四是数据分析和信息服务，如实时市场数据分析平台；五是运营与技术服务，如面向数字资产发行的开源技术。

总体来看，目前金融科技的发展仍集中于以银行、保险为主的前端业务链，在资本市场基础设施领域的应用有待进一步探索。因此，本文以德交所集

---

① 包括支付、借贷、数字银行、保险等。
② *Fintech Decoded: Capturing the Opportunity in Capital Markets Infrastructure.*

团为例，按前台、中台、后台的应用场景，分析了金融科技的实际应用，以期为我国资本市场发展金融科技提供借鉴。

二、应用场景

德国作为欧洲第一、全球第四大经济体，非常重视发展金融科技，据咨询公司 Barokow 的报告显示，2018 年德国金融科技初创企业吸引投资达 11 亿欧元，同比增长 55%；德国证券市场作为欧洲最活跃的市场之一，金融科技与业务领域也有着紧密的结合。按照前台业务、中台监管、后台服务的业务链条划分，德交所集团在前台业务方面的应用主要涉及风险投资平台、证券借贷平台等资本获取环节，以及包括 T7、M7、F7 等交易系统在内的交易执行环节；中台监管方面的应用主要包括内幕交易监测、实时市场监管系统等二级市场监察环节，为满足 MiFID II 与 SFTR 监管要求的交易报告合规验证环节；后台服务应用则包括明讯结算系统、C7 清算系统等结算服务，数据服务与公司报告等移动端 APP，以及各类新技术支持（见表1）。

表1　　　　　　　　德交所集团的金融科技应用

应用场景	应用环节	具体应用
前台业务	资本获取	风险投资平台
		证券借贷平台
	交易执行	T7 交易系统
		M7 交易系统
		F7 交易系统
中台监管	二级市场监察	内幕交易监测
		实时市场监管系统
	交易报告合规验证	预验证平台
		SFTR 解决方案
后台服务	结算服务	明讯电子结算系统
		C7 清算系统
	数据信息服务	现货数据服务 APP
		公司报告 iPad APP
		Eurex Mobile App
	技术支持	N7 全球连接网络
		分布式分类账技术的探索

(一) 前台业务

1. 资本获取

在融资功能上，德交所集团借助金融科技打造了更为直接和高效的投融资对接平台，提升上市公司和投资者的沟通效率，降低信息搜寻成本。

一是打造风险投资平台①，为高成长公司提供非公开线上融资平台。为了提升投融资双方的服务质量，2015 年，德交所集团开始构建线上平台，为不同特征的企业匹配不同的投资者。一方面，德交所集团将风险投资平台作为经过市场检验公司的展示平台，对其开放不具格式要求的公司报告上传功能，并对可见范围提供筛选功能，满足不同公司的差异化需求，锁定并通知目标投资人；另一方面，平台内的投资人也可根据其投资偏好筛选不同的公司，并直接与其建立联系。此外，在线平台还为每一笔融资提供安全的数据库，企业将融资相关的信息存入数据库，并为不同的投资者提供不同访问权限。

二是合作开发基于分布式分类账技术（DLT）的证券借贷平台。2018 年，德交所集团与 HQLAX 合作，利用仅面向银行间或银行与其商业用户之间的 R3 Corda 区块链平台②构建创新的证券借贷解决方案。其中，HQLAX 是一家专门为全球证券借贷和回购市场的机构客户提供流动性管理和抵押品管理解决方案的金融科技公司。基于合作开发的 Corda 平台，德交所集团建立了完全集成的抵押互换系统，支持高效的抵押品管理。该系统在德交所欧洲期货回购公司的 F7 交易系统上运行，通过德交所集团与多个担保机构和托管人进行交互操作，改变了传统证券借贷交易结算中底层证券资产在托管账户之间的转移方式。仅通过转让 HQLAX 的数字抵押记录，即可实现打包证券所有权的合法转移，而底层证券在托管账户中保持静态。据英国金融媒体 Finextra 报道③，2019 年德国商业银行、瑞士信贷和瑞银集团已成功在该平台上执行了第一笔实时交易。首先，瑞银集团和德国商业银行之间交换了一篮子德国政府债券和一篮子公司债券的所有权，明讯银行为托管人。其中，明讯银行是德交所集团现货和衍生品市场唯一的证券结算与存托机构，2002 年成为德交所集团的全资子公司。其次，瑞银集团与瑞士信贷之间进行跨托管人互换，交换了托管在明讯银行的公

---

① https://www.venture-network.com/dbvn-en/.
② R3 CEV 是借鉴区块链的部分特性推出的一款分布式账本平台。
③ https://www.finextra.com/newsarticle/34884/first-transactions-executed-on-deutsche-bourses-blockchain-based-securities-lending-platform/wholesale.

司债券和托管在比利时欧洲清算银行的德国政府债券所有权,但证券并没有进行实物转移。该所有权的变更记录在数字抵押登记簿上,而该登记簿是 HQLAX 操作模型的四层之一,建立在 R3 区块链平台的商业发行版 Corda Enterprise 之上,改变了交易后分散的格局。通过显著缩短结算周期并避免资源密集型抵押品流动,该证券借贷平台能高效地管理抵押品库。

2. 交易执行

在交易功能上,金融科技在德交所集团的应用主要围绕交易系统。2012 年,德交所集团创设并运营了创新基础设施 7 - 系列综合业务模型平台,其中包括欧洲期货交易所的 T7 交易系统、能源和商品市场的 M7 交易系统、欧洲期货回购市场的 F7 交易系统等交易系统[①]。

一是欧洲期货交易所开发、运营和维护的 T7 交易系统。欧洲期货交易所是德交所集团旗下的衍生品交易所,是全球十大衍生品交易所之一,也是欧洲最大的衍生品交易所。2012 年,欧洲期货交易所完成 T7 交易系统的开发。横向看,T7 交易系统可同时为现货和衍生品提供交易服务。一方面,法兰克福证交所的电子交易平台 Xetra 于 2017 年迁移到 T7 系统,该平台在德国股票市场和欧洲 ETF 市场均占有领先地位,传统交易平台 Frankfurt Floor 也将于 2020 年迁移至 T7 系统;维也纳、马耳他、保加利亚交易所的现货市场也已接入 T7 交易系统。另一方面,众多衍生品交易所也使用该系统进行交易,包括欧洲期货交易所的金融衍生品(超过 2000 个期货、期权产品)、欧洲能源交易所的商品衍生品、Powernext 等衍生品市场。纵向看,T7 交易系统的使用对象包括金融行业链条的众多类型参与者,共涉及参与公司、业务单元和用户三个层级。其中,参与公司包括交易参与公司、结算会员和服务提供商等;业务单元是参与公司内部的独立单位,如交易部门、结算部门等;一个业务单元内可设置多个交易用户和管理用户,包括交易员、首席交易员和主管三个用户层级。

T7 交易系统不仅能实现在同一个系统进行多个现货、期货市场的交易,还能为参与各方带来低延迟、高成交量和高灵活性的交易体验,订单处理延迟 220 微秒,低于纽交所 UTP 交易系统的 375 微秒,但相较纳斯达克 Genium IN-

---

① https://www.deutsche - boerse.com/dbg - en/products - services/ps - technology/ps - 7 - market - technology.

ET 交易系统小于 40 微秒的延迟仍有一定差距①。

二是能源和商品市场使用的 M7 交易系统，包含交易、拍卖、容量、跨境日内市场四个模块。其中，交易模块用于电力交易市场的日内连续交易系统，拍卖模块为碳排放配额和电网损失提供一级市场的拍卖服务②，容量模块是针对电源容量的管理系统，跨境日内市场模块为泛欧电力市场跨区域的日内交易提供服务。使用 M7 交易系统的客户主要包括市场运营商、贸易商、输配电系统运营商（TSO/DSO）和能源供应商等。未来，M7 交易系统将考虑引入连续拍卖市场（CAM）模型作为欧洲日间电力市场的未来模型，新模型能建立更多的交易机会，并符合相关法规的要求。

三是欧洲期货回购市场使用的 F7 交易系统。这一系统已集成到德交所集团的 IT 基础架构中，可通过其网络进行基于 Web 的访问和专线连接。F7 交易系统类似于德交所集团其他市场的现有连接方式，直接连接欧洲期货回购交易系统中的每个用户时，带宽需求与用户数量成正比。具体的，带宽的范围为 0.5 Mb/s 至 10.0Mb/s 时，以每个活跃用户的带宽消耗 0.42Mb/s 计算，F7 交易系统最多可以并行 25 个活跃交易者。此外，F7 交易系统还具有效率高、普适性高、成本低等优势，包括其体系结构能提供简化的处理和报告，缩短引入新产品和功能的上市时间，并为软件升级提供更为灵活的时间表；灵活的图形用户界面配置，可适应不同客户群的需求和法规要求，普适性高；提供基于浏览器的 GUI 解决方案，不需要 Eurex Repo 参与者进行维护，德交所集团的客户技术支持部门从实施阶段开始就向所有参与者提供技术支持。

（二）中台监管

1. 二级市场监察

随着二级市场交易数据的爆发式增加，提取交易监察中的有效信息难度也随之增加。自 2010 年开始，德交所集团就开始通过合作开发、购买等方式，使用科技手段监测市场可疑的交易行为。

一是内幕交易监测。2010 年，欧洲期货交易所、法兰克福证交所的交易监察办公室与 Stock Pulse 合作开发了一个监控试点项目，从媒体对上市公司讨论度的视角进行内幕交易监测。其中，Stock Pulse 是一家专注于服务金融市场买

---

① 上交所，《低延迟证券市场基础架构研究》。
② 碳排放权交易所面向高耗能、高污染的控排企业进行碳排放额的公开拍卖。

方机构的数据分析公司,其主要基于新闻媒体的大数据和自然语言建立系统进行社交媒体分析。

在监控试点项目中,Stock Pulse 主要负责公司数据抓取、数据构建、分析输出,德交所集团负责提供二级市场价格数据。目前,该项目收集了横跨 7 年历史数据、超过 10 亿个可用数据集,涵盖超过 3.5 万家公司、5.5 万只证券和 2100 种加密货币,每天处理超过 100 万条消息,其中 80% 来源于社交媒体,15% 来源于讨论区,5% 来源于新闻或研究报告,每月处理的数据容量约 10TB。

具体的,Stock Pulse 先从新闻、社交媒体或其他来源中收集关于上市公司的讨论信息,利用神经语言程序构造出数据集,并将其链接到包含公司价格等基础数据的主数据集,同时基于大数据的分析方法,将公司在新闻媒体中出现的频率作为讨论度指标;随后对数据集进行情感分析,使用人工智能在数据点和检测模式之间创建复杂的链接,判断相关消息是正面或负面。德交所集团则从 Xetra 电子交易平台获取交易数据,并通过聚类分析判断二级市场价格与公司讨论度的关系。在正常情况下,若某只股票当天没有相关新闻,则股价不应有大幅波动,若股价产生大幅波动,则说明可能有内幕交易发生。如图 3 所示,第 2 类表示讨论度低的公司股价相对稳定;第 3 类表示即便讨论度较高,公司股价也不会有太大波动;第 1 类公司的媒体讨论度较低,但二级市场价格却产生了较大程度的波动,是重点监测对象。

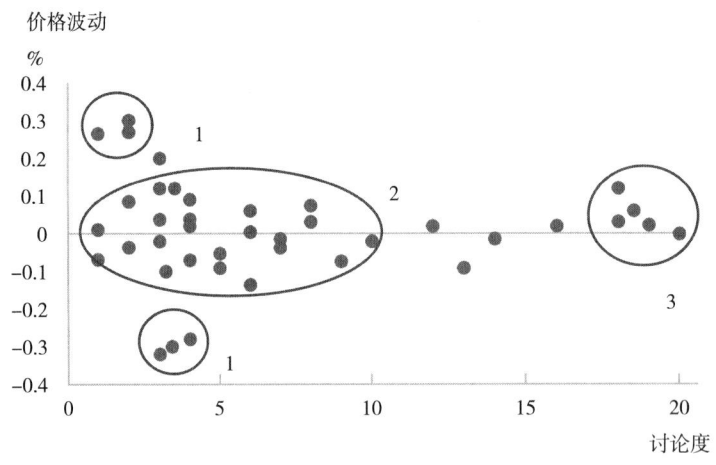

图 3 聚类示意图

二是一站式实时市场监管系统。2011 年,德交所集团购买了一套科技监管系统服务 Scila Surveillance,并将其用于法兰克福证交所的电子交易平台 Xetra

与欧洲期货交易所的交易平台。该监管系统由金融科技公司与市场技术供应商合作开发而成,其中 Scila 公司成立于 2008 年,是一家提供交易监管产品的金融科技公司,该公司的创始人都有监管部门或金融行业交易数据技术的相关工作经历。Scila Surveillance 系统为德交所集团提供一站式实时市场监管服务,不仅可以监控传统的市场滥用场景,如分层和欺诈交易[1]、内幕交易,还可以监控高频交易、跨境交易、最佳执行遵守情况,并基于大量的交易数据进行模式识别,形成警报和综合报告、输出数据可视化结果等。总的来看,Scila Surveillance 系统提供从违规行为的早期监测到证据呈现的全链条监管服务[2]。

具体地,在监测指标统计上,Scila Surveillance 系统对交易参与者、金融工具、交易数据进行全方面的统计,包括开盘价、最高价、最低价、收盘价等,并以柱形图、折线图、气泡图等形式展现。

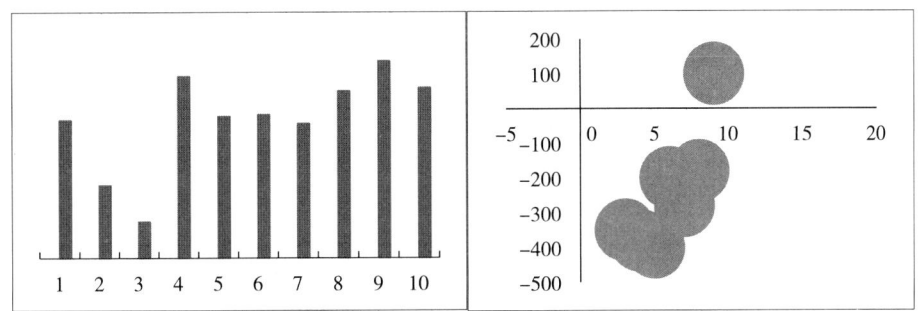

图 4　统计/气泡示意图

在监测指标警报上,监管系统将机器学习算法引入异常报警识别中,实时分析法兰克福证交所、欧洲期货交易所的市场交易数据。通过设置约 90 种警报规则、1000 种警报起因,每天分析数十亿交易数据,执行超过 100 亿次警报规则监测。例如,当交易价格出现大幅波动时会发出绝对交易价格变化警报,并分析触发警报的交易行为。

在交易活动可视化上,一方面,对市场整体的交易情况,监管系统能够自动生成多空力量对比图,并对买方或卖方主导的交易进行不同标记;另一方面,对同一交易者的反向交易,监管系统还可以根据买单、卖单的数量和金额

---

[1] 为了在订单簿的一侧达成交易,提交多个或大笔偏离单边价格的订单。交易完成后,另一侧操控性质的订单将被撤销。

[2] https://scila.se/#scila-surveillance.

判断是否存在分层和欺诈交易，提交多个或大笔偏离单边价格的交易订单。

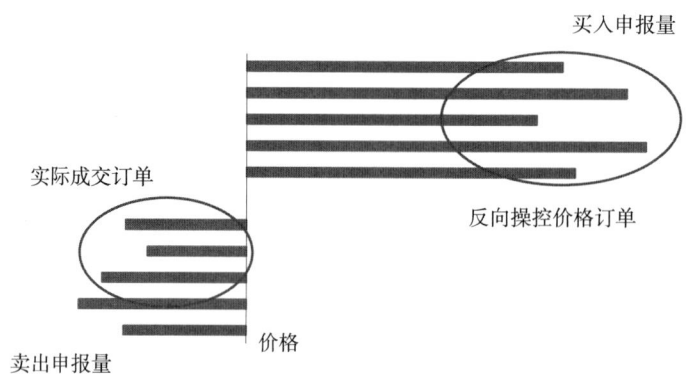

图 5　同一交易者的反向交易监测示意图

在高频程序化交易监测上，监管系统通过调整监测高频程序化交易的内部流程和 IT 系统，实现自动预检查和实时监控。MiFID II 指出高频程序化交易具有以下特征：使用降低交易时滞的基础设施，系统自动生成、提交、执行订单，日内提交订单、报价等。经流程优化后的交易监测主要有四个步骤：一是对高频程序化交易设立电子标识，方便系统识别交易程序提交的订单；二是监测是否满足边界条件，如最大净仓位、区间最大换手率、最小成交间隔；三是建立监测违规交易行为的识别模型，如通过交易向市场释放错误导向的信号、为其他买入或卖出的交易制造障碍、干扰或延迟交易市场的正常运行等；四是合并交易者、银行、经纪人、交易平台提供商以及清算所的相关数据，并创建监管者可读的统计数据和报告。

2. 交易报告合规验证

为弥补金融危机后市场监管的薄弱，欧盟委员会于 2011 年开始修改 MiFID，要求欧盟地区的经纪商向监管机构提交交易报告，包括买方信息、卖方信息、价格质量、执行速度、执行可能性、结算规模、执行地点、金融工具交易信息（到期日期及标的货币）、提交数据的数目及属性等[①]。为了满足持续加强的监管需求，帮助市场参与者降低交易成本，德交所集团 2017 年推出监管报告中心，将所有监管合规报告解决方案汇集到同一平台，为买方和卖方客户、企业等参与者提供批准报告机制（ARM），允许公司根据自身情况编写和

---

① https://www.fx110.com/special/410.html.

提交不同格式的交易报告。

一是合作开发交易报告预验证平台。2018 年 MiFID II 正式发布后，德交所集团作为交易服务提供商也必须进行报告。具体来看，德交所集团需要将客户使用 ARM 服务提交的数据进行处理，以向监管机构披露准确的信息。为满足监管需求，德交所集团与 RegTek Solutions 合作开发经认证的测试和预验证服务，满足客户和监管机构对交易报告质量和透明度的需求①。RegTek Solutions 为监管报告中心的交易报告解决方案提供关键系统组件，包括以下内容：接入预验证平台 Validate.Trade 的接口，预先配置监管机构要求的数据格式和内容，以方便提取通过 FpML② 或 XML③ 格式提交的 OTC 衍生工具的详细信息；为客户提供提取数据的搜索引擎，帮助进行数据分析；建立报告检查机制，使交易报告符合监管要求④。2019 年 8 月，彭博宣布完成对 RegTek Solutions 的收购，并将此系统与彭博监管报告中心（RHUB）、彭博的企业数据管理和交易系统整合，为客户提供全电子化的交易报告、数据验证等服务，以充分发挥彭博的数据分析及研究能力。

二是开发满足融资监管要求的 SFTR 解决方案。2018 年底，为提高融资市场的透明度，欧盟委员会发布《证券融资交易监管条例》（*Securities Financing Transactions Regulation*，SFTR），要求欧盟境内公司向欧洲证券市场管理局授权的交易信息库报告其证券融资交易情况。为满足监管需求，2019 年，德交所集团在监管报告中心的基础上推出一个新的 SFTR 解决方案，涵盖数据收集、验证、补充、提交报告生成以及将交易数据库与其他数据库整合等内容，以帮助客户管理报告数据质量和效率。

（三）后台服务

1. 结算服务

结算是保证交易成功的最终一环，任何资本市场的基础设施建设都离不开结算系统，包括为市场上的交易主体提供资金记账、分账、对账、管账、清算

---

① https://regteksolutions.com/deutsche-borse-regulatory-reporting-hub-partners-with-regtek-solutions-and-risk-focus-for-mifid-ii/.

② 金融产品标记语言，基于可扩展标记语言（XML）的商业信息交换标准，用于柜台市场的金融衍生交易。

③ 可扩展标记语言，主要用于显示数据。

④ https://a-teaminsight.com/regtek-solutions-forges-regulatory-reporting-partnership-with-deutsche-boerse/?brand=dmi.

等一揽子综合解决方案。作为在交易所进行交易的关键支持,德交所集团高度重视结算系统的建设。

一是明讯银行开发的系列电子结算系统[①],包括实时结算系统、跨境结算系统和基金托管结算系统。实时结算系统 Creation 能够提供不间断全自动的数据处理服务,其中 Creation Online 为客户提供互联网或 VPN 的连接工具,便于实时控制结算过程,进行指令输入、管理公告信息等;Creation Direct 为客户提供指令文件传递和报告信息下载服务;除此之外,客户还可以通过 CASCADE via File Transfer 和 CASCADE via SWIFT 接入结算系统,适用于高速、大流量、系统间的数据处理。跨境结算系统 CASCADE 是明讯银行根据德国市场特点开发的电子平台,为购买德国证券的跨境投资者提供进入结算系统的途径。通过该系统,所有在交易所进行的交易都能实现当天实时处理,而且在交易全程中可以及时查询。基金托管结算系统 Vestima + 是明讯银行在 2005 年开发的。该系统能将基金管理公司、销售渠道及之间的信息转换机构结合在一起,为基金业务的指令下达、结算和托管提供一站式服务。通过为市场参与者提供中央接口,Vestima + 最终形成了独有的电子订单路线安排服务,使境内外基金能自由选择结算方式、结算路径和托管方,降低了基金的管理成本和风险。

二是欧洲期货交易所清算公司开发的 C7 清算系统[②]。2012 年,欧洲期货交易所清算公司为了满足不断变化的监管环境,针对现货和衍生品的场内、场外交易开发了 C7 清算系统。该系统能够提供清算服务、实时风险计算和实时风险数据传输等服务。同时,C7 清算系统允许设置用户角色进行权限管理;允许成员及其用户使用交易、头寸管理和抵押品管理等功能,并基于投资组合的保证金清算方法帮助客户最大化抵押效率;允许固定收益衍生品和场外利率互换业务交叉保证金。

2. 数据信息服务

作为掌握资本市场核心数据的机构,德交所集团自 2010 年开始探索在线为投资者提供全面的市场信息,并开发涵盖发行人相关数据的 APP,帮助锁定投资者。

一是德交所集团在 2010 年上线针对现货市场的发行人数据服务 APP,并在

---

① 《明讯国际的证券结算托管经验及启示》。
② https://www.eurexclearing.com/C7/.

2015 年进行更新①。该程序同时适配 IOS 系统和安卓系统,投资人可以免费在电脑或手机上安装。通过该应用程序,投资人能实时浏览法兰克福证交所股票和指数的交易数据,监控在 Xetra 交易中的最优买卖报价,并直接转移至经纪人界面进行买入或卖出操作;还能查询历史数据,包括价格、成交量、前十大股东、股票所属指数及其流动性等。

二是德交所集团于 2014 年上线的公司报告 iPad APP,参与人能够查看德交所集团从 2010 年至今的公开报告,包括年度报告、中期报告、年度投资者日的演讲、公司责任报告等,并在新报告发布后进行更新。此外,公司报告应用程序还提供多个导航界面,用户可以使用双页扩展功能同时浏览多个界面,并进行离线搜索。

三是欧洲期货交易所于 2014 年开发,能向所有成员和相关方提供即时数据服务的 Eurex Mobile APP②。该应用程序提供中文和英文两个版本,使用者能够随时获取欧洲期货交易所衍生产品的情况和当前市场的发展,包括 1500 多种期货和期权的价格等信息,如 DAX 期货、EURO STOXX50 期货、韩国综合股价 200 指数期权期货等。此外,使用者还能根据自身情况创建自定义列表,有新发布的推文和公告将自动更新并发出通知。

四是德交所集团的外汇子公司 360T 于 2019 年 12 月推出的流媒体掉期市场数据服务 360TGTX MidMatch③。该数据服务产品是一个具备中间利率匹配功能的全自动外汇掉期订单簿,交易者能够利用 GUI 或 API 连接来替代目前外汇掉期领域的手动流程。同时,交易者能通过指示性的中间市场利率确保市场价格透明,并提供确定的报价和流动性,还能关联现货市场的敏感订单。

3. 技术支持

科技在金融领域最基础的应用便是作为后台技术支持,为市场参与主体提供更好的服务。德交所集团在技术后台方面的应用主要包括为全球参与者提供连接支持的 N7 系统,以及对于区块链等新技术的持续探索。

---

① https://www.deutsche-boerse.com/dbg-en/media/press-releases/-B-rse-Frankfurt-app-shows-the-best-bid-and-ask-prices-on-Xetra-for-registered-users-in-real-time-856978.

② https://www.deutsche-boerse.com/dbg-en/media/press-releases/-Eurex-Mobile-App-offers-comprehensive-data-and-information-494364.

③ https://www.fxshell.com/article/48175.

一是建立全球连接网络 N7 系统①，为全球金融参与者提供连接交易所的访问支持。N7 系统是德交所集团创设并运营的创新基础设施 7 - 系列综合业务模型平台中的一个，目前在欧洲、北美、亚洲的 32 个国家和地区提供数千种链接，为全球参与者提供交易所的访问权限，并为交易中包含的所有要素提供支持，如安全访问交易系统、发布实时市场数据、实现与应用程序的交互。同时，N7 系统还能实现客户办公室与交易所数据中心的网络互联，有效降低信息传输的滞后。此外，N7 系统还为参与者提供一系列的网络支持服务和工具，帮助机构客户管理业务，如高精度的时间同步、路由器管理、关键网络组件的监视、维护和配置更新服务等。

二是不断探索新技术的应用场景。分布式分类账技术作为去集中化的新兴技术，被看作降低成本、提高速度、降低风险、提升交易透明度的革命性手段。欧洲证券和市场管理局（European Securities and Markets Authority，ESMA）也指出，区块链具有为金融市场带来多种好处的潜力，如高效的交易流程、先进的报告和数据管理等。德交所集团意识到分布式分类账技术在提高效率方面的潜力，并于 2018 年成立专门的区块链及加密资产部门，致力于开发这一新兴技术的应用场景。具体而言，包括与德国央行合作开发基于区块链的证券交易结算功能模型，与国际中央证券存管机构 Liquidity Alliance 合作开发跨境证券转让区块链解决方案②，与瑞士电信巨头 Swisscom、新加坡金融科技公司 Sygnum 合作开发数字资产生态系统等。但就目前而言，该技术还未发展成熟，德交所集团在这方面的研究仍未成体系，处于探索阶段。

三、总结及启示

通过前文的梳理，本文在此部分将进一步归纳总结德交所集团在运用金融科技进行基础设施建设的路径与方法，并尝试探析背后的驱动因素，以期为我国资本市场的金融科技建设提供参考。

（一）总结

总体来看，德交所集团对金融科技的应用遵循从"核心业务需求—市场服

---

① https：//www.deutsche - boerse.com/dbg - en/products - services/ps - technology/ps - 7 - market - technology/ps - n7.

② https：//www.deutsche - boerse.com/dbg - en/regulation/regulatorytopics/reg - topic - fintech - regtech/reg - topic - fintech - regtech.

务需求—新技术应用"的驱动路径，随着德交所集团所处的不同发展阶段对应不同的金融科技应用场景。

1. 初期：核心业务需求驱动

在业务发展的初期阶段，德交所集团应用金融科技的驱动因素主要是业务需求。对于交易场所而言，交易、结算和监管均是最基本的业务。为了保证证券市场交易的正常进行，维护市场的交易秩序，德交所集团不断探索用科技的手段为交易提供支持。在2005年以前，德交所集团便自主开发电子结算系统，在保证安全性和稳定性的同时，提高交易的后台结算效率。后续，德交所集团又针对基金等产品开发结算系统，为基金等产品提供一站式的结算服务。随着基本业务系统的不断完善，交易场所产生了大量有价值的数据，德交所集团为了更好地监察二级市场，于2010年与小型科技公司合作开展内幕交易监测的试点项目，并于2011年购入另一小型科技公司开发的科技监管系统服务。2012年，德交所集团通过自主研发，开发了一系列跨期现货二级市场的交易系统，以进一步提高市场效率。从整体看，德交所集团从结算、监管到交易，不断通过科技手段完善其基础设施建设。

2. 中期：市场服务需求驱动

在前期不断满足交易、结算、监管等市场基本功能需求后，德交所集团在市场服务的驱动下开始金融科技的应用探索。一是投资者数据服务。随着市场参与者的增加，投资者对参与市场交易的实时性与便捷度有了新的需求。为满足实时市场数据的需求，德交所集团从2010年开发移动端APP，为其提供基础数据和公司报告的实时信息；2012年建立N7全球连接网络，提供交易场所的访问权限，降低投资者的交易参与成本。二是投融资对接服务。为了不断满足公司的融资需求，德交所集团也在不断探索服务上市公司，尤其是中小企业的路径与方法。早在1997年德交所集团就设立了创业板服务高成长性科技企业；2005年又设立初级市场取代创业板继续服务中小企业；经历两个新设市场板块的失败后，又于2017年设立中小企业板服务具备一定市场认可度和投资价值的优质中小成长企业。但是，截至2019年底，中小企业板块仅有49家上市公司。传统市场板块对中小企业的服务难以满足数量众多的融资需求，德交所集团便试图利用金融科技手段进行新的探索。2015年，德交所集团打造了风险投资平台服务高成长型公司，在线上为企业寻找合适的投资人，以提升投融资双方的匹配效率。三是市场合规服务。为满足不断趋严的监管要求，德交所集团于 2017 年开始与小型科技公司合作,为交易参与者提供交易报告合规验证服务。

3. 近期：新技术应用驱动

在金融科技高速发展的现阶段,新兴技术的出现带来了打破原有业务形态的机会,成为驱动金融领域向前发展的新因素。目前,新兴技术主要以人工智能、区块链、大数据、云计算等为主。在现阶段,德交所集团目前对新兴技术的探索应用主要集中于区块链,包括 2018 年成立区块链及加密资产部门,与科技公司和大型金融机构合作开发更加成熟的技术;2019 年与科技公司合作开发的 DLT 证券借贷平台已成功完成第一笔交易。但是,德交所集团在交易结算、跨境证券转让、数字资产等其他业务场景中的应用还在初步探索阶段,未形成成熟的应用模式。

随着金融科技的不断发展与创新,证券交易场所等资本市场基础设施的合作对象也逐渐从小型科技公司转移至大型金融机构和具有一定规模和影响力的科技公司。埃森哲的研究报告显示,2019 年福布斯美国金融科技 50 强的企业中,有 19 家公司的估值达到或超过 10 亿美元。德交所集团也一改与小型科技公司合作或自主开发的模式,自 2018 年起与德国央行、国际中央证券存管机构 Liquidity Alliance、瑞士的电信巨头 Swisscom 等大型金融机构开展合作。此外,高盛、摩根士丹利等传统金融巨头,以及谷歌、苹果等为代表的科技公司也开始布局金融科技领域,不断探索开发更加高效、成本更低、安全性高的革新性应用场景。

表 2　　德交所集团应用金融科技的驱动因素与合作公司

应用场景	应用环节	具体应用	应用时间	驱动因素	合作公司
前台业务	资本获取	风险投资平台	2015 年	服务需求	自主开发
		证券借贷平台	2019 年	新技术	小科技公司
	交易执行	T7 交易系统	2012 年	业务需求	自主开发
		M7 交易系统			
		F7 交易系统			
中台监管	二级市场监察	内幕交易监测	2010 年	业务需求	小科技公司
		实时市场监管系统	2011 年	业务需求	小科技公司
	交易报告合规验证	预验证平台	2017 年	服务需求	小科技公司
		SFTR 解决方案	2019 年	服务需求	自主开发

续表

应用场景	应用环节	具体应用	应用时间	驱动因素	合作公司
后台服务	结算服务	明讯电子结算系统	2005 年	业务需求	自主开发
		C7 清算系统	2012 年	业务需求	自主开发
	数据信息服务	现货数据服务 APP	2010 年	服务需求	自主开发
		公司报告 iPad APP	2014 年	服务需求	自主开发
		Eurex Mobile APP	2014 年	服务需求	自主开发
	技术支持	N7 全球连接网络	2012 年	服务需求	自主开发
		分布式分类账技术的探索	2018 年	新技术	大型金融公司

（二）经验启示

不论是金融科技领域的投资，还是科技公司的发展，我国均处于世界领先水平，尤其是在移动支付、网络信贷和互联网投资等领域。《中国金融科技生态白皮书（2019 年）》显示，2018 年我国金融科技领域的投融资达到 205 亿美元，约等于 2013~2017 年投融资金额的总和。蚂蚁金服、京东金融、度小满等为代表的金融科技公司进入高速成长期，分别完成 140 亿美元、20 亿美元、19 亿美元的战略融资；在毕马威联合澳大利亚知名金融科技风投机构 H2 Ventures 发布的 2019 年全球金融科技"50 强"中，蚂蚁金服、京东金融和度小满金融分别位居第一名、第二名和第四名。

相对于支付、互联网金融领域的领先地位，金融科技在我国证券交易场所领域的运用较为薄弱。目前，我国资本市场对金融科技的应用主要集中在证券公司等市场机构，而证券交易场所对前沿技术的应用较少，且主要站在资本市场的监管者角度，以提升自身监管效率、满足基本业务需求为目标。2018 年 8 月，证监会发布《中国证监会监管科技总体建设方案》，标志着监管科技建设工作的顶层设计完成，进入全面实施阶段。而交易场所作为市场参与主体的服务提供者，为满足服务需求而探索应用新科技的驱动力略显不足。因此，证券交易场所作为市场监管者和服务提供者，不但要加强金融科技在核心的交易、结算和监管上的应用，还要以服务实体经济为核心目标，不断满足市场服务的需求。一方面，要参考德交所集团的建设经验，在做好监管科技应用的同时，加大投入拓展面向投资者和企业的投融资对接服务；另一方面，要利用我国互联网科技公司在全球领先的优势，与大型科技公司开展合作，开展人工智能、区块链、大数据、云计算在证券交易场所的运用，全面提升监管与服务效率。

稿 约

《多层次资本市场研究》是由全国中小企业股份转让系统有限责任公司组织编写,面向社会公开出版的学术类书籍。内容涵盖中小微企业发展、资本市场制度创新、市场改革等我国资本市场发展的重要问题。风格为理论与实践并重、宏观与微观结合、现实与前瞻兼顾。

选题范围包括资本市场制度改革创新研究、新三板市场发展研究、民营经济产业研究、中小企业发展研究、资本市场微观行为研究、域外资本市场分析及启示、上市及挂牌公司案例研究等。

书中设置包括"理论前沿""制度探索""企业研究""域外经验""案例分析"等部分,每辑根据实际情况适当调整。

现面向全国经济、金融、法律、投资等理论界、实务界,诚征稿件。来稿应论点鲜明、逻辑严谨、结构合理、可读性强,具有学术深度和实践应用价值。稿件篇幅以8000~10000字为宜,特别优秀的理论稿件不受此限。稿件一经录用,编辑部将及时通知作者;采用后将根据文章质量及字数支付稿酬,并奉送样书。

投稿请发送至以下电子邮箱:tougao@neeq.com.cn,并附作者简介,包括姓名、署名单位、职务或职称、研究领域、通信地址、邮政编码、联系电话、E-mail等信息。所有投稿应符合国家著作权规定、公认学术规范和所附《编辑体例》要求。

本书编辑部保留对来稿进行文字性和技术性修改的权利。本书采用文章均不代表全国股转公司观点,文责由作者自负;除特别说明外,文章为作者个人观点,与其所在单位、职务无关。

投稿人向《多层次资本市场研究》投稿,即视为接受本稿约,并授权本书将稿件纳入《中国学术期刊网络出版总库》及CNKI系列数据库、"北大法宝"(北大法律信息网)期刊数据库等学术资源数据库以及全国股转公司官方互联网平台,稿酬已包含上述数据库著作权使用费。如有异议,请来稿时注明。

编辑体例

投稿论文应为作者原创、未公开发表、无知识产权争议并应符合学术规范，严禁一稿多投，并符合以下要求。

一、文章字数

文章应论点鲜明、逻辑严谨、可读性强，具有学术深度和实践应用价值，字数在8000~10000字为宜，特别优秀的理论文章字数不限。

二、标题

文章题名一般不超过20个字，必要时可加副标题。黑体三号字，居中。

三、作者

题目下方一行署名作者，宋体小四号字（居中），附加脚注、使用上标星号（*）标明，脚注中应当注明作者姓名、工作单位、职务、职称、学历。如有两名作者，第二名作者用两个上标星号（**）标明，以此类推。

四、摘要和关键词

摘要一般不超过300字；关键词3~5个，关键词之间用分号分隔。宋体小四号字，首行缩进。固定行距28磅。

五、正文

正文区分标题和内容，标题首行缩进，层级依次为"一、……""（一）……""1.……""（1）……""①……"。一级标题采用黑体小四号字；二级标题采用楷体小四号字；内容首行缩进，宋体小四号字，固定行距28磅。

六、注释和参考文献

注释采用页下脚注,分页连续编号。注释非引用原文者,注释前加"参见";引用资料非原始出处者,注明"转引自";数个注释引自同一资料者,可合并同注。

参考文献附于文后,连续编号。注码放在文章标点之后,注码符号为"1、2、3、……"字体及字号:宋体小五号字,首行缩进。

(一)著作类

1. 独著作品

董安生.民事法律行为[M].北京:中国人民大学出版社,2000:19-22.

2. 合著作品

徐明,李明良.证券市场组织与行为的法律规范[M].北京:商务印书馆出版,2002:10.

3. 多人合著作品

左卫民,等.可持续发展与环境资源法制建设[M].北京:中国法制出版社,2003:214-216.

4. 编辑作品

国务院研究室编写组.十三届全国人大一次会议(政府工作报告)辅导读本(2018)[M].北京:中国言实出版社,2018:65-67.

(二)论文类

1. 期刊

谢庚.新三板服务中小微实践[J].中国金融,2018(19).

2. 论文集

(1)公开发行类

尹田.论动产善意取得的理论基础及相关问题[M]//民商法论丛(第29卷).北京:法律出版社,2004.

(2)非公开发行类

李文超,李明红.新形势下乡土法官调解模式的检视与完善——从人民法庭家事纠纷的微观角度[C].最高人民法院第二届人民法庭论坛论文集,2017.

3. 学位论文

王刚. 西方各国金融系统演进和功能的制度分析——兼论我国金融系统的改革［D］. 长春：吉林大学，2004：189.

（三）译作类

亚当·斯密. 国富论［M］. 唐日松，等译. 北京：华夏出版社，2005：224.

（四）报纸类

郑志刚. CDR：只是刚刚吹响上市制度改革的号角［N］. 经济观察报，2018-04-16.

（五）辞书类

沃克. 牛津法律大辞典［M］. 北京社会与科技发展研究所，译. 北京：光明日报出版社，1988：68.

（六）外文类

遵从该文种注释惯例。英文注释体例如下：

1. 著作类

Harold U. Faulkner. American Economic History［M］. Harper & Brothers Publishers，1960：23-25.

2. 论文类

Gavin Goh & Andreas R. Iiegler，Retrospective Remedies in the WTO after Automotive Leather［J］. Journal of International Economic Law，2003，9.

（七）网络类

梁慧星. 关于中国物权法的起草［EB/OL］.［2009-08-08］. http：//article. chinalawinfo. com/article/user/article_display. asp？ArticleID=29283.

七、其他要求

（一）关于文章中的外文词语

1. 文章正文中第一次出现的外文词语，请不仅要标注出中文译义，并写全外文单词。

2. 图表中的图标、表头与单位等请用中文词汇。如引用外文，请标注中文译义。

(二) 关于文章引用法律法规条文

1. 发布与实施的时间及发文单位要正确。

2. 法律法规的名称及引文内容要准确无误。引用具体法律法规、规范性文件应当加用书名号，首次引用应当使用全标题，如《中华人民共和国证券法》《中国证监会关于进一步推进全国中小企业股份转让系统发展的若干意见》。

3. 法条或文件内容序号（第×条、第×款、第×项）、时间（世纪、年代、年月日等）、数量金额等使用阿拉伯数字，但直接引用原文的从原文。

(三) 关于图表

1. 文中若出现图表，内文中应提到见表1（或表2、表3、……）或见图1（或图2、图3、……）。

2. 图表中如有数字，请注明单位，图表中的图标、表头与单位等请用中文词汇。

3. 请注明图表的数据来源。

(四) 关于统计百分比数据

含有百分比的数据要四舍五入精确到0.01%，各占比部分相加之和的误差小于或等于0.01%。